古典文獻研究輯刊

二九編

潘美月・杜潔祥 主編

第 26 冊

國故新語（第一冊）

司馬朝軍 著

國家圖書館出版品預行編目資料

國故新語（第一冊）／司馬朝軍 著 — 初版 — 新北市：花木
蘭文化事業有限公司，2019〔民 108〕
序 2+ 目 6+248 面：19×26 公分
（古典文獻研究輯刊 二九編：第 26 冊）
ISBN 978-986-485-965-8（精裝）
1. 漢學 2. 研究考訂
011.08   108012009

古典文獻研究輯刊
二九編　第二六冊　　　　　ISBN：978-986-485-965-8

國故新語（第一冊）

作　　　者　司馬朝軍
主　　　編　潘美月　杜潔祥
總 編 輯　杜潔祥
副總編輯　楊嘉樂
編　　　輯　許郁翎、王筑、張雅淋　美術編輯　陳逸婷
出　　　版　花木蘭文化事業有限公司
發 行 人　高小娟
聯絡地址　235 新北市中和區中安街七二號十三樓
　　　　　　電話：02-2923-1455 ／傳真：02-2923-1452
網　　　址　http://www.huamulan.tw 信箱 hml 810518@gmail.com
印　　　刷　普羅文化出版廣告事業
初　　　版　2019 年 9 月
全書字數　546423 字
定　　　價　二九編 29 冊（精裝）　新台幣 58,000 元

國故新語（第一冊）

司馬朝軍 著

作者簡介

司馬朝軍，湖南南縣人，文獻學博士，珞珈特聘教授，上海社會科學院歷史研究所研究員、古代史室主任。曾任武漢大學國學院經學教授、歷史學院專門史教授、信息管理學院文獻學教授、中國傳統文化研究中心研究員、四庫學研究中心主任。著有《四庫全書總目研究》《四庫全書總目編纂考》《四庫全書總目精華錄》《續修四庫全書雜家類提要》《四庫全書與中國文化》等四庫學系列著作，主撰《辨僞研究書系》，此外出版國學系列著作多種（如《國故新證》《國故新衡》《漢志諸子略通考》《子略校釋》《黃侃年譜》《黃侃評傳》等），著述遍及四部。組織主持「經學論壇」與「江南學論壇」，主編連續性學術集刊《傳統中國研究集刊》與不定期學術集刊《江南學論壇》。發起成立中國經學研究會、中國四庫學研究會，並擔任負責人。

提　　要

　　《國故新語》是繼《國故新證》《國故新衡》之後的又一部國學方面的文集，分爲五輯：輯一收論文，收錄四庫學、經學、諸子學以及章黃之學方面的近作；輯二收筆記，收入專類學術筆記；輯三收序跋，分爲四庫學之什、辨僞學之什、國學之什、黃學之什；輯四爲雜組，收入感言、講話、雜感、選題、提綱；輯五爲附錄，收前輩時賢的序跋、評論及報導文章。此書既是國學方面的文章彙編，也能從那些序跋文字中大致窺見作者艱辛探索的歷程，在某種意義上此書也可以視爲作者的學術自傳。

教育部人文社會科學重點研究基地重大項目
（編號：12JJD750012）

與王元化先生合影

與曹之先生、潘美月教授合影

傅傑教授序

　　司馬朝軍教授是我處了多年的老友，也是我怵了多年的畏友。他略年少於我，但他的博雅與勤勉，則是我完全不能望其項背的。我和他曾先後進入復旦大學中文學科博士後流動站，他的出站報告《〈四庫全書總目〉編纂考》是當時的流動站負責人章培恒教授最為滿意的。《國故新語》是他最近編成的文集。這部書的意義，我以為至少有兩方面：

　　一是對一直關注的文獻史乃至文化史上的若干問題的進一步開掘與補充。朝軍教授研治古典文獻多年，涉及廣泛，撰著眾多，研究重點包括四庫學研究、辨偽學研究、黃侃研究等，在這幾個領域都出版了同行們不能繞開的厚重專著。他對這些問題保持著持續的關注與深入的探索。本書收錄的《四庫全書》宏觀總論、對四庫《安老懷幼書》提要的辯證、對黃侃經學的評析、對《黃侃年譜》的補充、對黃侃日記的考釋、對《黃季剛詩文鈔》所收作品的辨偽，乃至於對黃侃的老師章太炎、門生駱鴻凱的資料收集等——如附入本書的他在湖南圖書館發現的駱鴻凱的未刊稿《〈文始〉箋》等——無疑都是值得學術界關注的。而他對於史料，搜集力求全面，辨析力求精微。例如他對黃侃資料的掌握，我相信當世無人能出其右。而他既對多位學者關於黃氏的若干非議不以為然，逐一辯駁；卻在《黃侃經學論》中並不諱言黃氏「死守漢唐舊疏」，終未脫「章句小儒、破碎大道」的格局。正如他自己所說，他希望能超家法、超學派而保持價值中立，不沒其長，不護其短。這些具體的問題固可進一步討論，但即此已可見朝軍教授求是的精神與理性的態度。

　　二是對自己以往的研究工作做了初步的總結。迄今為止，除了前面提及的《〈四庫全書總目〉編纂考》，朝軍教授已陸續完成了《〈四庫全書總目〉研

究》、《〈四庫全書總目〉精華錄》、《四庫提要導讀》、《四庫全書與中國文化》、《續修四庫全書雜家類提要》、《四庫學論稿》、《〈經解入門〉整理與研究》、《文獻辨偽學研究》、《文獻辨偽新探》、《國故新證》、《國故新衡》、《漢志諸子略通考》、《子略校釋》、《日知錄解讀》、《經義考通說疏證》、《輶軒語詳注》、《黃侃年譜》、《黃侃評傳》等著作。本書遍收他爲這些著作寫的前言後記，以及來新夏、傅璇琮、章培恒、王俊義等多位先生的序言及評論。在前言與後記中，朝軍教授述撰著的過程，敘研究的心得，而且每每無所遮掩，喜怒一一形於文字，讀者可借讀其書進而知其人，不僅可充閱讀朝軍教授其他著作的導覽，也給這個時代的學人成長史留下了一份見證。

所以朝軍教授這部新著，還特具了他以前的著作所沒有的特殊意義，讓我讀來尤覺興味，也樂於向更多的朋友推薦。

傅傑

二〇一九年初春於復旦光華樓

小 引

閑坐書窗下，悠然過五十。

行年五十，而知四十九年之非。

聖人三十而立，四十而不惑，五十而知天命。吾乃凡夫俗子，三十而不立，四十而大惑，五十而不知天命。大惑之餘，困頓之際，徑取以前所做論文、序跋、筆記等類文章，都爲一集。編竟，搔首踟躕，一時竟不知何以名此書。四十年間，遊學四方，上下求索，學凡數變，由小學而經學，而史學，而諸子學，而四部之學，戰線愈拉愈長，所爲文字亦光怪陸離、蕪雜不倫矣。如此龐雜之書，又不忍拉雜摧燒之。敝帚自珍，不免結習難除。

《乾卦》九三爻：「君子終日乾乾，夕惕若。厲，無咎。」朝乾夕惕，雖屬無咎。龍之由「潛」而「見」而「惕」而「躍」而「飛」而「亢」，大起大落，一波六折，跌宕起伏，波瀾壯闊，儼然一部「巨龍傳」，令人迴氣蕩腸。設若無「乾乾」二字，神龍似難以破壁而飛。丹青難寫是精神，「乾乾」二字之妙，正在狀難寫之貌如在目前，畫龍點睛，栩栩如生，眞可謂神來之筆。個中微妙，可以意會，難以言傳，因竊取「乾乾」二字爲吾集之名焉。

《乾·大象》曰：「天行健，君子以自強不息。」《坤·大象》曰：「地勢順，君子以厚德載物。」君子頂天立地，經天緯地，自強不息，厚德載物。君子之學，凝聚而成華夏民族之精神支柱，與三光而同光，歷數千祀而挺立於天地之間。壯哉！壯哉！

戊戌霜降於上海國年路寓所

〔補記〕

原擬將此書命名爲《乾乾錄》，因已經連續出版了《國故新證》《國故新衡》二種，故易題爲《國故新語》。以後還將繼續推出《國故新論》《國故新詮》等，構成「新國故」方陣，特此預告。

第一冊

傅傑教授序

小　引

輯一　論文 ………………………………………………… 1

《四庫全書》的編纂與分類 ………………………… 3

《四庫全書》與文化軟實力 ………………………… 11

《安老懷幼書》提要新證 …………………………… 21

　　附錄一：《儒林傳稿》與《四庫提要》的
　　　　　　內在關係 …………………………… 31

清人經義研究與百年經學學術史回顧 ………… 47

《漢志・諸子略・農家》通考 …………………… 67

《日知錄》導論 ……………………………………… 87

黃侃經學論 …………………………………………… 109

《黃侃年譜缺失的一頁》質疑 …………………… 129

熊十力致黃侃黃焯書信考釋 ……………………… 137

章太炎黃季剛是信古派嗎？ ……………………… 151

　　附錄二：《文始》箋 …………………………… 165

　　附錄三：章太炎佚序七篇輯考 ……………… 231

第二冊

輯二　序跋 ……………………………………………… 245

【四庫學之什】

《〈四庫全書總目〉研究》前言 ………………… 249

《〈四庫全書總目〉研究》後記 ………………… 253

《〈四庫全書總目〉研究》補記 ………………… 255

《四庫全書總目編纂考》自序 …………………… 257

《〈四庫全書總目〉編纂考》後記 ……………… 261

《四庫全書總目精華錄》自序 …………………… 263

《〈四庫全書總目〉精華錄》後記 ……………… 265

《四庫提要導讀》自序 …………………………… 269

《四庫提要導讀》後記······························ 271

《四庫全書與中國文化》自序······················ 273

《四庫全書與中國文化》後記······················ 275

《續修四庫全書雜家類提要》自題·················· 277

《續修四庫全書雜家類提要》後記·················· 279

《四庫學論稿》後記······························ 281

【辨偽學之什】

《〈經解入門〉整理與研究》前言·················· 285

《〈經解入門〉整理與研究》後記·················· 305

《〈經解入門〉整理與研究》千字提要·············· 309

《文獻辨偽學研究》自序·························· 311

《文獻辨偽學研究》前言·························· 313

《文獻辨偽學研究》後記·························· 317

《文獻辨偽新探》自序···························· 319

《雲仙散錄詳注》小引···························· 327

《雲仙散錄詳注》後記···························· 329

《〈紅杏山房聞見隨筆〉辨偽》序·················· 331

《文獻辨偽學論著篇目索引》後記·················· 335

【國學之什】

《國故新證》自序································ 339

《國故新證》後記································ 341

《國故新證》補記································ 345

《國故新衡》小引································ 349

《子略校釋》解題································ 351

《日知錄解讀》後記······························ 363

《學鑒》第五輯出版後記·························· 365

《經義考通說疏證》自序·························· 367

《經義考通說疏證》後記·························· 371

《學術規範概論》講稿說偈························ 373

《輶軒語詳注》後記······························ 375

《文獻學概論》自序······························ 379

《文獻學概論》後記······························ 381

【黃學之什】

《黃侃年譜》前言 ………………………………… 387

《黃侃年譜》後記 ………………………………… 391

《黃侃年譜》後記初稿 …………………………… 393

《黃侃評傳》小引 ………………………………… 397

《黃侃評傳》小引原稿 …………………………… 399

《黃侃評傳》引言 ………………………………… 401

第三冊

輯三　雜俎 ………………………………………… 417

《〈四庫全書總目〉編纂考》獲獎感言 …………… 419

在「民前章太炎的學術視野及其思想」學術工作
　坊會上的講話 ………………………………… 423

在上海師範大學組織的林少陽教授讀書會上的
　講話 …………………………………………… 425

日本金澤大學名譽教授李慶先生來所演講 ……… 427

治學精神啓示錄——蔡美彪《學林舊事》讀後… 429

黃侃與國學傳承——荊楚文化傳承工程選題推
　薦表 …………………………………………… 435

通往黃學之路（提綱）…………………………… 437

兩湖學派・洞庭學派・赤山學派（提綱）……… 439

《黃侃日記》釋疑一則 …………………………… 441

《黃侃日記》訂誤一則 …………………………… 443

《黃季剛詩文鈔》所收《六醜》辨僞 …………… 447

《黃侃年譜》續補 ………………………………… 449

《黃侃年譜》補記 ………………………………… 465

《黃侃年譜》再補 ………………………………… 473

黃侃《思舊辭》考略 ……………………………… 487

《易經》「未濟亨小狐汔濟」的句讀 …………… 489

《古書疑義舉例》係襲《經解入門》而成嗎？…… 491

中華書局本《史記》標點獻疑四則 ……………… 495

中華書局本《史記》勘誤一例 …………………… 497

《清史稿》勘誤一例——勵守謙登第之年小考…… 499

呂冠蘇戴 文不對題——《四庫全書》勘誤舉例 · 501

我的譜系考 ………………………………… 505

輯四 筆記 ………………………………… 513

《漢語大詞典》引用章太炎資料輯錄
——「知識生成史」筆記之一 ………… 515

《漢語大詞典》引用黃侃資料輯錄
——「知識生成史」筆記之二 ………… 531

《漢語大詞典》引用羅振玉資料輯錄
——「知識生成史」筆記之三 ………… 545

《漢語大詞典》引用王國維資料輯錄
——「知識生成史」筆記之四 ………… 549

《漢語大詞典》引用梁啓超資料輯錄
——「知識生成史」筆記之五 ………… 573

第四冊

《日知錄》「范文正公」條詳考
——「知識生成史」筆記之六 ………… 589

章太炎題跋四則（外二則） …………… 635

段凌辰藏黃季剛先生手稿 ……………… 639

輯五 附錄 ……………………………… 647

附一 序跋

辨章雜家 提要鉤玄——司馬朝軍《續修四庫
全書雜家類提要》序 來新夏 …………… 651

雜家文獻學的發軔之作——司馬朝軍《續修四庫
全書雜家類提要》書後 傅璇琮 ………… 653

《〈四庫全書總目〉編纂考》序 章培恒 ………… 657

一部紮實厚重突破創新的「四庫學」前沿之作
——讀《四庫全書總目編纂考》有感 王俊義 661

《黃侃年譜》序 盧烈紅 …………………… 667

《黃侃年譜》序 楊逢彬 …………………… 675

《文獻辨偽學研究》序 程水金 …………… 679

《漢志諸子略通考》序 高華平 …………… 683

《〈經解入門〉整理與研究》序 漆永祥 ………… 687

附二　書評

四庫學根基的夯實之作
　　——《〈四庫全書總目〉研究》評介　王承略‥693

《〈四庫全書總目〉編纂考》評介　吳根友………699

十八年努力，勘破一部質量精湛的僞書　謝貴安　703

辨僞存眞　更新利用——《〈經解入門〉整理與
　　研究》評介　李科……………………………707

清代經學史的別樣處理——讀司馬朝軍《〈經解
　　入門〉整理與研究》有感　朱志先……………721

《經解入門整理與研究》簡介…………………731

附三　報導

倡導嚴謹治學潛心鑽研的優良學風努力推出價
　　值厚重影響深遠的優秀成果………………735

珞珈山上七人行………………………………739

武大部分青年教師自發誦讀經典文獻滋養自身‥743

以文會友　以友輔仁——談珞珈七子的《學鑒》
　　………………………………………………747

傳承中華文脈…………………………………755

新時代的新氣象：歷史所 2018 年度第二場學術
　　報告會側記…………………………………759

代後記　黜邪崇正　激濁揚清——司馬朝軍教授
　　《國故新語》書後　陳開林……………761

輯一　論文

《四庫全書》的編纂與分類

摘　要：

　　《四庫全書》是中國古代最大的一部綜合性叢書，也是中國文化史上的一個浩大的工程。《四庫全書》的分類體系是中國歷代目錄學的經驗總結，但仍然存在諸多問題，因此提出一個適合現代學術發展的新的分類體系顯得尤爲重要。首先扼要介紹《四庫全書》的概況，使讀者對《四庫全書》編纂產生基本認識；其次對《四庫全書》四分法的分類方法及其存在的主要缺陷進行剖析；最後提出相關調整方案，在充分研究四庫學的基礎之上，用太極相生的理論提出一種新的圖書分類法。

關鍵詞：四庫全書；編纂；分類體系；太極分類法

一、《四庫全書》的概況和編纂

（一）關於《四庫全書》的性質

　　《四庫全書》是中國古代最大的一部叢書，它的內容豐富，分類複雜。從先秦到漢代，是中國文化典籍的一個原創期；到了漢末、魏晉開始就出現了類書，歷經隋、唐、宋、元，一直到明代，類書達到頂峰狀態。到清代初期，類書更加成熟。類書的最初出現，是爲了便於寫文章。叢書起源較類書晚一些，在宋代才興起，明代中後期就比較發達了，到了清代中期，特別是到編纂《四庫全書》的時期達到鼎盛。〔註1〕

〔註 1〕司馬朝軍：《四庫全書總目研究》，社會科學文獻出版社 2004 年版，第 144～148 頁。

從總體上來講，《四庫全書》是一部綜合性的叢書，它將所收的書籍類分成經、史、子、集四大部分。《四庫全書》前後共抄寫了七部，但每一部的數量都不相同，在編纂的過程中，情況更爲複雜，每一部書都是在不同時間由不同的人員編纂抄寫而成，這一現象最終導致出現了「一娘生九子，九子各不同」的情形。現存在世的三部半《四庫全書》（即文淵閣、文津閣、文溯閣各一部加上文瀾閣半部）基本上是各不相同的，它們的總數、文字的內容都存在差異，但它基本囊括了我國 18 世紀以前的主要著作。〔註2〕

任繼愈先生認爲，清代乾隆時期編纂的《四庫全書》，是一項史無前例的文化工程，是傳統文化之總匯、古代典籍之淵藪，和長城、京杭大運河並列爲中國古代三大工程之一。〔註3〕過去，在很長一段時間裏，我們對《四庫全書》持否定態度，這主要是由於晚清以來一系列革命引起的，《四庫全書》是封建帝國的皇帝下令編纂的，是專制時代的文化產物，所以在革命運動中遭到批判和否定。魯迅等人曾經嚴厲批判《四庫全書》，認爲乾隆編纂《四庫全書》是和文字獄聯繫在一起的。〔註4〕筆者認爲，《四庫全書》是乾隆王朝的一部帝典，既是大清帝國的形象工程，也是中國古代的實用書籍總匯。

（二）關於《四庫全書》的編纂

爲了編修《四庫全書》，四庫館動員了 360 多位編纂官。筆者目前正在進行量化統計文淵閣、文津閣、文溯閣等閣本的分纂、抄寫、校對的人員，從目前已有的資料來看，恐怕要重新認識《四庫全書》的編纂過程。關於《四庫全書》的編纂問題，郭伯恭曾經著有《四庫全書纂修考》，黃愛平在郭伯恭的基礎上面，根據檔案材料，做了部分補充。但是她在寫博士論文的時候，還無法看到《四庫全書》，因此她的工作還沒有深入到《四庫全書》裏面，無法解決編纂過程中的量化統計問題，從目前所做的工作來看，這些問題需要重新審視。比如，一般認爲總裁官都是掛名，其實不然，從清高宗到正副總裁都參與了編纂事務。清高宗一再聲稱他是通讀了《四庫全書》的，其中相當一部分單本書，他還題了詩或做了御批，並且把詩放到《四庫全書》相應

〔註2〕黃愛平：《四庫全書纂修研究》，中國人民大學出版社 1989 年版，第 254～266 頁。

〔註3〕任繼愈：《四庫全書研究文集序》，《四庫全書研究文集》，敦煌文藝出版社 2005 年版，卷首第 1 頁。

〔註4〕魯迅：《病後雜談之餘（二）》，《且介亭雜文》，人民文學出版社 1973 年版，第 149 頁。

單本書的最前面。另外，幾乎所有編纂《四庫全書》的編纂官是通過科舉考試選拔出來的清一色的進士，十大狀元匯聚四庫館中，他們基本上是官僚型學者。〔註5〕

　　在《四庫全書》編纂的過程中間，從正副總裁到抄寫人員，都對《四庫全書》的編纂作出了巨大貢獻。以前的研究者認爲正副總裁只是掛名，現在來看爲這種觀點是難以成立的，與《四庫全書》編纂的實際情況相去甚遠。有些人的作用則被誇大了，這個裏面傳得最多的大概是「五徵君」。其中最有名的是戴震，他在四庫館裏的作用無疑是被誇大了的。戴學的形成有一個過程，戴震在科考的路上不能算是一個成功者，雖然他的古學功底比較好，但是他所作的策論被認爲空洞無物，從而無法成爲進士，最後還是因爲編纂四庫有功，御賜同進士出生。原來認爲戴震主持經部，現在看來這個說法也是有問題的，我們現在能夠找到的與戴震有關的資料很少，大概只有幾條材料，但都不能證實戴震主持經部。與此相關的是，所謂邵晉涵主持史部，周永年主持子部，現在我們經過詳細的考察之後，發現這些情況都很難落實。〔註6〕

　　作爲「五徵君」之一的邵晉涵，既是一位史學家，也是一個經學家。他是浙東人，對浙東學派的文獻很熟悉，他和同鄉章學誠關係密切，他的功績主要是靠章學誠表揚所得。筆者現在發現章學誠的表彰也有一些不實之處，章學誠當年沒有進到四庫館這個主流文化圈，只是一個邊緣人物，他對邵晉涵的高評有待證實。從現在可考的關于邵晉涵的材料來看，他在輯佚《永樂大典》和編纂正式的提要稿方面是有貢獻的，但是至於對史部的其他貢獻，還沒有材料證明。〔註7〕周永年和「儒藏說」關係密切，但此設想並未對《四庫全書》的編纂產生影響。陳垣先生有一個推測，認爲釋家類的提要很可能是周永年負責的，以已有的資料看還無法證實。關於他的一些說法同樣來自章學誠著作的記載，但是他本人沒有足夠的著作傳世，並且從現在已掌握的材料來看，章學誠的這些說法也很難證實。〔註8〕五徵君中名氣最小的是楊昌齡，有關楊昌齡的材料現在僅從編纂檔案裏面找到了兩條。

〔註5〕筆者正在撰寫《四庫全書纂修重考》，具體細節與結論將在此書中公佈。
〔註6〕司馬朝軍：《四庫全書總目編纂考》，武漢大學出版社2005年版，第9～33頁。
〔註7〕司馬朝軍：《四庫全書總目編纂考》，武漢大學出版社2005年版，第569～613頁。
〔註8〕司馬朝軍：《四庫全書總目編纂考》，武漢大學出版社2005年版，第9～33頁，第30～33頁。

　　《四庫全書》通常講的總纂官有三位：紀昀、陸錫熊、孫士毅。紀昀和陸錫熊四庫開館時就擔任了總纂官。陸錫熊與《四庫全書》的關係密切，從發現的一些新的材料來看，根據個人看法，陸錫熊和紀曉嵐應該是並駕齊驅的。現在很多人只是突出紀曉嵐一個人的貢獻，這是很不公平的。從乾嘉時期的學者王昶對陸錫熊的評價中可以獲得一些相關資料。〔註9〕孫士毅是一位詩人兼將軍，文武雙全，他入館較晚。另外還有一位是王太岳，《四庫全書考證》中有他的署名，從目前所掌握的材料來看，他也曾擔任過《四庫全書》編纂的總纂官。〔註10〕

二、《四庫全書》的分類體系

（一）《四庫全書》分類體系的概況

　　關於中國圖書的分類體系，最初是劉向、劉歆父子採取的六分法，劉歆編著的《七略》，前面《輯略》實際上是個總論部分，後面分成六藝略、諸子略等六個部分。中古以後採取四分法，先是按照甲、乙、丙、丁，後來分為經、史、子、集，到《隋書·藝文志》基本上定型。自漢迄今，圖書分類的方法一直處於調整之中。《四庫全書》的分類體系採取四分法。在《四庫全書》編纂的時候，清高宗下令要以經、史、子、集為綱目，採用部、類、屬三級分類的體系，經部分為易類、書類，一直到小學類，共計十類。史部分為正史類、編年類到目錄類、史評類等，共計十五類。子部分為儒家類、兵家類、法家類，一直到道家類、釋家類，共計十四類；集部分為楚辭類、別集類、總集類、詩文評類和詞曲類，共計五類。從全書來看，總共分為四部四十四類。需要注意的是，有的類下面還有屬，比如小學類下面分成訓詁、字書、韻書等屬；詔令奏議類下面分詔令、奏議二屬。但不是所有的類下面都分屬，如正史類下面就沒有屬。〔註11〕

　　上述就是《四庫全書》已有的分類體系概貌。從《漢書·藝文志》到《四庫全書總目》之前，關於圖書的分類體系基本上是在理論層面上進行探討，而《四庫全書》的成書過程事實上是分類理論和編纂實際相結合的

〔註9〕司馬朝軍：《四庫全書總目編纂考》，武漢大學出版社2005年版，第94～100頁。
〔註10〕司馬朝軍：《四庫全書總目研究》，社會科學文獻出版社2004年版，第28頁。
〔註11〕司馬朝軍：《四庫全書總目研究》，社會科學文獻出版社2004年版，第149～164頁。

過程。全書收錄的三千多種圖書被收錄到《四庫全書》相應的類別，符合圖書分類的邏輯和原則。但是也有相當一部分圖書在分門別類上出現各種各樣的問題，因為從圖書分類史的角度來看，有的書在不同的時代被劃分到不同的類屬，到了《四庫全書》編纂的時候，就要花很大的工夫來解決這些歷史遺留問題。

（二）《四庫全書》分類體系的缺陷

從圖書分類史的角度來看，《四庫全書》的分類體系是從漢代到清代中期圖書分類思想和方法的總結，它把傳統的四分法推向了一個頂峰的狀態。但《四庫全書》的分類還是存在一些問題，自它問世以來，不少學者就此提出了很多不同的看法，特別是隨著西學的傳入，使得圖書分類思想更加複雜，圖書分類方法更加多樣。有人受到西學分類思想的影響，對傳統分類採取否定態度。方法上，採用西學圖書分類的框架，對《四庫全書》的四部進行肢解，提出了很多分類方法，其中最有名的就是「中圖法」。很多專家也提出了自己的分類方法，比如武漢大學圖書館學系以前的一位著名的分類學家皮高品先生就曾提出過「皮氏分類法」。

筆者認為《四庫全書》分類體系存在兩大主要缺陷。〔註12〕其一，關於叢書和類書的問題。首先，《四庫全書》是一部大叢書，具有叢書性質，所謂的經、史、子、集，都要歸到叢書類，也就是說，相比部、類、屬等具體的分類層級，叢書應該是更高一位的，但在《四庫全書》的分類體系中，叢書卻被攝到子部的雜家類雜編之屬，這明顯是不合適的。其次，類書的歸屬是圖書分類史上的一個難題，究竟屬於經、史、子、集哪一部歷來沒有解決好，《四庫全書》的分類體系也存在類書歸屬的問題。

其二，關於易類的問題。《周易》是中國文化的第一原典。馮天瑜教授最早提出「原典」的概念，後來有學生建議他改成「元典」，表示一個元首的意思。筆者認為，只有《周易》方可視為中國文化的「元典」。如果把中國文化比作是一棵大樹，那麼《周易》可視為這棵大樹的根部；如果把中國文化比作是一支軍隊，那麼《周易》應該是這支軍隊的司令部。首先，我們來看《易》和經部的關係。《易》和《詩》、《書》、《禮》、《春秋》是相通的，可以說「《易》為經之源」；其次，我們來看《易》和諸子的關係。《易》和儒、道、兵、法、

〔註12〕 司馬朝軍：《四庫全書總目研究》，社會科學文獻出版社 2004 年版，第 165～172 頁。今按：筆者在撰寫博士論文的分類學部分時還沒有抓住要害。

農、天文、藝術、小說、雜家等類都相通，可以說「《易》衍諸子」；其次，我們來看《易》和史部的關係。二者也是相通的。司馬遷寫《史記》和《周易》有很大關聯，司馬光既是一位史學大家，也是一位易學家；復次，我們來看《易》和集部的關係。《易》在中國古代文學中有著諸多反映，和詩歌、寓言、散文、戲劇都存在著密切的關係。它可以說是最古老的二言詩。中國社會科學院外國文學研究所趙一凡研究員認為，依照《漸卦》的六爻，將錢鍾書的小說《圍城》一書的結構分作六段也是可行的：

> 鴻漸於干──第一章，印度洋至香港。
>
> 鴻漸於磐──第二章，香港至上海。
>
> 鴻漸於陸──第三、四章，上海。
>
> 鴻漸於木──第五章，閩贛路入湘。
>
> 鴻漸於陵──第六、七章，湘西背山小鎮。
>
> 鴻漸於阿──第八、九章，經港返滬。〔註13〕

筆者認為，趙一凡對《圍城》的解讀是比較有道理的。

《周易》是六經之源，是中國最早的原始宗教的原典。從文化發生來看，「《易》歷三古」，是從遠古文化發展到殷周之際的一個產物。從文本結構來看，它分為《易經》、《易傳》。從學術影響來看，《易》通四部。《易》統三才、通萬象、攝群經、衍諸子、通文史。在《四庫全書》的分類體系中《周易》只是作為經部的一類，但是經過幾千年的傳承、研究和發展，易類圖書數量特別龐大（據不完全統計，已有 3000 多種），從數量上來講，易類的規模已經和《四庫全書》的規模接近。鑒於易類圖書的地位特別重要，數量特別龐大，所以應該從經部中獨立出來，從原來的「群經之首」上升到「群書之首」，和經部並駕齊驅。

三、《四庫全書》分類體系的調整方案

針對上述《四庫全書》分類體系的主要缺陷擬提出「兩門十部」太極分類法。首先，把圖書分為兩門，一個是叢書門，一個是類書門。按照現在的標準來看，叢書是原創的；類書不是原創的，它是按照「天─地─人─事─物」的框架體系，把已有的內容重新切分好之後，重新編纂出一種新的圖書類型。這個新的圖書類型又分成兩大類，一個是綜合性的，無所不包；還有

〔註13〕趙一凡：《圍城的隱喻及主題》，《讀書》，1991 年第 5 期，第 35～43 頁。

一個是專門性的，有所側重；比如有經書類的類書，也有史書的類書，也有子書和集部類的類書。其次，主張將易類從經部中獨立出來，升爲易部。

關於經部的調整：其一，取消樂類。六經裏面原本有《樂》，但是後來消亡了，實際上應該把它歸到藝術類；其二，將孝經類、四書類從經部分出，歸到宗教部的儒教類經典之屬；其三，將小學類歸到工具部。原來認爲小學是經學的附庸，後來小學類在章太炎之後得到發展，成爲語言文字之學，實際上現代的語言文字之學與小學類已經不是一回事了。

關於史部的調整：其一，將正史類與別史類合併爲紀傳類。別史類實際上也是紀傳類；其二，將傳記類、職官類、政書類、目錄類從史部分出，歸至工具部；其三，《四庫全書》中的時令類圖書數量很少，實際上時令類和子部的農家關係密切，所以主張把它歸至農家類。經過調整之後，史部存有八類——紀傳類、編年類、紀事本末類、雜史類、詔令奏議類、載記類、史評類和地理類。

關於子部的調整：只保留儒家類、道家類、釋家類、兵家類、法家類、雜家類、雜學類和小說家類，其他各類可按照圖書的內容和性質合理歸至技藝部、工具部或者宗教部。

關於集部的調整：保留楚辭類、別集類、詩歌評類和詩文詞曲類。將總集類歸至工具部。筆者認爲，總集也是作爲工具加以利用的。

此外，主張增設宗教部。《四庫全書》中宗教攝於子部。關於儒教是不是宗教的問題，前些年在學術界爭論激烈，贊成者有之，反對者亦不乏其人。表示贊成的代表性人物有任繼愈先生，任公「儒家是教」的觀點，筆者是贊同的。借用「中圖法」的合理部分，筆者將儒教細分爲經典、戒誡、家訓、婦女、蒙學、勸學和俗訓等小類。

筆者主張增設技藝部。《四庫全書》中技藝攝於子部。前面的調整中，子部保留了學說、思想上的東西，關於技術性、技藝類的著作則獨立出來，比如農家類、醫家類、天文曆法類、藝術類、工藝類、數術類和格致類。其中，筆者主張擴大農家類，將草木、鳥獸、蟲魚也歸至到農家類。關於醫家類的調整，《四庫全書》中醫家類是以時代爲序，這種混編的形式是不符合現代圖書分類原理的。筆者參考了中醫圖書的兩個目錄，分爲 12 個小類。近現代對中醫的反對之聲很多，甚至有人主張廢除中醫。醫易同源，中醫本身是有思想的，其哲學基礎就是《周易》，否定中醫，在某種意義上就是否定植根於《周易》的中國傳統文化。關於藝術類的調整，《四庫全書》中藝術類分爲書畫、

琴譜、篆刻和雜技，筆者主張保留原有的書畫，增加遊藝、觀賞、雜品，改造琴譜，將其與經部的樂類合併；將篆刻之屬撤銷，劃在工具部譜錄類下面的印譜之屬。通過調整之後，藝術類分爲書畫、音樂、遊藝、觀賞、雜品等小類。筆者還主張增設工藝類。它原本分爲文房器物、食品製造、格致，筆者主張將格致之屬升爲格致類。工藝類保留日用器物、文房器物、食品製造。日用器物又分爲陶瓷、飲具、家具、錦繡、衣服、香、遊具、船、琉璃、髮飾、雕刻等小類；文房器物分爲筆、墨、紙、硯、裝潢等小類；食品製造分爲鹽、糖、酒等小類。數術圖書分類有爭議，按照現代的標準來講，數術類是一個迷信的大本營。但是數術類比較複雜，不能簡單地全盤否定，從研究的角度來講，也可以發掘出一些有價值的東西。

筆者主張增設工具部。原來工具是分散在四部，比如經部的小學類，史部的目錄類、政書類、職官類等，它們有一個共同的屬性——工具性，這些書對於大多數人都只是作爲工具而加以使用的。比如傳統小學長期以來是作爲解經的工具而存在的，當然隨著現代的學術演進，傳統小學演變成了語言文字學，脫離了經學的大本營，但迄今爲止語言文字仍然保有其工具性質。

綜上所述，叢書和類書升格爲兩門，易類獨立爲部，調整經、史、子、集四部，增加工具部、藝術部、宗教部三部，以及綜合類書部、專科類書部，最後形成一個「兩門十部」的太極圖書分類體系。歸結起來，和原來分類體系最大的不同在於：首先，叢書從原來一個雜家類的「雜編之屬」升格爲叢書門；其次是類書獨立出來，類書原來是子部的類書類，實際上在《四庫全書》中類書非經、非史、非子、非集，無類可歸，既然無類可歸，應該將其獨立出來。

結　語

古典目錄學和現代目錄學具有不同的性質，現代目錄學簡單比附西學的框架，不符合中國古典文獻的實際，傳統的古典學是講究法和理的，中國文化自有其發展演變的歷史軌跡，相應的，中國古代典籍的內容和性質決定了中國古典目錄學自有其存在的價值以及傳承沿革的規律。也正是基於對古典目錄學發展規律的認識，筆者提出《四庫全書》分類體系的概況和缺陷，同時也希望「兩門十部」太極圖書分類體系能對古典目錄學的研究有所突破。

【原載山東大學國際漢學研究中心主辦《漢籍與漢學》2017 年第 1 期】

《四庫全書》與文化軟實力

　　提高文化軟實力，是一項重大的國家級戰略任務。「講清楚中華優秀傳統文化是中華民族的突出優勢，是我們最深厚的文化軟實力。」本文擬以《四庫全書》為例，闡述《四庫全書》的文化價值，進而探討《四庫全書》與當下文化軟實力建設的關係。

一、《四庫全書》集中國傳世文獻之大成

　　《四庫全書》共收書 3000 多種圖書，多達 70000 餘卷，是中國古代最大的一套叢書。《四庫全書》編成後，共抄錄 7 份，分藏南北七閣。《四庫全書》如此浩大的編纂規模，堪稱中國乃至世界文化史上的宏大工程。不管清高宗編修《四庫全書》的動機如何，就書而論，《四庫全書》無疑是中國傳世文獻集成性質的總匯。

　　《四庫全書》匯聚清中期以前的典籍，「博」是《四庫全書》最基本的特點。《四庫全書》的圖書來源有幾種：內府本、內廷本、永樂大典本、各省進呈本、私家進呈本。圖書來源的廣泛性，為《四庫全書》的編纂奠定了基礎。《四庫全書》收書範圍涵蓋先秦至清中期的各個時代，覆蓋經學、史學、醫學、農學、天文、地理、文學、藝術、宗教、諸子百家等主要的領域，堪稱完備。

　　《四庫全書》之「博」絕不是漫無別擇之博。四庫館臣對傳世文獻做了一次大規模的清理，將以下幾類著作基本裁汰：庸本，主要從考據與編例兩項標準判斷，評價不高者；俗本，包括科舉之學與通俗文化；偽本，包括偽書與版本作偽，偽書並非全無價值，《四庫全書》保留了一部分「偽而近古」

之書;殘本,包括一些刪節本。經過四庫館臣的甄別,《四庫全書》大體上保留了18世紀以前的中國傳世文獻的精粹。

有一種觀點認為,存目部分含有大量寶藏,他們想當然地以為,列入存目的圖書只是不符合當時的選擇標準,並不見得其水平不高。這種似是而非的觀點一度也有一些市場,但與歷史事實相去甚遠。毋庸諱言,確有極少一部分書籍因非學術原因被列入存目,但絕對不能將這部分數量任意放大。從總體而言,《四庫全書》的價值要遠遠高於存目書的價值。

漢代以來,聚難散易成為古代圖書之常態,唐代開元圖書之盛,古今無匹,終究化為烏有。明代以來,官府藏書衰落,散佚嚴重,私家藏書興起,甚且一度睥睨官府,然而,私家藏書基本上也難逃二世而亡的厄運。《四庫全書》的編纂,使得天下圖書再度薈萃。《四庫全書》分抄七部,雖因戰亂損失慘重,卻仍有三部半《四庫全書》得以保存,避免了傳世文獻重蹈覆轍。因而,《四庫全書》的結集對於傳世文獻的整理與保存功不可沒。

儘管《四庫全書》享有盛譽,批評《四庫全書》之聲音從未斷絕。如魯迅說道:「清朝的考據家有人說過,『明人好刻古書而古書亡』,因為他們妄行校改。我以為這之後,則清人纂修《四庫全書》而古書亡,因為他們變亂舊式,刪改原文;今人標點古書而古書亡,因為他們亂點一通,佛頭著糞;這是古書的水火兵蟲以外的三大厄。」〔註1〕時至今日,這一觀點依舊有很大的話語權,除非《四庫全書》特有之孤本,許多學者在古籍整理與研究中將四庫本排除在外,以致豐富的《四庫全書》文本長期被束之高閣。

《四庫全書》的確存在篡改刪削古書的問題,但不應將其過分放大。《四庫全書》究竟多大程度地篡改古書,迄今無人能說清。相反,已有人指出,《四庫全書》大量的文本具有較高的文獻價值。如任繼愈先生生前曾經呼籲為《四庫全書》正名:「我們應該充分挖掘出蘊藏在其中的學術文化價值,簡單、粗淺地否定這樣一椿舉世皆知的文化偉業不是狂妄,便是文化虛無主義。值得注意的是,許多否定《四庫全書》的人,大多對《四庫全書》本身沒有多少瞭解,但往往攻其一點,不及其餘。其所發表的評論也多耳食之言。」〔註2〕此論切中肯綮,擲地有聲。

〔註1〕魯迅:《病後雜談之餘》,《且介亭雜文》,北京:人民文學出版社,2005年,第191頁。

〔註2〕任繼愈:《為〈四庫全書〉正名》,《中華讀書報》,2003年8月13日。

二、《四庫全書》是中國文化的符號體系

　　《四庫全書》之價值不僅僅在於保存了中國主要的傳世文獻。《四庫全書》作為一套大型叢書，是一個具有統一體系的整體，蘊含著深厚的文化內涵。理解《四庫全書》之文化內涵，需要把握「四庫」二字。

　　《四庫全書》之「四庫」即根據經、史、子、集四部分類法編排書籍。四部分類法始於三國鄭默《中經》，其後，西晉荀勖據《中經》撰《中經新簿》，以甲、乙、丙、丁四部分類，甲部紀六藝、小學；乙部紀古諸子家、近世子家、兵書、兵家、術數；丙部紀有史記、舊事、皇覽簿、雜事；丁部紀詩賦、圖贊、汲家書。東晉李充編《晉元帝四部書目》，其目錄分類與《中經新簿》大體相同，但將史書升居乙部，子書退居丙部。至唐初修《隋書·經籍志》，正式以經、史、子、集標四部之名，四部之名正式確立。此後，採用四分法的書目日益增多，四分法成為中國古代文獻分類法之主流。四分法不只是簡單的圖書分類法，它反映了古人對經、史、子、集各個門類學問的認識，對應著經、史、子、集四部之學。隨著四分法成為主流，四部之學構成了古代圖書的基本分類體系，也大體上反映出中國古代的知識體系。

　　《四庫全書》對四部分類法做了局部調整，分類體系較以往更為合理。前代書目在類目的設置上往往分合無定，雜亂無章。四庫館臣參考《隋志》以下書目，總結前人經驗，擇善而從。對於類目的數量和名稱，一方面，四庫館臣尊重傳統，類目數量不做大幅度增減，類目名稱基本沿襲前代，即使創立新名，也強調「務求典據」，如經部類目參考《隋志》，設立「五經總義」類，另一方面，四庫館臣根據歷代著述的發展狀況，適時地設立新的類目，如紀事本末類，史書自《通鑒紀事本末》以後，延續不絕，四庫館臣據此新增紀事本末類。對於子目的設置，前代書目或是不分子目，或是子目過多，以致支離破碎，《四庫全書》設立三級子目，對經部小學類，史部地理、傳記、政書三類，子部術數、藝術、譜錄、雜家四類，集部詞曲類等流派較繁的類目做了分和歸併工作。

　　《四庫全書》之分類體系並非無懈可擊，圖書之歸類也多有可商榷之處。但相對而言，《四庫全書》之分類簡潔明瞭、條理秩然，各門類學問的發展脈絡大體清晰可見，四部之學至此趨於定型，最終使得「四庫法」成為中國圖書分類史上最具影響力的分類法。在這一學問體系下，《四庫全書》反映了傳統文化的基本特點：其一，博大精深。《四庫全書》保存了主要的傳世文獻，

傳統文化之精華大體薈萃於此。一方面，《四庫全書》反映了傳統學術的發達。經部以五經、四書爲框架，反映了經學體系的發達。史部分爲正史類、編年類、紀事本末類、別史類、雜史類、詔令奏議類、傳記類等，反映了傳統史學門類健全、綿延不絕，具有徵實、致用等優點。子部涵蓋面最廣，農家類、醫家類、天文算法類、藝術類反映了我國古代農學、醫學、天文、算數、書法、繪畫等領域之成就。某些成就迄今仍是我國乃至世界的寶貴遺產，如農家類《齊民要術》等是古代先民農業思想、農業生產實踐經驗的總結，許多經驗在今天仍指導著基層農業生產活動；醫家類反映了我國傳統醫學歷史悠久，具有獨特的哲理，易醫相通，自成一系，爲中華民族的生存繁衍做出了巨大貢獻。集部則反映了我國古代燦爛輝煌的文學成就。另一方面，《四庫全書》蘊含了中國傳統文化的價值觀、倫理觀、道德觀等思想層面的精華。儒家的仁義禮智信，先秦諸子的各種思想精品都能在《四庫全書》中得以反映。其二，以經學爲核心。經書形成於先秦，是中國文化的源頭。自漢武帝獨尊儒術之後，中國進入了近兩千年的儒學時代。經學是儒學時代的核心和紐帶，《易》、《書》、《詩》、《禮》、《春秋》等經典在儒學時代具有無比崇高的地位，影響著古代社會的方方面面。《四庫全書》鮮明地凸顯了傳統文化的主流價值體系。

《四庫全書》集中反映了傳統文化的博大精深，但《四庫全書》經、史、子、集四部所反映的傳統文化既不是孤立分散，也不是平行無主體的文化形態，而是以經部爲中心，具有主次依從關係的文化體系。經部之所以是《四庫全書》的中心，不僅僅因爲經部居於四部之首。經學蘊含豐富的倫理、道德、思想、文學、學術等內涵，是古代社會修身、齊家、治國、平天下的指導，史、子、集三部突出反映了經典在傳統社會的影響。大致而言，史部反映了經學與古代治國、平天下的密切聯繫，不通過經典，則難以瞭解古代的政治與社會，無法瞭解古代的禮儀典章制度，也無法瞭解古代的儒家群體。子部的儒家類著作反映了經學對古代修身、齊家的影響；醫家類著作反映了《易》對於傳統醫學的影響，不通過經典，則無法瞭解傳統醫學易醫相通的獨特理論體系；道家是古代重要的思想流派，同樣源於《易》。集部則反映了經學對古代文學的滲透。

作爲四部之學趨於定型的代表，《四庫全書》構建了以經學爲中心，反映傳統文化主流價值的圖書體系。在這一體系下，經、史、子、集四部聯繫密

切。假如缺少經部，則群龍無首，史、子、集三部的諸多問題無法得以解釋；若缺少史、子、集三部，則經部的中心地位無法突顯，《四庫全書》的體系也無法建立。經學是中國傳統文化的核心與靈魂，《四庫全書》則是中國文化的符號體系。

三、《四庫全書》的傳播關乎國運

《四庫全書》編成至今，其傳播歷程經歷了三個階段：

第一階段，清後期的傳抄流傳時期。《四庫全書》抄寫完畢後，北四閣深藏不露，歸皇室獨享，而清高宗允許江南三閣向讀書人開放。江南三閣的開放，促進了文獻的傳播。如《皕宋樓藏書志》、《愛日經廬藏書志》等著錄了不少文瀾閣抄本圖書，時人還據《四庫全書》抄本刊刻了《學津討原》等叢書。隨著圖書傳播的加速，輯佚、校補、考訂之學逐漸興起。不過，《四庫全書》在清後期的傳播終究限於一隅，即使是已刊刻的《四庫全書總目》、《四庫全書簡明目錄》，普通讀書人仍是一書難求。更為遺憾的是，江南三閣《四庫全書》尚未廣泛流傳，即有兩部半《四庫全書》毀於戰火。

第二階段，民國至 20 世紀 80 年代初的籌備影印時期。進入民國，影印《四庫全書》一事屢被提上議程，但在國勢飄搖不定的情況下，因財政問題、戰亂等原因而被擱置，且時人以《四庫全書》中通行本已較多，對是否全部影印《四庫全書》存有爭議，最終只選印了《四庫全書珍本初集》。隨後，因時局變遷，《四庫全書》顛沛流離，文淵閣《四庫全書》遷居臺灣，文溯閣《四庫全書》亦輾轉移至甘肅。臺灣商務印書館於六七十年代繼續推出選印本，以滿足學術界的需要，大陸則長期深鎖高閣，按兵不動。

第三階段，20 世紀 80 年代至今的出版熱。20 世紀 80 年代以來，興起了一股《四庫全書》出版熱。臺灣商務印書館全部影印了文淵閣《四庫全書》，上海古籍出版社隨後依據臺灣底本重新出版了文淵閣《四庫全書》，2005 年，商務印書館影印出版文津閣《四庫全書》，2015 年，文瀾閣《四庫全書》影印出版。與此同時，《四庫全書》走向數字化，多家單位推出了文淵閣《四庫全書》電子版。此外，又陸續出現了《四庫全書精華》、《四庫全書精華大全集》等選印本。如今，文淵閣《四庫全書》及其電子版在各大圖書館已廣為普及。

《四庫全書》出版熱極大地促進了文化的傳播，推動了「四庫學」研究熱，有關《四庫全書》系列的研究成果日漸豐富，並出現了一批「四庫學」

研究機構。1993 年，海南大學舉辦「中國首屆《四庫全書》學術研討會」，並成立了海南大學《四庫全書》研究中心。2003 年，首都師範大學《四庫全書》學術研究中心宣告成立。2004 年，武漢大學四庫學研究所成立，2009 年更名為四庫學研究中心。2005 年，甘肅省《四庫全書》研究會成立，並舉辦了海峽兩岸學者參加的《四庫全書》討論會，會後出版了論文集。2016 年，湖南大學中國四庫學研究中心成立，並舉辦「中國四庫學高層論壇」。越來越多的蠻子大膽地闖入這塊「死地」，各自為陣，跑馬圈地者有之，搖旗吶喊者有之，鳴鑼開道者有之，亂刨一氣者有之，掩耳盜鈴者有之，欺世盜名者有之，巧取豪奪者有之，順手牽羊者有之，乘火打劫者亦有之，「四庫學」研究似乎風生水起，實則亂象叢生。

儘管「四庫學」看似如火如荼，不得不指出的是，當下的「四庫學」研究存在諸多不足。除對《四庫全書》文本不信任外，還表現在：第一，「四庫學」研究力量渙散，影響力有限。各地紛紛成立「四庫學」研究機構，但沒有形成全國性的「四庫學」研究機構，限制了「四庫學」研究的進一步發展。另外，有些研究機構自成立後，未見下文，旋生旋滅，形同虛設。第二，《四庫全書》的受眾基本限於文史哲專業少數研究者，研究熱沒有進一步轉化為普及熱。即使是專業研究者，不過是將《四庫全書》割裂為孤立的文本，從中尋找史料論據。

《四庫全書》兩百餘年的傳播歷程與國運息息相關，極盡坎坷。《四庫全書》編纂於皇權時代最後的盛世，它在清末遭受的厄運是國勢衰落的縮影。20 世紀以來，一代又一代國人視《四庫全書》為傳統文化之象徵，盡力呵護，努力付梓，卻終因國力不濟而作罷。《四庫全書》出版熱使得《四庫全書》由此化身千百，是歷史性的進步，是國力提升的表現。然而，《四庫全書》在當下面臨尷尬的境遇，造成這一困境的原因有諸多方面，最主要原因在於，近代以來，《四庫全書》所代表的四部之學已經瓦解，被納入近代西式學科體系中，《四庫全書》所賴以生存的社會基礎已不復存在。《四庫全書》誕生以來的境遇，實則反映了傳統文化在近代以來的發展境遇。

四、《四庫全書》有利於提升文化軟實力

中國優秀傳統文化是文化軟實力之源，弘揚優秀傳統文化，是文化軟實力建設的重要內容。弘揚優秀傳統文化，不可能撇開《四庫全書》繞道而行。

弘揚優秀傳統文化，離不開具體的文獻載體。《四庫全書》是中國優秀傳世文獻的集成；弘揚優秀傳統文化離不開以四部之學爲構架的學問體系。因而，《四庫全書》與當代文化軟實力建設密切相關。《四庫全書》因時代局限，確有諸多遺憾與不足，只要堅持繼承與批判相結合的原則，取其精華，棄其糟粕，即可轉化《四庫全書》之價值爲文化軟實力。具體而言，發掘《四庫全書》之文化內涵，從國民與國家層面均有利於提高文化軟實力。

　　從國民層面來看，《四庫全書》之價值體現在：第一，有利於提高人文素養。在近代學科體系轉換中，經學被分解，失去了獨立地位。在西式學科體系下，經學體系的缺失，在某些層面造成了國民人文素養的缺失。弘揚傳統文化，主要是弘揚以經學爲主流價值的文化，《四庫全書》是以經學爲中心的文化體系，蘊含著諸多可供當代借鑒的價值。積極發掘《四庫全書》承載的文化內涵，有利於國民素養的提高。第二，有利於增強文化自信。近代以來，中國傳統文化隨著國勢的衰落而飽受質疑和批判，文化虛無主義流行。進入21 世紀，弘揚優秀傳統文化已漸漸成爲共識，而文化虛無主義依舊影響著國民的思維，如「中醫無用論」等謬論甚囂塵上。早在80 多年前，民國已有人認識到《四庫全書》可以提高國民文化自信，「普通人民，甚以吾國爲未開化者」，「科學東侵，吾國青年，以舊學全無可取，殊不知互有短長」〔註3〕，因而主張推廣《四庫全書》。這一觀點在當下依舊有其用武之地，《四庫全書》代表著博大精深的中國傳統文化，利用《四庫全書》之文化價值，既有利於國民對中國傳統文化的主流儒學的認識，也有利於國民領略源遠流長、博大精深的中國傳統文化，從而增強文化自信。

　　從國家層面來看，《四庫全書》有利於加強對外交流，改善和提升國家形象。文化在綜合國力競爭中的地位和作用更加凸顯，維護國家文化安全任務更加艱巨，增強國家文化軟實力、中華文化國際影響力要求更加緊迫。應該認識到的是，中國文化在國際上的影響力有限，處於弱勢地位，這一狀況不利於我國綜合國力的提升。中國國際地位雖已有了較大提高，國家形象也有了很大改善，但是，國際社會對中國仍舊缺乏瞭解，「中國威脅論」、「中國崩潰論」等怪論此起彼伏。《四庫全書》作爲中國文化的符號體系，有利於國際社會對中國的瞭解，改善和提升中國的國家形象，從而提升綜合國力。

〔註 3〕鄭鶴聲：《影印〈四庫全書〉之經過》，《圖書評論》第 2 卷第 2 期，1933 年 10 月 1 日。

眾所周知，近三十年來，《四庫全書》的出版熱推動了中國傳統文化研究的進步，《四庫全書》已成為學術研究不可或缺的一部分，但其價值遠未得以充分開發。為了更好地發掘《四庫全書》的文化內涵，以便轉化為文化軟實力，應當從以下幾方面著手：

第一，改造《四庫全書》。我們在肯定《四庫全書》價值的同時，必須正視其不足，如《四庫全書》以舊時的價值觀遴選書籍，少數具有進步意義或創造特色的著作被打入存目；《四庫全書》分類體系已較為完善，卻仍有諸多可商榷修訂之處；《四庫全書》編纂過程中校勘欠精審，篡改刪削古書等問題不容忽視。因而，為破解對《四庫全書》文本的不信任，應該改造《四庫全書》，以便《四庫全書》在當代煥發新的生命力。主要措施是在全國範圍內組織力量重訂《四庫全書》。重訂《四庫全書》應制定詳細的規劃，包括書目選擇、版本選擇、校勘凡例等。重訂後的《四庫全書》應是校勘精湛、可供閱讀的點校本，否則徒為插架之美，無裨實用。

第二，弘揚四部之學。教育在文化軟實力戰略中扮演重要的角色。隨著時代的發展，當下學科體系的弊端正日益暴露。對學科體系做適度調整已成為越來越多學者以及社會的共同呼喚。國學熱在當下方興未艾，教育部已決定在全國開設國學教育專業，這些現象反映了優秀傳統文化的復興已初露端倪。但如何弘揚國學，卻眾說紛紜，莫衷一是。弘揚國學，關鍵在於大、中、小學以及社會教育機構等各層次國學學科體系的建設和國學教材的編纂。國學學科體系的建設和國學教材的編纂，難以繞開四部之學而推倒重來。《四庫全書》作為四部之學的終端產品，其參考價值在於：《四庫全書》所構建的學問體系可供國學學科建設提供參考；《四庫全書》保留了主要的傳世文獻，為國學教材的編纂提供了便利。具體而言，發揮《四庫全書》之價值，首先，可利用《四庫全書》的學問體系，重建經學學科，確立經學在國學學科中的紐帶作用，而不可將經、史、子、集四部孤立分列。其次，利用《四庫全書》之文獻價值，編纂適合各層次學生的國學教材。簡而言之，弘揚四部之學，重建經學學科，弘揚優秀傳統文化才能有根可據，國民素養的提高才能有章可循。

第三，塑造《四庫全書》品牌。品牌戰略在當下日益受到重視。現如今，國內越來越多的大公司已培育出自己的品牌，在國際上擁有較強的競爭力。相比之下，文化品牌的建設顯得較為滯後。品牌是文化軟實力的表現形式，

塑造具有文化特色的品牌，有利於凝聚文化資源，提高文化軟實力。歷代帝王喜好打文化牌，《四庫全書》即是清高宗為彰顯文治而打出的金字招牌。地方也有類似傳統。清代後期以來，各地紛紛編纂區域叢書，以彰顯鄉邦文化之盛，如《嶺南遺書》、《畿輔叢書》、《遼海叢書》、《湖北先正遺書》等，這一風氣持續不衰，當下又出現了《雲南史料叢書》、《貴州歷史文獻叢書》、《廣州大典》、《廣西歷史文獻集成》、《黑水叢書》、《寧夏史料叢書》、《隴右文獻叢書》、《山東文獻集成》、《揚州文庫》、《杭州文獻集成》、《西湖文獻集成》、《金陵全書》、《荊楚文庫》、《湖湘文庫》、《巴蜀全書》等。《四庫全書》作為中國文化之符號體系，理應將昔日帝王之品牌進行改造，變私為公，改造為全中國的文化品牌，從而更好地提升《四庫全書》的文化價值，提高文化軟實力。具體而言，應該採取以下三項具體措施：其一，積極申報世界文化遺產與世界記憶名錄。《國務院關於加強文化遺產保護的通知》指出：「物質文化遺產是具有歷史、藝術和科學價值的文物，包括古遺址……等不可移動文物，歷史上各時代的重要實物、藝術品、文獻、手稿、圖書資料等可移動文物；以及……歷史文化名城。」《四庫全書》作為承載、表達傳統文化的文獻載體，完全契合文化遺產的標準。應該整合國內數閣《四庫全書》資源，將《四庫全書》作為一個整體，打包申報為國家文化遺產，同時申報世界文化遺產與《世界記憶名錄》。申報世界文化遺產與《世界記憶名錄》，既有利於更好地保護《四庫全書》，也有助於提升《四庫全書》在國內外的知名度，更好地發揮《四庫全書》對於普通民眾的教育功能。其二，積極推動《四庫全書》的文化普及。弘揚優秀傳統文化，不僅要讓民眾「耳聞」，更應該讓民眾能夠「目睹」。文淵、文津等閣《四庫全書》雖已出版，但高昂的價格不僅普通民眾難以承受，對中小型圖書館也是巨大的負擔。目前，《四庫全書》雖已在大型圖書館較為普及，卻依舊是「舊時王謝堂前燕」，沒有「飛入尋常百姓家」。《四庫全書》的出版，除了面向專業研究者外，更應該要讓普通民眾有機會直接接觸。弘揚四部之學，不能簡單地依賴學校的國學教育，需要通過社會等多方面展開，只有將《四庫全書》承載的文化內涵轉化為普通民眾的認知，《四庫全書》之價值才得以真正發揮，文化軟實力才能夠得以提升。此外，推動《四庫全書》的普及，需要學術界、出版商、各級政府共同努力。學術界應該在當代版《四庫全書》的基礎上，推出適合不同人群的《四庫全書》普及本和選印本，如《四庫全書》精華集等。作為出版商，無論是從出

版品牌建設還是營銷利潤考慮，均應該推出真正面向大眾的普及本。各級政府則應該將推動《四庫全書》普及列入文化發展規劃，加大財政投資力度。同時，學術界、出版商、各級政府應利用講座、新媒體等多種方式做好宣傳工作。最終應該實現的目標是：《四庫全書》普及至縣級圖書館，社區、鄉鎮、團體以及普通民眾擁有《四庫全書》普及本、選印本。其三，積極實施「走出去」的文化戰略。早在民國時期，法國總理班樂衛便希望爲巴黎大學獲得《四庫全書》一部，以加強對中國文化的研究，惜此議在民國不能實現。如今，我國對外交流渠道已經較爲暢通，應該採取多種措施，向世界推廣《四庫全書》。如翻譯出版《四庫全書》。翻譯中國文化典籍是「走出去」的基礎，我國的不少重要典籍，如《論語》、《道德經》等經典作品已有外譯本，國家也曾以叢書的形式對外翻譯出版我國文化典籍，如《大中華文庫》，然而，《論語》等單行譯本傳達的文化信息較爲有限，《大中華文庫》所選取的典籍也不夠全面和典型。《四庫全書》是中國文化的形象與符號，是中國文化的集合性經典，其整體性效應絕非《大中華文庫》或是單一的某部經典作品所能比擬。翻譯《四庫全書》存在較大難度，具體翻譯措施應該推陳出新，採取選譯等方式穩步推進；國家層面提升對《四庫全書》之重視，加大對出版翻譯《四庫全書》的支持力度，另外可利用「中俄文化年」、「中法文化之春」等形式推廣《四庫全書》。溫家寶在 2007 年訪問日本期間，曾贈送日本立命館大學文津閣《四庫全書》，可供推廣《四庫全書》之參考；各高校、科研機構利用與海外漢學機構的交往，積極推廣《四庫全書》。孔子學院是中國高校與海外機構合作開展的品牌戰略，但孔子學院以傳授語言爲主，對中國文化的傳播作用仍有限。《四庫全書》可以結合孔子學院，因地制宜地通過適當的海外課程，弘揚中國優秀傳統文化。總之，應該通過多種途徑，擴大《四庫全書》在海外的影響，以便提升傳統文化的國際影響力。

《安老懷幼書》提要新證

　　《四庫全書總目》卷一百五《安老懷幼書》提要云：

> 《安老懷幼書》四卷，明劉宇編。宇字志大，河南人，成化壬
> 辰進士，官至山西按察司副使。初，宋咸淳中，陳直撰《養老奉親
> 書》。元大德間，鄒鉉續爲《壽親養老新書》。黃應紫合爲一篇刻之。
> 宇於成化戊戌得其本，弘治庚戌重爲刊行，改名《安老書》，仍爲三
> 卷。後六年丙辰，復得雪川妻氏《恤幼集》，又補刻於後，總爲四卷，
> 題曰《安老懷幼書》。雪川妻氏，明洪武、永樂間御醫也，宇得之於
> 其曾孫云。

　　提要略敍劉宇事蹟及《安老懷幼書》成書經過，從最初的《養老奉親書》
到《壽親養老新書》，最後乃成《安老懷幼書》，然其中細節仍有待訂正。《安
老懷幼書》實爲《壽親養老新書》與《恤幼集》二書合一而成，劉宇不過改
名翻刻，《四庫全書總目》稱之爲「編」並不合適。提要又稱「劉宇官至山西
按察司副使」，其實劉宇至正德間已先後出任兵部尚書、吏部尚書。提要稱劉
宇改《壽親養老書》爲《安老書》，「仍爲三卷」，然《壽親養老新書》實爲四
卷。劉宇攀附劉瑾，四處行賄。以當時社會風氣推斷，《安老懷幼書》乃書帕
本。

　　本文擬以提要內容爲線索，通過對劉宇生平及《安老懷幼書》成書過程
等方面的詳細探討，以期對提要內容進行補正。

一、關於劉宇其人

劉宇，字志大，河南人〔註1〕，成化八年（1472）進士。生平事蹟詳見《明史·閹黨傳》。

明黃景昉《國史唯疑》載：「成化中，知上海縣，治灼然，邑號神君。」〔註2〕弘治間，劉宇經大學士劉健推薦任右僉都御史，巡撫大同，開始賄賂權要之人，「私市善馬賂權要」〔註3〕。被兵部尚書劉人夏告發之後，孝宗派遣錦衣衛調查，劉宇通過賄賂錦衣衛得以免受懲罰。

正德初，劉瑾用事，劉宇通過焦方結交劉瑾。正德二年（1507）正月便升爲左都御史。劉宇爲迎合劉瑾，摧折臺諫，「請敕箝制御史，有小過輒加笞辱」〔註4〕。又通過數額龐大的賄金，官職一路升遷至兵部尚書，加太子太傅。其子劉仁應試，劉宇通過賄賂劉瑾，使其子「內批授庶吉士，逾年遷編修」〔註5〕。正德三年（1508），調爲吏部尚書。正德四年（1509）入內閣預機務。劉宇生平實不光彩，一路升遷，與其賄賂手段不無關係。史書對其評價多爲負面，「賄賂狼藉」〔註6〕，「大壞朝政」〔註7〕，「其人負虛名而寡實用，且擅作威福」〔註8〕，諸如此類，不一而足。正德五年（1510），劉瑾伏誅，劉宇亦罷官入獄。

從上可知，劉宇之官職並不只是至「山西按察副使」。《百川書志》、《千頃堂書目》、《續文獻通考》等書載《安老懷幼書》爲「山西副使劉宇編」。由上文可知，劉宇曾巡撫大同，後召爲左副都御使。大同爲山西治所，此書刻成之時應在此任上，故書目稱山西副使劉宇。而提要稱「官至山西按察副使」，蓋曲解其意，有待修正。

〔註1〕《明史》明高儒《百川書志》、清萬斯同《明史》、黃虞稷《千頃堂書目》稱劉宇爲潁川人，明雷禮《國朝列卿記》稱其爲河南開封府均州人，明黃景昉《國史唯疑》稱：「本是鈞州，後避神廟諱，改禹州。」亦有史料稱其爲禹州人。明雷禮《皇明大政紀》有「文升與許進、劉宇皆河南人」之說。又潁川、均州、禹州在明均屬河南，故本文大而化之，稱其爲河南人。

〔註2〕明黃景昉：《國史唯疑》卷四，《續修四庫全書》第432冊，上海古籍出版社，2002年，第69頁。

〔註3〕清張廷玉：《明史·閹黨傳》卷三百六，中華書局，1974年，第7837頁。

〔註4〕清張廷玉：《明史·閹黨傳》卷三百六，中華書局，1974年，第7838頁。

〔註5〕清張廷玉：《明史·閹黨傳》卷三百六，中華書局，1974年，第7838頁。

〔註6〕清張廷玉：《明史·閹黨傳》卷三百六，中華書局，1974年，第7838頁。

〔註7〕明陳洪謨：《治世餘聞錄》上篇卷三。

〔註8〕明陳建：《皇明通紀法傳全錄》卷二十六。

二、《安老懷幼書》的成書過程

　　《安老懷幼書》共分四卷，首卷敘飲食調治諸論及四時攝養諸方。卷二首先論述事親之道，列舉歷代名賢尊老事親故事及善言嘉行，並載養生得道傳聞軼事等事，又論老年怡情悅性及膳食調理之法等。卷三載修身養性，藥食調治，腧穴按摩等老年保健內容，並述及老年常見病醫方三十餘首，適應老幼婦孺的食治方九十餘首。卷四則論述撫恤初生嬰兒之法及醫治小兒諸症之方。

　　歷代書目關於《安老懷幼書》著錄的情況大致如下：

　　　　明高儒《百川書志》卷十：《安老懷幼書》四卷，皇明山西副使河南穎川劉宇編。

　　　　清錢謙益《絳雪樓書目》卷四：《安老懷幼書》。

　　　　清錢曾《錢遵王述古堂藏書目錄》卷六：《安老懷幼書》四卷四本。

　　　　清黃虞稷《千頃堂書目》卷十四：劉宇《安老懷幼書》二卷，字志大，穎川人，山西副使，弘治戊午序。

　　　　清萬斯同《明史》卷一百三十五志一百九：劉宇《安老懷幼書》四卷，字志大，穎川人，山西副使。

　　　　《欽定續文獻通考》卷一百八十四：劉宇《安老懷幼書》四卷，宇字志大，河南人，成化進士，官山西按察副使。

　　　　《欽定續通志》卷一百六十一：《安老懷幼書》四卷，明劉宇編。

　　　　《欽定四庫全書總目》卷一百五：《安老懷幼書》四卷，浙江朱彝尊家曝書亭藏本，明劉宇編。宇字志大，河南人，成化壬辰進士，官至山西按察司副使。

　　根據提要的內容可知，《安老懷幼書》並非劉宇所著，而是其將陳直、鄒鉉、婁氏三人之書合為一書刊刻付印。所以上面典籍載《安老懷幼書》為「劉宇編」實在有待商榷。下文將分三個層次對此詳細敘述。

（一）一卷本《養老奉親書》

　　《安老懷幼書》最早可追溯到宋陳直所撰的《養老奉親書》〔註9〕。其目

〔註 9〕《養老奉親書》者，《文獻通考》、《宋史》載為《奉親養老書》，《千頃堂書目》載為《壽親養老書》。文淵閣本《壽親養老新書》卷首提要：「（陳）直於元豐時為泰州興化令。《文獻通考》載有直所著《奉親養老書》一卷，而此本則題曰《養老奉親書》，其文互異。然此本為至正中浙江刊本，猶據舊帙翻雕，不應標題有誤，蓋《通考》傳寫倒置也。」

為飲食調治、形證脈候、醫藥扶持、性氣好嗜、宴處起居、貧富分限、戒忌保護、四時養老總序、春時攝養、夏時攝養、秋時攝養、冬時攝養、食治養老序、食治老人諸疾方、簡妙老人備急方。可見該書討論的是老人醫藥之法、四時攝養之道和食療之方，以及老年養生及防病治病的理論和方法。

宋末元初，戰火紛飛，黃應紫匆忙中在上杭縣觀得此書，「應紫侍七峽之母以行，咸淳庚午，寓上杭縣齋，汀守劉審軒刊呂東萊《辨志錄》，應紫與寓目焉。中間二則載春夏奉親事，注云《養老奉親書》，於是方知此書之名。」〔註10〕其時為咸淳庚午年（1270），蓋因戰火之故，此匆匆一面後，黃應紫無處再覓此書蹤影，自言：「自後司馬倦遊，意謂此書不可復得矣。」〔註11〕直至大德乙巳（1305 年）春，鄒鉉寄贈此書，如獲至寶。元代張士弘序稱其家藏有此書，仿之以奉其母食飲起居，咸得其宜，壽高八旬，而甚健康，則此書有益於人大矣。

（二）四卷本《壽親養老新書》

鄒鉉，號冰壑，又號敬直老人，元大德中泰寧（今屬福建）人，宋參知政事應龍世孫，其行履不可詳考。嘗於丹台山之陽築「城南小隱」。鄒鉉在向黃應紫出示《養老奉親書》之後，不久又示之以續編。黃應紫〔註12〕隨即點校，並由危徹孫作序，於元大德丁未年（1307）刊刻出版。黃應紫對此書評價甚高，稱嘉言懿行、雅事奇方，前書所未有者，燦然畢備。〔註13〕

歷代書目關於《壽親養老新書》的著錄情況大致如下：

> 明黃佐《南廱志》卷十八：《壽親養老新書》四卷。

> 清丁丙《善本書室藏書志》卷十六：《壽親養老新書》四卷，元至正刊本，承奉郎泰州興化縣令陳直撰，敬直老人鄒鉉編次，玉窗黃應紫點校。

〔註10〕陳直、鄒鉉：《壽親養老新書》，《文淵閣四庫全書》第 738 冊，臺灣商務印書館，1986 年，第 285 頁。

〔註11〕陳直、鄒鉉：《壽親養老新書》，《文淵閣四庫全書》第 738 冊，臺灣商務印書館，1986 年，第 285 頁。

〔註12〕《四庫全書總目》卷一百三《壽親養老新書》提要稱「周應紫」。然《安老懷幼書》提要、《善本書室藏書志》、《壽親養老新書》原文序皆稱「黃應紫」，蓋《壽親養老新書》提要之誤也。

〔註13〕陳直、鄒鉉：《壽親養老新書》，《文淵閣四庫全書》第 738 冊，臺灣商務印書館，1986 年，第 285 頁。

清丁仁《八千卷樓書目》卷十：《壽親養老新書》四卷，前一卷宋陳直撰，後三卷元鄒鉉續。

清黃虞稷《千頃堂書目》卷十四：陳直《壽親養老書》一卷。泰州興化令鄒鉉《壽親養老新書》四卷。

鄒鉉在卷一陳直《養老奉親書》飲食調養的基礎上，又續保養、服藥諸篇，羅列古今丸、丹、膏、散、酒、粥、糕、餅等具體方藥與主治，並寢、興、器、服、飲、膳、藥石之忌宜，附婦兒食治諸方，使內容更加完備充實。

至正辛巳（1341），張士弘備員浙東憲使，於李子貞處得《壽親養老新書》，自念「與其得之難，孰若傳之廣」〔註14〕，遂於至正壬午（1342 年）命大量刊刻，希望「後世皆得觀覽，以盡事親之道」〔註15〕。

明代，此書傳播更加廣泛。方孝孺因重刊刻此書而作序曰：

賢王治蜀，德政既修，國內乂安，群臣有奉《壽親養老新書》以進者，覽之終卷，歎曰：予以君親之恩居萬民之上，思有以佐吾民養其親而未能，是書也，庶幾可以佐吾民乎？乃命工刻之，而摹本以傳，且教命臣序其首。〔註16〕

高濂作《遵生八箋》，其「四時調攝箋」所錄藥品大抵本於是書。何喬新《椒邱文集》稱：「奉去《壽親養老新書》一部，聊以備調膳之檢閱。」〔註17〕可見當時《壽親養老新書》已多用於實踐。

（三）四卷本《安老懷幼書》

《安老懷幼書》並無創新，只是將《壽親養老新書》與《恤幼集》二書拼湊合一。

成化戊戌（1478 年），劉宇得黃應紫刊刻之《壽親養老新書》，將四卷重新分爲三卷，並改名《安老書》，於弘治三年（1490 年）刊行。通過對比可知，《安老書》只是將《壽親養老新書》的二、三卷合爲一卷，又以第四卷爲第三卷，在內容上未做任何更改。

〔註14〕陳直、鄒鉉：《壽親養老新書》，《文淵閣四庫全書》第 738 冊，臺灣商務印書館，1986 年，第 286 頁。

〔註15〕陳直、鄒鉉：《壽親養老新書》，《文淵閣四庫全書》第 738 冊，臺灣商務印書館，1986 年，第 286 頁。

〔註16〕明方孝孺：《遜志齋集》卷十二《壽親養老新書序》，四部叢刊景明本。今按：此序似方氏代皇帝而作。

〔註17〕明何喬新：《椒邱文集》卷十六《與周守謨憲副》。

　　不久，劉宇又從洪武永樂間御醫婁居中之曾孫處得《恤幼集》一卷。該書主要記載小兒常見的疾病症狀，並附理論與方藥。如今已不見《恤幼集》之單行本，各類典籍亦無此書記載。弘治九年（1496年），劉宇將《恤幼集》補刻於《安老書》之後，合爲四卷，題名《安老懷幼書》。

　　綜上所述，宋陳直撰《養老奉親書》一卷，之後鄒鉉續成四卷本的《壽親養老新書》〔註18〕。劉宇將《壽親養老新書》的二、三卷合爲一卷，刊刻出三卷本的《安老書》。《四庫提要》稱「仍爲三卷」，未免失誤。劉宇又將《恤幼集》一卷補刻於《安老書》之後，成爲四卷本的《安老懷幼書》。由此可知，《安老懷幼書》不過是劉宇改頭換面之後的翻刻。《四庫全書總目》載此書爲劉宇「編」，亦不恰當。

三、作爲「書帕本」的《安老懷幼書》

（一）書帕爲禮

　　明時官場，盛行送書帕：「歷官任滿，必刻一書，以充饋貽。」〔註19〕贈書以博風雅，贈帕以示禮節。據《明史》載：「大學士李東陽生日，鐸爲司業，與祭酒趙永皆其門生也，相約以二帕爲壽。」〔註20〕明黃佐《泰泉鄉禮》卷七「士相見禮‧贄」載：「冬用雉，死雉也，夏用腒，乾雉也，左頭奉之，今用書帕。」清張尚瑗《三傳折諸》亦有記載：「按明制：各省布政司朝覲各衙門，皆饋書帕，王者制禮，不絕人情，亦所以恤臣子之私，而通內外之好，自昔云然已。」〔註21〕

　　可見書帕相遺，初時本是一種官場往來以示尊重的禮節，並無過多含義。然而，隨著明朝官場日益腐敗，官員作風不正，書帕漸漸演變爲一種行賄的遮羞布。

（二）書帕爲賄

　　吳晗稱：「行賄用書陪襯，顯得雅一些，有個專門名詞叫書帕。」〔註22〕

〔註18〕明時有《壽親養老新書》一卷本，乃胡文煥所刻，題「陳直撰」，其內容爲四卷本《壽親養老新書》之第一卷的十四、十五部分。

〔註19〕顧炎武：《日知錄》卷二十，嶽麓書社，2011年，第740頁。

〔註20〕清張廷玉：《明史‧魯鐸傳》卷一百六十三。

〔註21〕清張尚瑗《三傳折諸》卷一「發幣於公卿」。

〔註22〕吳晗：《燈下集‧唐順之論明代刻書》，生活‧讀書‧新知三聯書店，2006年，第82頁。

明人徐樹丕《識小錄》載：

> 往時書帕，惟重兩衙門，然至三四十金至矣。外舅宮詹姚公爲
> 翰林時，外官書帕少者僅三四金，余所親見。此不過往來交際之常，
> 亦何足禁？自今上嚴旨屢申，而白者易以黃矣，猶嫌其重，更易以
> 圓白而光明者。〔註23〕

明趙南星《再剖良心疏》亦載：

> 臣以爲，防之自知州、知縣始，然莫急於懲貪。今有司之貪已成
> 風，而長安之書帕自十二金而至百金，有至二百封者，此皆何從而來？
> 安得從貪？貪則多酷。既朘其脂膏，又加之毒癱，民安得不亂？〔註24〕

顧炎武《日知錄》卷十八「監本二十一史」條注亦云：「昔時入覲之官，其饋
遺一書一帕而已，謂之書帕。自萬曆以後，改用白金。」

從以上材料可知，用書帕作爲行賄的陪襯，已逐漸成爲一種普遍的現象。
然而，這種現象從最初的官場禮節發展而來，還屬「暗箱操作」，尚有掩蓋，
還未成爲「共識」。至明朝後期，「書帕」氾濫，最終成爲約定俗成的賄賂的
代名詞。明周順昌《忠介燼餘集》載：

> 一日晤同鄉臺肖諸公，云今年朝覲，書帕亦欲不受，何可使吾
> 兄獨爲君子。弟云：但受無妨。若因弟而不受，正所謂獨爲君子也。
> 大笑而別。由是觀之，弟之爲人側目不言，可想見今日賄賂公行之
> 世，私心自謂未必無小補云。〔註25〕

明金日升《頌天臚筆》卷三「召對」：

> 有解曰：只要他人淨，不管自己污，臣惡此名，素不愛錢而錢
> 至矣。據臣兩月內辭卻書帕計五百有餘金，以臣絕無交際之人，而
> 有此金，餘可知矣。

明史惇《慟餘雜記》「賄賂之變」條：「先帝痛惡者，賄賂……大者如銀子多
換金子，金子重換珠子，盈千盈萬不可方物，即書帕不行而易以銀盃，謂之
上壽。」明王世貞《弇州史料》後集卷三十四：

> 萬曆十四年爲給事中，濫受朝覲官員饋遺，已畢事，入會試場，
> 請嚴禁書帕，人皆笑之，陰受利而陽收名，以欺天下耳目，此猶仕
> 宦故習也。

〔註23〕明徐樹丕：《識小錄》卷四《禁書帕》。
〔註24〕《文章辨體匯選》卷一百十八。
〔註25〕明周順昌《忠介燼餘集》卷二《與文湛技書之》。

此外，「書帕」在《金瓶梅詞話》、《醉醒石》等明代世情小說中亦多次出現〔註 26〕，涵義再次擴大，不但暗指賄賂，亦成為金銀什物的代稱，成為民間的一種語言。

（三）作為書帕本的《安老懷幼書》

劉宇生平無著述，其任滿、入京只能刻他人之書以充饋貽，這便是他刊刻《安老懷幼書》的原因。由此可推測，《安老懷幼書》實為書帕本〔註 27〕。從本文第一部分可以看出，劉宇一路升遷，不出賄、讒二途。筆者大膽推測，其刻《安老懷幼書》的目的，除了迎合當時官場風氣，亦是以書帕作為掩飾，實行行賄之圖。

官員往來，地方官入覲，需大量書籍以充饋遺，刻印量大。明耿定向《耿天台先生文集》云：

> 乃今司府縣官入覲者、公差來者、改調與起復者、督撫升任者，於各司私門納賄，猶委曰不知，至盈筐書帕，公然送於署中，視為常規，曾不之禁。〔註 28〕

清姚之駰《元明事類鈔》卷七「書帕長安」條：「明趙南星疏：司選者，每遇退朝，群遮留講陞講，調至署則公書私書，闐戶盈幾，所謂『面皮世界，書

〔註 26〕明蘭陵笑笑生《金瓶梅詞話》第三十四回：「裏面地平上安著一張大理石黑漆縷金涼床，掛著青紗帳慢。兩邊彩漆描金書廚，盛著都是送禮的書帕、尺頭，几席文具，書籍堆滿。」第三十六回：「有平安進門就稟：「今日有東昌府下文書快手往京裏，順便稍了一封書帕來……今因便鴻，薄具帖金十兩奉賀，兼候起居。」「蔡狀元那日封了一端絹帕，一部書，一雙雲履；安進士亦是書帕二事，四袋芽茶，四柄杭扇，各具官袍烏紗，先投拜帖進去。」第五十八回：「西門慶讓至廳上敘禮。每人遞書帕二事，與西門慶祝壽。」明東魯古狂生《醉醒石》第四回：「雖請個先生，不敢教他讀一句書，寫一個字，到得十三四，一字不識，這邊鑽館，那邊薦館做做一個大學生，今日做破承明日做起講，擇日作文字，那一個字是他做的？先生只貪圖得個書帕，不顧後來，只儧半階的搖擺是其所長而已。」第七回：「憑著這說不省道不省毒心更有那打不怕罵不怕皮臉三七分錢三分結識人七分收入己上臺禮儀不缺，京中書帕不少，混了五年也在科道中，尋個送他千兩作靠山，又去吏部中用他幾百兩尋頭分上也得個部屬」第十一回：「一個窮書生，家徒四壁，叫他何處將來？如今人才離有司，便奏疏罵不肖有司，剝民賄賂，送程送贐，買薦買升，我請問他，平日真斷絕往來，考滿考選，不去求同鄉，求治下，送書帕麼？但只是與其得罪士，庶無寧得罪要津。」

〔註 27〕據曹之先生《中國古籍版本學》統計，《四庫全書總目》中共著錄明代書帕本20 餘種，然其詳目中並無《安老懷幼書》，有待補充。

〔註 28〕明耿定向《耿天台先生文集》卷二《劾吏部尚書吳鵬疏》。

帕長安』也。」〔註29〕清蔣超伯《南漘楛語》亦載：

> 明世苴茸盛行，但其饋遺必以書爲副，尤以新刊之本爲貴。一
> 時剞劂紛如，豕魚罔校。如陳埴《木鐘集》，弘治中溫州知府鄧淮重
> 刊；都穆《南濠詩話》乃和州知州黃桓所刻，其序云捐俸繡梓，用
> 廣厥傳。似此不一而足。〔註30〕

　　書帕本的大量刻印，費用浩繁，需要有雄厚的財力做後盾，官員們因財
力不支，大多動用公款，其目的「無非藉以結權豪、求名譽，而圖升遷也」
〔註31〕，揮霍民脂民膏。官員入覲、述職，時間緊迫，因此書帕本多魯莽就
工，倉促付印，以至書帕本質量較差。《黃樓集》提要載：「蓋明代朝覲官入
都，例以重貨賂津要，其餘朝官則刊書一部，佐以一帕。致饋，謂之書帕，
其書即謂之書帕本。其倉卒不暇自刊者，則因舊官所刊，稍改面目而用之。」
〔註32〕清葉德輝《書林清話》亦云：「明時官出俸錢刻書，本緣宋漕司郡齋好
事之習，然校勘不善，訛謬滋多。」〔註33〕然而，不可否認，劉宇所刻《安
老懷幼書》收錄了幾乎失傳的《恤幼集》，使此醫書再現於世，亦是其價值所
在。

　　　　　　　　　　　【此文初稿爲研究生張晶晶草擬，經我反後修改】

〔註29〕　清姚之駰《元明事類鈔》卷七。
〔註30〕　清蔣超伯：《南漘楛語》卷二，《續修四庫全書》第 1161 冊 286 頁，上海古籍
　　　　　出版社，2002 年。
〔註31〕　《明實錄・憲宗實錄》卷 93《湖廣按察司僉事尚袯上疏》。
〔註32〕　《四庫全書總目》卷一七四。
〔註33〕　葉德輝：《書林清話》卷七，上海古籍出版社，2008 年，第 136 頁。

附錄一:《儒林傳稿》與《四庫提要》的內在關係

曾志平

摘　要:

　　出自欽定的《四庫提要》首次較爲全面地梳理了清前期學術史,符合國史的取材標準,故阮元以《四庫提要》爲圭臬。《儒林傳稿》的得失與《四庫提要》存在高度關聯:《四庫提要》略於理學史,《儒林傳稿》的理學史料也相對簡陋;《四庫提要》詳於經學史,《儒林傳稿》的經學史料也比較充實。《儒林傳稿》揚漢抑宋的學術宗旨亦與《四庫提要》一脈相承。從清代學術史來看,《儒林傳稿》與《四庫提要》存在深厚的內在關係,既淵源有自,也有所突破。

關鍵詞:《儒林傳稿》;《四庫提要》;內在關係;清代學術史

　　　〔中圖分類號〕K249　　〔文獻標識碼〕A

　　嘉慶十五年至十七年（1810～1812）,著名學者阮元入國史館任職,期間他負責編纂了《國史·儒林傳》的初稿——《儒林傳稿》。目前學界對《儒林傳稿》已有所研究,如有人認爲《儒林傳稿》是系統總結清代前中期學術史變遷的首出作品;〔註1〕至於其漢宋觀,或是認爲阮元個人主張漢宋調和,〔註2〕或是認爲阮元有意迎合官方漢宋調和的政治標準。〔註3〕以上論點皆有一定的

〔註 1〕陳居淵:《漢學與宋學:阮元〈國史儒林傳〉考論》,《復旦學報》2011 年第 2
　　　　期。戚學民:《阮元〈儒林傳稿〉研究》,三聯書店 2011 年版。
〔註 2〕陳居淵:《漢學與宋學:阮元〈國史儒林傳〉考論》,《復旦學報》2011 年第 2 期。
〔註 3〕戚學民:《阮元〈儒林傳稿〉研究》。

合理之處，然而，《四庫提要》對《儒林傳稿》的編纂產生了重要的影響，既有的研究卻對此罕有論述，以致所得結論尚欠說服力。下面擬從清代學術史的角度切入，進一步考察《儒林傳稿》與《四庫提要》的內在關係。

一、《四庫提要》爲《儒林傳稿》的編纂奠定了學術基調

清高宗非常重視國史的編纂。乾隆三十年（1765），清高宗諭令重開國史館，並要求：「大臣中如有事功學術足紀，及過跡罪狀之確可指據者，自當直書其事，以協公是公非。……且如儒林亦史傳之所必及。……諸臣其悉心參考，稽之諸史體例，折衷斟酌，定爲凡例，按次編纂，以備一代信史。」〔註4〕清高宗要求國史館擬定凡例，編纂儒林傳。儒林傳的編纂需解決兩大困難：一，史料的搜集；二，史料的整合。

國史館對取材有較爲嚴格的要求。儒林傳與大臣傳不同，儒林人物一般較少官方檔案可據，但這並不意味著取材標準隨之降低。嘉慶十三年（1808），國史館總裁慶桂提出《儒林》等列傳的章程：「儒林、文苑、循吏、孝友、列女等列傳，應查明曾經奉旨褒嘉及由部題旌入於名宦、鄉賢、節孝等祠者，考其著述事蹟，核實編輯，總以官修官採諸書爲據，若家乘所紀，概不准濫行登載。」〔註5〕國史館提出，儒林傳的人物，應以經過朝廷認定的人物爲標準，具體的史料來源，同樣應以「官修官採」之書爲依據。當然，國史館並非排斥私家著述，《儒林傳稿・凡例》稱：「此外，私家狀述涉於私譽者，謹遵館例，一字不錄。」〔註6〕國史館要求，應謹慎採用私家傳記的評述性文字。

《四庫提要》問世以前，既有官私著述無法滿足編纂《儒林傳稿》的條件。官方著述中，各地方志的儒林傳收錄了一些人物，如《浙江通志》收錄黃宗羲等 7 人。國史館對私家著述限制嚴格，即便如此，可供參考的私家著述也寥寥無幾。全祖望《鮚埼亭集》收錄了黃宗羲、顧炎武等 9 傳，彭紹升《二林居集》「儒行述」共記載了沈國模、孫奇逢等 37 位理學家，錢大昕《潛研堂集》記載了閻若璩、胡渭等 10 傳。此外，尚有一些傳記散見於文集中。不管是理學家傳記或是經學家傳記，官私著述不但數量少，且零散而無條理。

〔註4〕《乾隆朝上諭檔》乾隆三十年九月十五日，中國檔案出版社 1998 年第 2 版，第 4 冊，第 718 頁。

〔註5〕《清國史館奏稿》，全國圖書館文獻縮微複製中心 2004 年版，第 984 頁。

〔註6〕阮元：《儒林傳稿》，《續修四庫全書》第 537 冊，上海古籍出版社 2002 年版，第 618 頁。

國史館既未用心搜羅史料，也沒有史官將編纂儒林傳視爲己任，以致儒林傳的編纂徘徊不前。

　　《四庫提要》爲《儒林傳稿》的編修提供了基礎。在史料方面，清前期主要學者的著述，已基本收入《四庫提要》。同時，《四庫提要》建立了一套較爲成熟的評價標準，首次較爲全面地梳理了清前期學術史的脈絡。更爲關鍵的是，《四庫提要》出自清高宗欽定，其評價標準具有權威性。

　　早在《四庫提要》尚未定稿刊印之前，清廷已利用其編纂官修書，如《續通志・藝文志》直接抄錄《四庫提要》；《八旗通志・藝文志》大量取自《四庫提要》。〔註7〕令人遺憾的是，國史館卻未能及時地利用《四庫提要》。嘉慶初年，阮元主持纂輯《疇人傳》，已經借鑒了《四庫提要》，故他入國史館後，如法炮製，《儒林傳稿》的編纂隨之水到渠成。《儒林傳稿》卷1～3主要記載清前期學術史，其中徵引《四庫提要》超過180次，而徵引《鮚埼亭集》《二林居集》《潛研堂集》分別僅有37次、19次、70次。若無《四庫提要》提供學術基礎，阮元在短短兩年內絕對難以完成《儒林傳稿》。

二、從理學史記載看《儒林傳稿》與《四庫提要》的淵源關係

　　《儒林傳稿》敘述的清前期理學傳主有孫奇逢、李二曲、黃宗羲、高愈、謝文洊、應撝謙、陸世儀、潘天成、曹本榮、李塨、王懋竑、劉源淥、范鎬鼎、邵廷采，附傳人物有魏一鼇、耿介、漆士昌、顧樞、刁包、朱用純、吳愼、張夏、向璿、顧培、錢民、朱澤澐、潘恬如、彭定求、彭任、李騰蛟、張貞士、陸邦烈、萬斯同、沈昀、張履祥、劉汋、沈國模、勞史、桑調元、汪鑒、顏元、閻循觀等，兼述理學的經學傳主有顧棟高、顧炎武、張爾岐、李光坡、江永。兼述理學的疇人有薛鳳祚。從理學史記載來看，《儒林傳稿》與《四庫提要》的關係體現在三個方面：

　　其一，阮元對清初理學三大儒的描述，主要參考了《四庫提要》。《儒林傳稿》將孫奇逢、李顒、黃宗羲列爲清初三大儒，並加以闡釋：

　　　　奇逢之學盛於北，與李顒、黃宗羲鼎足，行誼不愧古人。陸隴其
《松陽講義》《四庫提要》《鮚埼亭集》〔註8〕

〔註7〕司馬朝軍：《〈欽定八旗通志・藝文志〉史源考》，楊逢彬主編《學鑒》第6輯，武漢大學出版社2013年版，第145～182頁。

〔註8〕阮元：《儒林傳稿》，《續修四庫全書》，第537冊，第623頁。

是時容城孫奇逢之學盛於北，餘姚黃宗羲之學盛於南，與顓鼎足，《松陽講義提要》《鮚埼亭集》平湖陸隴其皆不以爲然。……不肯假借一詞。《松陽講義提要》〔註9〕

《儒林傳稿》前後所附書目中。「陸隴其《松陽講義》」誤，當以「《松陽講義提要》」爲是。《四庫提要》卷36《松陽講義》稱：「時黃宗羲之學盛於南，孫奇逢之學盛於北，李顒之學盛於西，隴其皆不以爲然。」〔註10〕陸隴其《松陽講義》不見相關記載，其《三魚堂剩言》倒是有類似話語：「近年來南方有一黃黎洲，北方有一孫鍾元，皆是君子，然天下學者多被他教得不清楚。」〔註11〕顯然，陸隴其僅批評黃宗羲、孫奇逢二人，《儒林傳稿》誤襲《四庫提要》。《鮚埼亭集》卷12《二曲先生窆石文》對清初三大儒有確切的描述：「當是時，北方則孫先生夏峰，南方則黃先生梨洲，西方則先生，時論以爲三大儒。」〔註12〕不過，全氏所謂的「時論」，僅爲私家議論，不可據爲定論，故阮元主要選取了《四庫提要》的文字。

其二，阮元對不少理學家的選擇與塑造標準參考了《四庫提要》。《四庫提要》對「儒」的評價標準甚爲嚴格。《四庫提要》「儒家類序」稱：「凡以風示儒者無植黨，無近名，無大言而不慚，無空談而鮮用，則庶幾孔孟之正傳矣。」〔註13〕在這一綱領下，《四庫提要》四書類、儒家類正目著錄的清初理學家僅有孫奇逢、陸隴其、李光地、黃宗羲、陸世儀等寥寥數人。當然，《四庫提要》對存目類著述並非一概否定，如顏元、李塨、閻循觀等人。另外，《四庫提要》別集類有些人物符合「儒」的標準，《四庫提要》同樣對其評價較高，如潘天成等人。阮元依樣畫瓢，選取了《四庫提要》中相應的文字。如《孫奇逢傳》稱：「行誼不愧古人。」《陸世儀傳》曰：「世儀之學，主於敦守禮法，不虛談誠敬之旨，主於施行實政，不空爲心性之功，於近代講學諸家最爲篤實。……《四庫提要》」〔註14〕又如《潘天成傳》稱：「天成學問源出姚江，以

〔註9〕 阮元：《儒林傳稿》，《續修四庫全書》，第537冊，第625頁。
〔註10〕《四庫全書總目》卷36《松陽講義》，中華書局1965年影印版，第304頁。
〔註11〕陸隴其：《三魚堂剩言》卷8，文淵閣《四庫全書》，臺灣商務印書館1983年版，第725冊，第601頁。
〔註12〕全祖望撰，朱鑄禹匯校集注：《鮚埼亭集匯校集注》卷12《二曲先生窆石文》，上海古籍出版社2000年版，第237頁。
〔註13〕《四庫全書總目》卷91《儒家類序》，第769頁。
〔註14〕阮元：《儒林傳稿》，《續修四庫全書》，第537冊，第642頁。

養心爲體，以經世爲用，……足以維風俗而勵人心，義理文章莫大乎是。……
《四庫提要》」〔註15〕潘天成無名於當時，阮元因其「足以維風俗而勵人心」，
故列爲專傳。《儒林傳稿》對顏元、李塨的記載，值得注意。《顏元傳》載：「其
學主於屬實行，濟實用……然其視性命亦幾恍惚，不自知其矯枉過正。……《四
庫提要》」〔註16〕「然其視性命亦幾恍惚」，《四庫提要》原文爲：「其視性命亦
幾類於禪家之恍惚。」〔註17〕《李塨傳》載：

> 蓋前明自萬曆以後，心學盛行，……故顏元及塨獨力以務實相
> 爭，存其說可補諸儒枵腹高談之弊，然不可獨以立訓，盡廢諸家。
> 其論《易》以觀象爲主，……雖排擊諸儒未免過激，然明人以心學
> 竄入易學，……塨引而歸之人事，深得垂教之旨，固當分別觀之。……
> 四庫書塨所著各書《提要》〔註18〕

顏元所有著述均被《四庫提要》列入存目，李塨除《周易傳注》外，其餘著
述均被《四庫提要》列入存目。《四庫提要》雖對《周易傳注》評價尚可，但
遠不及辯證圖書甚爲有功的胡渭《易圖明辨》。僅憑一部《周易傳注》，不足
以將李塨列爲專傳。阮元從《四庫提要》存目中擇取顏元，又將李塨列爲專
傳，最主要的緣由在於：顏元、李塨「務實」，而顏元「矯枉過正」，李塨相
對較爲篤實。又如《閻循觀傳》載：「奉程朱爲宗，省身克己，刻苦自立，諄
諄致戒於近名，……《四庫提要》《閻集韓夢周墓誌》又《二林居集》」。〔註19〕「奉程
朱……克己」出自《二林居集》，而「刻苦……致戒於近名」取自《四庫提要》。
總而言之，《儒林傳稿》與《四庫提要》一致，目的在於塑造符合官方標準的
儒者，以便「維風俗而勵人心」。

其三，《儒林傳稿》對有些理學家的敘述文字取自《四庫提要》。如《應
撝謙傳》載：「《教養全書》四十一卷，全書分選舉、學校、……略仿《文獻
通考》，而於明代事實尤詳，其不載律算者，以徐光啓已有成書，不載輿地者，
以顧炎武、顧祖禹方事纂輯也。《四庫提要》」〔註20〕《己未詞科錄》僅徵引了
《四庫提要》中「是書分選舉、學校……略仿《文獻通考》，而於明代事實所

〔註15〕阮元：《儒林傳稿》，《續修四庫全書》，第537冊，第647頁。
〔註16〕阮元：《儒林傳稿》，《續修四庫全書》，第537冊，第647頁。
〔註17〕《四庫全書總目》卷97《存學編》，第822頁。
〔註18〕阮元：《儒林傳稿》，《續修四庫全書》，第537冊，第648頁。
〔註19〕阮元：《儒林傳稿》，《續修四庫全書》，第537冊，第659頁。
〔註20〕阮元：《儒林傳稿》，《續修四庫全書》，第537冊，第642頁。

載尤詳」的文字，〔註21〕《儒林傳稿》並非轉引自《己未詞科錄》。

可見，《儒林傳稿》多方面參考了《四庫提要》。《儒林傳稿》未曾參考《四庫提要》的理學傳主僅有高愈，附傳人物有向璿、顧培、錢民、潘恬如、李騰蛟、張貞士、勞史。其他人物如謝文洊、王懋竑、劉源淥、范鎬鼎、耿介、漆士昌、朱用純、刁包、彭任、陸邦烈、張履祥，以及顧棟高、張爾岐、李光坡、薛鳳祚傳中有關理學的記載，均或多或少取資《四庫提要》。《儒林傳稿》對謝文洊等人的記載兼取私家著述，但涉及學術評價的點睛之筆主要取自《四庫提要》。《儒林傳稿》的理學史記載「基本是利用《二林居集》和《己未詞科錄》的現成記載，再度編輯加工而成」的論斷不能成立。〔註22〕

阮元擷取了《四庫提要》的菁華。《四庫提要》四書類、儒家類著錄人物，除去陸隴其、熊賜履、李光地等單獨立傳人物，《清史稿·儒林傳》所增加者，〔註23〕不過是陳瑚、竇克勤、冉覲祖、童能麟等少數附傳人物。儘管如此，《儒林傳稿》的理學史記載存在明顯不足，主要有兩點：第一，收錄人物不足。《清史稿·儒林傳》在《四庫提要》四書類、儒家類以外增加的理學傳主尚有湯之錡、白奐彩、胡承諾、李來章、莊亨陽、李夢箕、胡方，以及程廷祚等諸多附傳人物；〔註24〕第二，對人物的學術特徵描繪不夠明晰。清前期的經學家多宗理學，而《儒林傳稿》對此現象的反映並不夠，如將任啟運描述為純經學人物。據《清史稿·儒林傳》，任啟運「少讀《孟子》，至卒章，輒哽咽，大懼道統無傳」。〔註25〕

《儒林傳稿》的遺憾，並非緣於阮元有意壓制理學，它主要受限於史料的缺乏。阮元僅參考了《四庫提要》、《鮚埼亭集》、《二林居集》等數十

〔註21〕 秦瀛：《己未詞科錄》卷5《應撝謙傳》，《三十三種清代人物傳記資料彙編》，齊魯書社2009年版，第43冊，第576頁。

〔註22〕 戚學民教授認為，《儒林傳稿》的理學史敘述基本以《二林居集》和《己未詞科錄》為基礎。見氏著《阮元〈儒林傳稿〉研究》，第148頁。

〔註23〕 光緒末，總纂官陳伯陶奏上《擬增輯儒林文苑傳條例》，稱：「茲之增輯，意在求詳，以俟後人採擇，而不敢以史例自居。」見陳伯陶：《瓜廬文剩》，《民國文集叢刊》，臺中文聽閣圖書有限公司2008年版，第一編第23冊，第76頁。《清史列傳·儒林》大體保存了此次增修的成果。《清史列傳·儒林》僅為史料長編，不具備比對價值，故本文主要以接近成品的《清史稿·儒林傳》為參照對象。

〔註24〕 胡承諾，又見《清史稿·文苑傳》。胡承諾一人兩傳的原因主要是修改稿遺失。見戚學民等：《余嘉錫覆輯清史〈儒林傳〉》，《歷史研究》2017年第2期。

〔註25〕 《清史稿》卷481《任啟運傳》，中華書局1998年點校版，第3376頁。

種典籍，取材過於狹窄。《四庫提要》作爲《儒林傳稿》的主要參考書目，因體例等原因，它對理學史的敘述較爲粗糙，以致限制了《儒林傳稿》的編纂。如對竇克勤、冉覲祖等評價不高；對任啓運等人的學術特徵敘述不足。阮元在《四庫提要》以外，已作了大量補充，如《四庫提要》對謝文洊、應撝謙、劉源淥評價一般，對高愈等幾乎沒有著墨。阮元參考《鮚埼亭集》、《二林居集》等，爲謝文洊、應撝謙、劉源淥、高愈單獨立傳，又增加了沈國模等附傳人物。相比較《儒林傳稿》的經學史敘述，其理學史敘述仍顯得單薄。

《儒林傳稿》對理學的批評同樣仿傚《四庫提要》。《儒林傳稿序》稱：「學人求道太高，卑視章句，譬猶天際之翔，出於豐屋之上，高則高矣，戶奧之間未實窺也。」〔註26〕阮元指出，宋學鄙視章句，造成學問空疏而無根柢。實則《四庫提要》早已指出了宋學的弊病：「夫漢學具有根柢，講學者以淺陋輕之，不足服漢儒也。」〔註27〕阮元又時常選取《四庫提要》對理學的批評文字來批評理學。清廷雖推崇理學，卻極爲忌諱講學及門戶之爭。四庫館臣發揮清高宗的思想，以「門戶」爲批評理學的靶子。「門戶」一詞在《四庫提要》中出現304次，約230處含有批評理學的色彩。《四庫提要》甚至將「門戶」與亡國聯繫在一起，「夫明之亡，亡於門戶。門戶始於朋黨，朋黨始於講學，講學則始於東林」。〔註28〕阮元即選取相關文字以批評理學。《儒林傳稿》漆士昌、萬斯同、劉源淥等傳中，均有類似的批評文字，其中，批評理學最爲猛烈的文字，莫過於《萬斯同傳》的記載，《儒林傳稿》載：

> 《儒林宗派》自孔子以下，漢後唐前傳經之儒，及兩宋周、程、朱、陸各派，一一具列。自《伊洛淵源錄》出，《宋史》遂以《道學》、《儒林》分二傳，漢以後傳先聖之遺經者，幾不得列於儒。講學者遞相標榜，務自尊大，明以來談道統者，揚己凌人，互相排軋，卒釀門戶之禍。斯同目擊其弊，因著此書，除排擠之私，以消朋黨，其持論獨爲平允。《提要》〔註29〕

《伊洛淵源錄》爲朱子編纂，《萬斯同傳》已經涉及到了對朱子的批評。

〔註26〕阮元：《儒林傳稿》「序」，《續修四庫全書》，第537冊，第617～618頁。
〔註27〕《四庫全書總目》卷1，第1頁。
〔註28〕《四庫全書總目》卷97《王學質疑》，第827頁。
〔註29〕阮元：《儒林傳稿》，《續修四庫全書》，第537冊，第646頁。

　　《儒林傳稿》對理學的批評值得玩味。《儒林傳稿》「凡例」稱：「至於著述醇疵互見者，亦直加貶辭。」〔註30〕據實書寫是國史的編纂原則，《儒林傳稿》直書理學的缺點，本無可厚非。但是，若比較《儒林傳稿》對經學史的記載，可知所謂「直加貶辭」，主要針對理學。應當看到的是，《儒林傳稿》雖有抑宋的傾向，但不如《四庫提要》肆無忌憚。如《儒林傳稿》卷三《劉源淥傳》載：

　　　　劉源淥字昆石，……其《冷語》中詆劉安世爲邪人，甚於章惇、邢恕，以其與伊川不協之故，而未讀《宋史》《盡言集》也。《四庫提要》〔註31〕

《四庫提要》對劉源淥《冷語》予以嚴厲批評：

　　　　《冷語》三卷，國朝劉源淥撰。……其三卷中一條詆劉安世爲邪人，謂其害甚於章惇、邢恕，以其與伊川不協也。然《宋史》具在，安世《盡言集》亦具在，果章惇、邢恕之不若乎？不問其人品之醇疵，但以附合道學者爲正，稍相齟齬者爲邪，則蔡京之薦楊時，當爲北宋第一正人矣。佛家以敬信三寶與否定人之罪福，儒者不當如是也。〔註32〕

比較而言，《儒林傳稿》對劉源淥的批評不及《四庫提要》遠甚。

　　《儒林傳稿》與《四庫提要》存在一些差異，其根本原因在於，《儒林傳稿》與《四庫提要》的體裁不同。《四庫提要》爲目錄學著述，《儒林傳稿》爲國史體著作，兩者均要求善惡直書，然而，儒林傳有其特殊性。《儒林傳稿·凡例》稱：

　　　　聖化所涵，學人輩出，天下之大，山林之僻，學者萬千，今僅列百數十人，雖示謹嚴，恐有掛漏……且必其學行兼優，方登此傳，是以多所襃許，以見我朝文治之盛。至於著述醇疵互見者，亦直加貶辭。〔註33〕

　　儒林傳非姦臣傳、叛逆傳，入選諸儒本爲學行兼優，可爲一代表率之儒者，故阮元對理學的批評必須遵循一定的尺度。

〔註30〕阮元：《儒林傳稿》，《續修四庫全書》，第537冊，第618頁。
〔註31〕阮元：《儒林傳稿》，《續修四庫全書》，第537冊，第659頁。
〔註32〕《四庫全書總目》卷98《冷語》，第830頁。
〔註33〕阮元：《儒林傳稿》，《續修四庫全書》，第537冊，第618頁。

　　儘管阮元對《四庫提要》原文做了些許刪改，《儒林傳稿》對理學的批評依舊比較外露。其後，《儒林傳稿》貶低理學的文字遭到史官刪削。今所見二卷本《國史·儒林傳》中，漆士昌傳已消失，《萬斯同傳》中批評宋學的文字也被刪削。〔註34〕《清史稿·儒林傳》中，有關謝文洊、劉源淥的負面評價已不見蹤影。

三、從經學史記載看《儒林傳稿》與《四庫提要》的淵源關係

　　《儒林傳稿》大體以《四庫提要》為圭臬，對於清前期經學人物的收錄範圍尤其如此。《儒林傳稿》敘述的清前期經學傳主有：顧棟高、王夫之、顧炎武、胡渭、惠周惕、閻若璩、毛奇齡、萬斯大、沈彤、朱鶴齡、臧琳、陳厚耀、張爾岐、錢澄之、徐文靖、李光坡、全祖望、江永，附傳人物有陳祖範、吳鼎、王心敬、李因篤、胡彥升、余蕭客、吳玉搢、馬驌、蔡德晉、任啟運、陳啟源，其中，陳祖範、吳鼎入選出於遵照清高宗旨意的緣故，而臧琳、全祖望不見於《四庫提要》。

　　阮元從《四庫提要》擇取人物的標準有二：其一曰博。除萬斯大、徐文靖、張爾岐外，《儒林傳稿》專傳人物中，《四庫提要》經部正目收錄的著述數量均在 2 種以上。《四庫提要》經部正目為阮元棄收的人物中，李光地、張英、楊名時、朱軾等均為一二品大臣，不應入《儒林傳稿》，著述在 2 種及以上而被棄收者，僅有納喇性德、程廷祚、范家相、俞汝言、焦袁熹五人。其二曰精。如《四庫提要》僅收錄王夫之著述 6 種，但將其中 4 種列入正目，從官方立場肯定王夫之的學術成就，始於《四庫提要》。又如稱述顧炎武：「國初稱學有根柢者，以炎武為最。」〔註35〕張爾岐著述雖寡，但頗得顧炎武許可，顧氏稱：「獨精三禮，卓然經師，吾不如張稷若。」〔註36〕《四庫提要》援引顧氏的論斷以示表彰。〔註37〕阮元經過一番抉擇，清前期主要的經學人物，已基本入選《儒林傳稿》，入選傳者普遍具有博通、專精的特點。凡是《四庫提要》認為博通之儒，《儒林傳稿》就褒揚之；凡是《四庫提要》認為專精之儒，《儒林傳稿》就褒揚之。

〔註34〕《國史·儒林傳》卷下《萬斯同傳》，《儒藏》，四川大學出版社 2010 年版，第 155 冊，第 669～670 頁。
〔註35〕《四庫全書總目》卷 29《左傳杜解補正》，第 235 頁。
〔註36〕顧炎武：《亭林文集》卷 6《廣師》，《顧炎武全集》，上海古籍出版社 2011 年版，第 21 冊，第 197 頁。
〔註37〕《四庫全書總目》卷 20《儀禮鄭注句讀》，第 162 頁。

　　阮元雖搞「兩個凡是」，但並不墨守《四庫提要》，而是有所突破。確定入選人物的同時，阮元需要通過適當的剪裁，以構建清前期經學史。《儒林傳稿》與《四庫提要》體裁不同。《四庫提要》以著述爲中心，《儒林傳稿》以人物爲中心。阮元綜合地利用兩者優點，以便全面地構建清前期經學史。

　　阮元描繪專門經學史的方法，參考了《四庫提要》的評價標準。以易學史爲例。《四庫提要·易類序》稱：「以因象立教者爲宗，而其他《易》外別傳者，亦兼收以盡其變，各爲條論。」〔註38〕《四庫提要》所構建的易學史，以漢儒象數之說爲宗。因而，《四庫提要》對胡渭、毛奇齡等人著述評價較高。《儒林傳稿》師法《四庫提要》，對胡渭、毛奇齡的著述大書特書，《胡渭傳》曰：

　　　　又撰《易圖明辨》十卷，專爲辨定圖書而作，……使學者知圖書之說，雖言之有故，執之有理，乃修煉、術數二家旁分《易》學之支流，而非作《易》之根柢。視所作《禹貢錐指》，尤爲有功於經學矣。《提要》〔註39〕

《毛奇齡傳》曰：「著《仲氏易》……是後儒者多研究漢學，不敢以空言說經，實自奇齡始，而辨正圖書，排擊異學，尤有功於經義。《提要》」〔註40〕至於學宗宋學的《易》學著述，《儒林傳稿》輕描淡寫。如對王心敬《豐川易說》的敘述稱：「謹嚴不逮其師，注經好爲異論，而《易》說爲篤實，其言曰：『學《易》可以無大過，是孔子論《易》，切於人身，即可知四聖之本旨。』《豐川易說提要》」〔註41〕表面看來，《儒林傳稿》對《豐川易說》的敘述平實，但是，相比較於胡渭、毛奇齡《易》學，《儒林傳稿》對《豐川易說》的評價，高下立判。對於《書》學、《詩》學、三禮學、《春秋》學，阮元如法炮製。《儒林傳稿》重點描繪了閻若璩、胡渭的《書》學；王夫之、錢澄之的《詩》學；沈彤的禮學；陳厚耀的《春秋》學。

　　阮元通過擇取著述，已經初步完成對經學家學術特徵的描繪，他進一步利用《四庫提要》來塑造重點經學家。《四庫提要》重點塑造了顧炎武、閻若璩、惠氏，對毛奇齡、胡渭也有較高評價。《四庫提要》塑造重點經學家的方法主要有兩點：其一，高度肯定經學家。《四庫提要》評價經學家的正面敘述

〔註38〕《四庫全書總目》卷1《易類序》，第1頁。
〔註39〕阮元：《儒林傳稿》，《續修四庫全書》，第537冊，第633～634頁。
〔註40〕阮元：《儒林傳稿》，《續修四庫全書》，第537冊，第640頁。
〔註41〕阮元：《儒林傳稿》，《續修四庫全書》，第537冊，第625頁。

有「學有根柢」、「淹貫群書」等，評價經學著述的正面敍述有「考證精覈」、
「考證詳明」等。其二，以重點經學家爲評論他人和著述之依據。《四庫提要》
頻繁地以顧炎武爲立論之根據，〔註42〕對閻若璩、惠氏等人的塑造方式也是
如此。

　　阮元著重選取《四庫提要》的正面敍述，以突出經學家的優點，如：

　　　　明之中葉以博洽著者稱楊愼，……次則焦竑，……惟以智崛起

　　　崇禎中，考據精覈，迥出其上。風氣既開，國朝顧炎武、閻若璩、

　　　朱彝尊等沿波而起，始一掃懸揣之空談。《通雅提要》〔註43〕

《儒林傳稿》將顧炎武、閻若璩塑造爲開清代考據學風氣之人。又如《胡渭
傳》末稱：「渭經術湛深，學有根柢，故所論一軌於正，漢儒傅會之談，宋儒
變亂之論，掃而除焉。《提要》」〔註44〕該論斷出自《洪範正論》提要，阮元將
其置於《胡渭傳》之尾，以突出胡渭的學術成就與地位。阮元又時常以顧炎
武、惠氏爲評價他人之依據，如《沈彤傳》曰：「淹通三禮，《祿田考提要》無可
訾議。蓋亞於惠士奇，而醇於萬斯大。《儀禮小疏提要》」〔註45〕《朱鶴齡傳》曰：
「《讀左》瑕瑜並陳，不及顧炎武、惠棟之密。……《四庫提要》」〔註46〕

　　阮元經過精心布局，《儒林傳稿》所構建的清代前期經學史大體上與《四
庫提要》若合符契。《四庫提要》揚漢抑宋，構建了以漢學爲中心的經學史，
清前期經學史即是《四庫提要》整體經學史的一部分。《儒林傳稿》清前期經
學史同樣以漢學爲主線，中心人物則有顧炎武、閻若璩、惠氏祖孫、胡渭等
重考據的學者，他們普遍「學有根柢」，其著述「考證精覈」。四庫館臣大體
以考證見長，《四庫提要》於經學史較爲詳贍，《儒林傳稿》因此於清前期經
學史也相對充實。儘管如此，《儒林傳稿》對入傳人物的安排尚有可議之處，
如李慈銘稱：

　　　　錢飲光可附王而農或黃梨洲傳，以三君皆明遺臣，而錢氏學術

　　　又不足爲桐城倡。……任釣臺經學遠過位三，而反以任附徐。〔註47〕

〔註42〕王獻松：《論〈四庫全書總目〉對顧炎武學術地位的建構》，《人文論叢》2015
　　　年第2輯，武漢大學出版社2015年版，第279～291頁。
〔註43〕阮元：《儒林傳稿》，《續修四庫全書》，第537冊，第657頁。
〔註44〕阮元：《儒林傳稿》，《續修四庫全書》，第537冊，第634頁。
〔註45〕阮元：《儒林傳稿》，《續修四庫全書》，第537冊，第657～658頁。
〔註46〕阮元：《儒林傳稿》，《續修四庫全書》，第537冊，第659頁。
〔註47〕李慈銘：《越縵堂日記》同治二年七月初二，廣陵書社2004年版，第2389～
　　　2390頁。

李氏認為，錢澄之（飲光）、徐文靖（位三）不當專傳，任啓運（釣臺）當專傳。這一觀點有可取之處。錢澄之著有《田間易學》、《田間詩學》，《四庫提要》評價《田間易學》曰：「義尤明暢，故卷首圖像雖繁，而不涉支離附會之弊。」〔註48〕評論《田間詩學》曰：「持論頗為精覈，而於名物、訓詁、山川、地理言之尤詳。」〔註49〕徐文靖經學著述僅有《禹貢會箋》，《四庫提要》稱：「文靖生渭之後，……故較之渭書，益為精密，蓋繼事者易有功也。」〔註50〕任啓運著有《周易洗心》、《宮室考》、《肆獻裸饋食禮》，《四庫提要》稱：「《儀禮》一經，久成絕學。啓運能研究鉤貫，使條理秩然。中間有疵謬，而大致精覈，要亦不愧窮經之目矣。」〔註51〕顯而易見，《四庫提要》對徐文靖的評價無亮點可尋，對錢澄之、任啓運的評價較高。徐文靖不必立專傳無疑。類似的傳記尚有臧琳、陳大章、劉夢鵬。臧琳著述無多，所存《經義雜記》疑經過玄孫臧庸潤色。〔註52〕阮元將臧琳立為專傳，很大程度上出於個人偏好。阮元與臧庸私交甚篤，「庸初因寶應劉台拱獲交儀徵阮元，其後館元署中為多」。〔註53〕《四庫提要》將陳大章、劉夢鵬著述列入存目，評價一般，因陳、劉二人與王夫之同為湖廣人，阮元將二人牽合附入王夫之傳。〔註54〕

　　《儒林傳稿》對漢學的推崇同樣與《四庫提要》一脈相承。阮元依據《四庫提要》建構了以漢學為中心的清前期經學史，他對於漢宋關係的認識同樣沒有超出《四庫提要》。《儒林傳稿序》曰：「聖人之道，譬若宮牆，文字訓詁，其門徑也。門徑苟誤，跬步皆歧，安能升堂入室乎？」〔註55〕訓詁明則義理明，是乾嘉漢學家遵奉的理念，阮元敢於在國史中公開聲明這一理念，緣由在於：《四庫提要》早已將其寫入官方著述。《四庫提要》「凡例」稱：「故說經主於明義理。然不得其文字之訓詁，則義理何自而推。」〔註56〕有些情況

〔註48〕《四庫全書總目》卷6《田間易學》，第36頁。
〔註49〕《四庫全書總目》卷16《田間詩學》，第131頁。
〔註50〕《四庫全書總目》卷12《禹貢會箋》，第105頁。
〔註51〕《四庫全書總目》卷20《宮室考》，第165頁。
〔註52〕唐田恬：《臧琳〈經義雜記〉初探》，《中國典籍與文化》2015年第2期。
〔註53〕《清史稿》卷481，第3376頁。
〔註54〕《清史稿》將任啓運由附傳改為專傳，又將錢澄之、徐文靖分別移入《遺逸傳》、《文苑傳》，同時刪去了陳大章、劉夢鵬二人。然而，《清史稿》仍將臧琳立為專傳。相對於理學史記載，《清史稿‧儒林傳》對經學史記載的修改幅度極小。
〔註55〕阮元：《儒林傳稿》「序」，《續修四庫全書》，第537冊，第617～618頁。
〔註56〕《四庫全書總目》「凡例」，第18頁。

下，《儒林傳稿》對漢學的推崇，較之《四庫提要》有過之而無不及，體現在三方面：

第一，修改《四庫提要》的文字。如《四庫提要》對顧炎武評價極高，「國初稱學有根柢者，以炎武爲最」，《儒林傳稿》改爲：「國朝稱學有根柢者，以炎武爲最。」〔註57〕從「國初」到「國朝」，從部分到整體，《儒林傳稿》進一步提高了顧炎武的歷史地位。

第二，淡化《四庫提要》的負面評價。阮元在《儒林傳稿》「序」中稱：「或者但求名物，不論聖道，又若終年寢饋於門廡之間，無復知有堂室矣。」〔註58〕阮元開篇指出了漢學家的弊端，這一觀點與《四庫提要》大同小異。《四庫提要》曰：「宋學具有精微，讀書者以空疏薄之，亦不足服宋儒也。」〔註59〕然而，《四庫提要》對評價較高的漢學家，仍舊瑕瑜不掩，阮元在塑造重點漢學家之時，卻採取淡化處理的方式。如《四庫提要》卷29《半農春秋說》曰：「未免過信漢儒，物而不化，然全書言必據典，論必持平。」〔註60〕《四庫提要》一針見血，指出惠士奇學術的弊病。《儒林傳稿》僅節取「言必據典，論必持平」一語，〔註61〕純粹從正面塑造惠士奇。阮元對於其他漢學家，即使偶有負面評價，也不過是無關痛癢的批評，如《儒林傳稿》卷3《徐文靖傳》載：

> 其說《禹貢》，因徐渭所已言，而更推所未至，故較渭書益爲精密。惟信《山海經》、《竹書紀年》太過，則好古之僻也。《管城碩記》推原詩禮諸經之倫，旁及子史、說部，雖不免汨於俗書，而語必求當。《四庫提要》〔註62〕

「則好古之僻也」，《四庫提要》原文爲：「是則僻於好古、不究眞僞之失耳。」〔註63〕《儒林傳稿》已刪去了《四庫提要》中更爲重要的批評文字。與對漢學家的褒揚不同，阮元時常批評經宋學，如《余蕭客傳》曰：

〔註57〕阮元：《儒林傳稿》，《續修四庫全書》，第537冊，第632頁。

〔註58〕阮元：《儒林傳稿》「序」，《續修四庫全書》，第537冊，第617～618頁。

〔註59〕《四庫全書總目》卷1「經部總序」，第1頁。

〔註60〕《四庫全書總目》卷29《半農春秋說》，第240頁。

〔註61〕阮元：《儒林傳稿》，《續修四庫全書》，第537冊，第636頁。

〔註62〕阮元：《儒林傳稿》，《續修四庫全書》，第537冊，第662頁。「徐渭」當爲「胡渭」，底本有誤。

〔註63〕《四庫全書總目》卷12《禹貢會箋》，第105頁。

　　　自宋以來，訓詁之傳日就散亡，沿及明人，說經者遂憑臆談。
　　我朝儒術昌明，著述之家爭及於古，蕭客是書其一也。《鉤沈提要》。
　　〔註64〕

類似的傳記尚有張爾岐、李光坡傳。國史本應以「多所褒許」爲主，阮元對
宋學的批評，恰好暴露了他對漢學的推崇。

　　第三，採納私家傳記的評價文字。《儒林傳稿》胡渭等傳的敍述文字兼取
私家著述，評價文字仍主要依據《四庫提要》，而對惠氏的記載則是例外。《儒
林傳稿》稱：「本朝談漢儒之學者，以東吳惠氏爲首。……嘉定少詹事錢大昕
嘗論：『宋、元以來說經之書盈屋充棟，……獨惠氏世守古學，而棟所得尤精，
擬諸漢儒，當在何休、服虔之間，馬融、趙岐輩不能及也。』」〔註65〕《四庫
提要》將惠氏視爲顧炎武、閻若璩等類似的考據家，而阮元將惠氏確立爲清
代漢學之首，可謂推崇備至。

　　《儒林傳稿》的理學史記載，確實秉持美惡兼書的原則，批評文字比比
皆是，而對經學史的記載，更多地透露出對漢學的推崇，對宋學頗有微詞。《儒
林傳稿》揚漢抑宋的學術宗旨已不言自明。《儒林傳稿序》稱：「臣等備員史
職，綜輯儒傳，未敢區分門徑，惟期記述學行。」〔註66〕所謂的「未敢區分
門徑」，顯然非實情。有人認爲，《儒林傳稿》持論平允，如阮福稱：「持漢學、
宋學之平。」〔註67〕劉毓崧稱：「合師儒異派而持其平，未嘗稍存門戶之見。」
〔註68〕實則一爲子孫之詞，一爲鄉曲之私，殊非公論。

　　《儒林傳稿》揚漢抑宋的學術宗旨主要與阮元自身的學術傾向有關。阮
元學宗漢學，爲學宗旨與顧炎武、惠氏等一脈相承。他任職浙江等地時，提
倡漢學，不遺餘力。他對於學術評價曾有精當的論述：「學術盛衰，當於百年
前後論升降焉。」〔註69〕「只緣身在此山中」，此番奉命纂輯《儒林傳稿》，
他力圖爲漢學爭取地位，自在情理之中。

〔註64〕阮元：《儒林傳稿》，《續修四庫全書》，第 537 冊，第 637 頁。
〔註65〕阮元：《儒林傳稿》，《續修四庫全書》，第 537 冊，第 635 頁。
〔註66〕阮元：《儒林傳稿》「序」，《續修四庫全書》，第 537 冊，第 618 頁。
〔註67〕阮福：《擬國史儒林傳序》按語，阮元：《揅經室集》一集卷二，中華書局 1993
　　　　年版，第 38 頁。
〔註68〕劉毓崧：《通義堂文集》卷 6《阮文達公傳》，《清代詩文集彙編》，上海古籍出
　　　　版社 2010 年版，第 670 冊，第 337 頁。
〔註69〕阮元：《十駕齋養新錄序》，見錢大昕《十駕齋養新錄》，上海書店出版社 2011
　　　　年版。

　　《儒林傳稿》對漢學「多所襃許」，以致其經學史記載尚不及《四庫提要》客觀。後人對《儒林傳稿》經學史記載的評價文字作了些許修改。《清史稿》將顧炎武傳中的「國初稱學有根柢者」改爲「清初稱學有根柢者」，〔註70〕同時，刪去了有關胡渭《禹貢錐指》「精覈典贍，此爲之冠」，以及毛奇齡「是後儒者多研究漢學，……實自奇齡始」等襃揚之詞，又將余蕭客、李光坡傳中批評宋學的文字刪去。

四、結語

　　《四庫提要》是後人認識清前期學術史的重要參考資料。《四庫提要》首次較爲全面地梳理了清前期學術史，《儒林傳稿》清前期學術史記載主要參考了《四庫提要》，故其得失均與《四庫提要》密不可分。同時，《四庫提要》又通過《儒林傳稿》影響了李元度《國朝先正事略》等私家學術史著述。〔註71〕

　　另外，清末民初，劉師培、梁啓超等人對清代學術史多有論述，某些觀點即來自《四庫提要》。當然，《四庫提要》的影響遠不止於學術史著述，仍有必要加強對《四庫提要》發掘，以更爲全面地認識清代學術史。

【此文爲博士生曾志平草擬，經我反覆修改定稿】

〔註70〕《清史稿》卷481《顧炎武傳》，第3372頁。
〔註71〕戚學民教授《阮元〈儒林傳稿〉研究》一書對《儒林傳稿》的影響作了較多研究，但該書未論及《四庫提要》在其中的作用。

清人經義研究與百年經學學術史回顧

一、「經義」解題

　　「經義」一詞較早見於漢代文獻。如《漢書・郊祀志》載成帝去世後，皇太后所下詔書中云：「皇帝即位，思順天心，遵經義，定郊禮，天下說喜。」又《漢書・谷永傳》載谷永向朝廷上言中云：「有司奏請加賦，甚繆經義，逆於民心，布怨趨禍之道也。」這兩處所說的「經義」，皆指儒家經典的內容。《漢語大詞典》對「經義」的界定有二：「(1) 經書的義理。(2) 科舉考試科目之一。宋代以經書中文句為題，應試者作文闡明其義理，故稱。明、清沿用而演變成八股文。」一是泛指儒家經典或佛經的內容和意義，二是專指古代科舉考試中的一種科目。有論者指出，在明清兩代，「經義」這一名稱依然存在，不過和「制義」、「時文」等名詞一樣，成了八股文的別名，狹義的「經義」則專指「五經義」，以區別於所謂的「四書義」。〔註1〕

　　可見，經義自古分為兩股道：一為經學之路，一為科舉之路。二者之間存在微妙的關係——離之則雙美，合之則兩傷。通俗地說，經義有兩條路徑：向上一路為經學之經義，向下一路為科舉之經義。因此對策也有兩條路徑：向上一路為經學經義之集成，向下一路為科舉經義之總匯。

　　蔣寅教授在《清代文學論稿・科舉陰影中的明清文學生態》中認為：「八股文就其發揮經義的內容來說是一種知識形態，而就其縝密的文體結構及寫作難度來說又是一種文學形態；不幸的是八股文的寫作實踐非但沒有光耀知

〔註1〕參見方笑一：《「經義」考》，《華東師範大學學報》2002 年第 6 期。

識和文學，反而扮演了反知識、反文學的角色。明清兩代學人對八股的批判也因此深入其反知識、反文學的各個層面。明清以來仕途與前代最大的不同就是由科舉出仕的單一性，這使得士人在知識和才能的培養上只能舉業優先。」清人文集一般都不收入八股文，高明之士無不視此爲敲門磚而已。只有少數當了一輩子八股先生的底層文人，他們才把八股文視同身家性命。清代朝野上下都普遍輕視八股文，顧炎武、紀曉嵐、吳敬梓等人都極盡挖苦嘲諷之能事，嚴復更是極力反對八股文，清人科舉之經義早已被拋棄與否定。

路徑的選擇是一個首要問題。何去何從？我們的選擇是取法乎上，擬做清人文集經學經義之集成，不作科舉經義之總匯。

二、經學資料的整理

（一）大型經學專科目錄

以朱彝尊《經義考》爲代表。《經義考》仿馬端臨《文獻通考·經籍志》輯錄體之例，以一己之力，窮數年之功，編纂出一部卷帙浩大的經學專科目錄，成爲輯錄體目錄的典範之作。續補之作有翁方綱《經義考補正》、羅振玉《經義考校記》。繼《經義考》之後，《小學考》、《史籍考》、《醫籍考》、《詞籍考》等書紛紛效顰，足見其影響之深遠。

南京大學張宗友博士認爲：「對《經義考》所錄資料，考溯其源，校覈其文，補其未備，從而爲學界提供完善的可資利用的文本，即爲頗具有現實意義和切實可行的課題。」〔註2〕臺北大學楊果霖教授也有「還原其原始的出處」的看法，可謂英雄所見略同。早在世紀之交我們就注意及此，在研究《四庫全書總目》的同時，也開始積累相關資料，準備做《經義考》的溯源校勘工作，後來陸續完成了《經義考通說疏證》、《經義考通說補證》兩部書稿。

（二）大型經解叢書

清初徐乾學主編的《通志堂經解》收書140餘種書，偏重於宋學系。張金吾《詒經堂續經解》、顧沅《藝海樓續經解》、錢儀吉《經苑》也是對宋、元諸儒說經之作的集結。清代中期阮元主編的《皇清經解》收書180種，偏重於漢學系。晚清王先謙主編的《皇清經解續編》收書209種，偏重於漢學系。山東大學劉曉東等編的《清經解三編》收書65種，分爲12巨冊；《清經

〔註2〕張宗友：《經義考研究》第344頁，中華書局2009年版。

解四編》收書 50 種，分爲 14 巨冊。現在又有出版社將這四部經解合編成爲一套《清經解全編》，大體上容納了清代經學研究的名家名作。這不僅爲經學研究者提供了極大的方便，而且也爲彙集保存有清一代經解類文獻作出了巨大貢獻。誠如徐復先生所總結的那樣，就其內容論，涉及經義家法、名物訓詁、典章制度、天文曆算、山川地理、校勘辨僞等眾多方面。就學術論，經學大家之作幾無所遺，於此可有清一代之學術風貌。

　　清代學人說經、解經之作，主要體現在專書和文集、札記中。若能將這些著論全部彙集在一起，固然是最理想的辦法，但這樣做需要大量的人力、財力，以一己之力實難勝任。阮元《皇清經解》雖對文集、箚記中的經義資料有所關注，但還非常有限。嘉道間學者朱琦《國朝詁經文鈔》別闢蹊徑，將關注點放在了學人的文集和箚記上。做此選擇，他還有一個考慮，即擔心這些成果「散而不聚，學者難遍觀盡識，增長神智，久之且恐漸湮滅」。當然，朱琦在取捨上也有自己的標準：一是「篇幅完善，殊鮮碎金」，二是對於「異同之說，則不妨兼取」。要而言之，朱琦意在使清朝學人「創抒己見，輔翼群經，發前人所未發」的學術創獲得以有效保存和集中展現，並欲「因文而得經之梗概」。凡《易》八卷，《書》八卷，《詩》八卷，《春秋》八卷，《周禮》十卷，《儀禮》五卷，《禮記》五卷，《三禮總義》十卷，《論語》《孟子》附群經義共五卷，《爾雅》一卷，《說文》一卷，《音韻》一卷，總七十卷。《續鈔》又已積二十卷。朱琦是以經書、小學來分類匯輯的，篇幅多達 70 卷，另有續抄 20 卷。《國朝詁經文鈔》編成後，朱琦曾送胡培翬徵求意見。胡氏評論此書：「博採本朝說經之文，覈其是非，勘其同異，分類編錄……其文多抄自諸家集中，而解經之書有分段箋釋，自成篇章者，亦同錄入。尋其義例，宗主漢儒，惟收徵實之文，不取蹈空之論。至於一事數說，兼存並載，以資考證，蓋欲讀者因文通經，非因經存文也。」胡氏又進而將清代學人的特點精練地概括爲六點，即辨群經之僞、存古籍之眞、發明微學、廣求遺說、駁正舊解、創通大義。〔註3〕朱琦《國朝詁經文鈔》因遭遇兵厄，並未能流傳下來，但他開創的道路爲我們提供了極大的啓示。

　　曹元弼先生在兩湖書院之時，與梁鼎芬友善，編輯《經學文鈔》十七卷，雖聯名共署，實則曹先生出力爲多。《經學文鈔》乃系統選輯歷代論述經學要

〔註3〕林存陽：《論朱琦〈國朝詁經文鈔〉的成就及在清代學術史上的意義》，《安徽大學學報》2015 年第 1 期。

義篇章，以清人文集爲主，兩湖書院學子所必讀，其後唐文治先生講學無錫國學專修學校，亦要求當時的學子參讀此書。此書實事求是，掌握大義，實爲經學入門坦途。唯近代以來，經義之學見廢，故《經學文鈔》亦不爲世重。條例共八條：「一、是編所錄，皆發揮大義、敍述源流之文。其考核訓詁名物者，別爲《經學叢鈔》。一、德行文學，聖教終始，苟非其人，道不虛行。是編放《漢儒通義》之例，凡大節有虧，當爲聖門所不齒者，學雖博，文雖美，不錄。一、言之無文，行之不遠。是編取《易傳》旨遠辭文、《史記》擇言尤雅之意，所採皆日光玉潔之文。凡稍涉枝多遊關之病者不錄。一、所錄之文，大醇中兼有小疵，加按語辨正之。一、是編以經爲次，每經中以家法爲次。間有前後互異之說，必加識別，俾學者一覽而悟。一、是編每類，先敍錄，次訓義。一、是編所錄，多漢學類之文，宋元明儒發揮漢學之文，亦悉採錄。其家法與漢儒不同者，當別爲《理學文鈔》，以免多加按語，曲生分別。並非是丹非素，有軒輊之意，學者勿誤會。一、是編每類中有論列宋儒經說者，皆取持平篤實之論。其苟訾洛閩，開後生輕薄誕妄之習者，概不錄。」既以《經學文鈔》演示經義之學之標準，則所嚴格挑選之作品，自是關鍵。全書十七卷，首兩卷是爲「卷首」，屬於總論，自兩卷「卷首」以下十五卷，分別專屬《易》、《書》、《詩》、《禮》、《春秋》等，而《禮》在五、六、七三卷，分量最多。文鈔中所收錄己作，均錄存於先生《復禮堂文集》之中。但《經學文鈔》成書於兵荒馬亂之時，紊亂難免。其首二卷爲卷首之上下，接下第一卷專論《易》，第二卷論「經學大義」，此兩卷理應易置，則首三卷乃通論經義，以下專論，則怡然理順。〔註4〕《經學文鈔》有江蘇存古學堂1908年刊本，近年又有《晚清四部叢刊》本。是書刻本達5000多頁，別出心裁，持論甚嚴，但還很不完善，僅有100萬字左右的分量。

　　值得特別注意的是，清末劉可毅輯《經義初編》，有光緒二十七年刻本，文聽閣圖書有限公司2012年據此影印，收入《晚清四部輯刊》第八輯第3冊，但此書並非經學總集，而是八股文選集，分量很小。

（三）大型綜合叢書

　　《四庫全書》、《四庫全書存目叢書》、《續修四庫全書》、《四庫禁燬叢書》等四庫系列叢書的經部圖書比較完備，形成了規模效應。《四庫全書》去取甚

〔註4〕鄧國光：《曹元弼先生〈經學文鈔〉禮說初識》，《湖南大學學報》2016年第5期。

嚴，成見甚深，經部尤爲用心。《四部叢刊》、《叢書集成初編》等所收經部資料也很豐富。

（四）經學學術編年

山東大學鄭傑文教授主編了一套《中國經學學術編年》，以時間爲經，以相關傳世文獻資料和出土資料的編排爲緯，以編年形式來全面反映西周至清末三千年間的經學史面貌和規律走向。其主要內容有五大方面：一、經學著述資料；二、經生經師資料；三、經學事件資料；四、經學思潮資料；五、經學背景資料。每條綱目之下又係以文獻、考論等，實事求是，信而可徵，是近年來經學史研究的可貴收穫。清代卷分爲前期、中期、後期，是一部簡明扼要的清代經學編年史。

（五）相關研究課題

各種各樣的資料彙編層出不窮，但大體根據《清人文集篇目索引》編纂的只有《清人文集地理類彙編》一種。地理學家譚其驤先生早年襄助版本目錄學家王重民先生編纂《清人文集篇目索引》的地理類，後來他深刻地認識到：「由於種種原因，我們長期以來對清人的地理學成就並未給予足夠的重視、進行充分的瞭解。因此在研究工作中，往往重複清代學者的工作，把前人解決的問題當作新問題來研究，其結果有時甚至還達不到前人的水平，有時還會重複已經經過前人糾正過的錯誤。這種情況不僅青年學者中有，具有相當研究水平的學者中也有。這固然有他們認識不足、瞭解不深等主觀上的原因，但客觀上的困難也是不可忽視的。因爲清人的地理研究成果，除了作者另有專著或少數著作中收集比較集中外，其他文章大多散見於詩文集中。雖然這些詩文集一般還不是珍本秘籍，但由於卷帙浩繁，內容分散，查找也並非易事，所以這些道理文章往往被人們忽視了。……我當時曾協助王先生編排了地理類的篇目，深感這對於瞭解、利用清人的學術成果提供了方便。但在半個世紀後的今天，卻依然存在這樣的困難：清人文集除了少數有新版或鉛印本流傳外，多數還只有原來的刻本，且不說私人不可能都有收藏，即使較大的圖書館也往往收不全。加上現在專業和業務的學習、研究人員日益擴大，有限的幾部古書實在滿足不了大家的需要。而且由於文章的題目往往名不符實，或者根本看不出實際包括的內容，所以花了九牛二虎之力找來的材料，很可能根本不管用。看來，最好的辦法還是將這些資料輯錄彙編起來，

使大家都能方便地使用。」這番話雖然是針對地理學說的，其實與經學方面的情況也基本吻合。長期以來學界對清人的經學成就也沒有給予足夠的重視，也在不斷地重複清人的研究成果，甚至還有人大言不慚地宣稱這是他的「首創」那是他的「獨創」，殊不知二三百年前清人早已說得明明白白！譚其驤先生組織人員編纂了一套七卷本的《清人文集地理類彙編》，刪去了一些明顯不屬於地理內容及毫無實際意義的文章，增補了一些原索引漏編的文章。它不僅對地理學研究有用，對於研究歷史、歷史地理、地理學史、文物、考古、水利、交通、旅遊、經濟史、民族史、文化史，以及編寫地理史志、整理古籍等各方面的同志都會有一定的參考價值，並且對經學研究也大有裨益。最可貴的是，它為我們編纂《清人文集經義資料彙編》提供了樣板工程。

三、百年經學研究的進展

經學是圍繞著《易》、《書》、《詩》、《禮》、《春秋》等幾部經典進行的理解、解釋和闡發等一系列精神再生產活動，是中國傳統思想文化的精神內核。這種思想傳統對兩千多年來中國人的思想行為習慣發生了巨大的影響，並繼續影響著當下中國。這種影響一度因西學東漸的緣故而弱化，中國的現代化一開始就是以反傳統、與過去文化決裂的姿態出現的。在這個過程中，中國傳統與西方理念不斷出現碰撞和衝突，傳統經學也在這種磨合中艱難轉型。

新文化運動之前傳統士大夫對孔學的揚棄，新文化運動迅速產生影響的主要原因是自 1904 年以來中國新知識群體所發生的知識結構的深刻變化。「五四」新文化運動不是陳獨秀所說的「國民運動」，而是出身於傳統士大夫階級、自以為可以代表全體國民的「新青年」的全盤西化和全面反傳統的運動。其深層原因來自於傳統經學面對西學的困境。「五四」新文化運動作為新世紀的起點，為 20 世紀中國的命運奠定了基調。〔註 5〕從 1917 年這一新舊文化的轉折點算起，到今年剛好是一百年。下面扼要梳理這一百年經學的學術史，以便辨章學術，考鏡源流，從而理清經學研究的發展趨勢。

（一）經學的當代界定與多元發展

中國古代研究經典的學問有諸多名稱，如有闡發微言大義的「今文經學」與關注文本的「古文經學」；有側重名物訓詁的「漢學」與注重義理的「宋學」；

〔註 5〕鄧秉元：《新文化運動百年祭》，《社會科學論壇》2016 年第 1 期。

有與「西學」相對應的「國學」、海外研究中國傳統的「漢學」、以孔子爲旗幟的「儒學」；也有討論研究注疏方法的「詮釋學」（或稱解釋學、闡釋學等）。相關的還有「經學」、「玄學」、「理學」、「心學」、「考據學」、「實學」、「樸學」等名稱。「經學」這個名稱可以更好地聚焦於那些研究五部經典（或稱原典、元典）的學問上。經學關注的是經書及其附著於經書的義理和各種相關知識，是圍繞具體經書的文本文獻展開的各種研究。

經學研究什麼？姜廣輝教授認爲：「所謂經學，即是關於這些經典的訓詁注疏、義理闡釋以及學派、傳承、演變等等的學問。古代書可分爲四大類：經、史、子、集。經部書籍即屬於經學範圍，此外，史部、子部、集部書籍中論及儒家經典的資料內容，也都屬於傳統經學的範圍。」〔註6〕蔡方鹿教授說：「所謂經學，指訓解、闡述和研究儒家經典之學。經指《易》、《書》、《詩》、《禮》、《樂》、《春秋》等儒家經典，故系統地研究、探討儒家群經之學即稱爲經學。它包括研究和探討儒家經典產生、演變和發展的歷史，對經傳文字、名物制度的訓詁，對經傳義理的闡釋發揮，對經書的考據等，都在經學的範圍之內。而對經學流派及各派理論演變發展及其相互關係的研究，對經學與中國社會及中國文化關係的研究等，都是與經學相關的經學研究的範疇和內容。」〔註7〕前者強調經學的研究範圍，後者側重於經學作爲一門學科的體系性。

張國剛、喬治忠二位教授合著的《中國學術史》也從學科體系的角度提供了一種思路。他們認爲學術史探討的對象是學術在以往發展歷程中的事件、成果以及與其他有關歷史狀況組成的連續性軌跡。主要內容爲六個方面：一，研究學術形成、發展的社會機制以及學術認識賡續的社會紐帶，不僅探索學術最初產生的社會原因，而且研究各個時期學術現象的社會條件；二，不僅關注個案研究，而且更關注團體的、社會性的學術現象，例如學術派系的發生、發展、盛衰，學術風氣的形成和變化等等；三，探討學術各門類的相互影響和內在聯繫，特別是由其內在聯繫促成的學術總體發展趨勢；四，不僅注重一定時期主導的學術傾向，而且關注潛在著的、預示發展前途的理性認識因素；五，研究以往學術界具有代表性的人物的活動、學術著述與學術思想，三者並重，使學術史的研究從這三個基點上構成三維的考察角度，

〔註6〕姜廣輝：《中國經學思想史》，中國社會科學出版社 2003 年，第一卷第 2 頁。
〔註7〕蔡方鹿：《朱熹經學與中國經學》，人民出版社 2004 年，第 4 頁。

得出全面的、如實的分析判斷；六，考察學術發展對社會政治、經濟以及其他文化事業所起到的作用。〔註8〕

以上三論無疑是現代學術觀念影響下的產物。二十世紀的經學研究最突出的特點就是研究思想的多維度、研究領域的跨學科和研究方法的多元化。

從研究方法上說，可以分為傳統經學和現代經學。二十世紀的經學研究是多元化的，但大體也可以分為兩種姿態。一種可稱為傳統經學。以章太炎、劉師培、黃侃為主要代表。他們主張昌明固有之學術，基本上是國故派或國粹派。黃侃遍讀群經，多次圈點十三經，廣泛研究各派經學著作，最後經過比較分析，認為清人經學成就不高，甚至認為基本上可以忽略不計。章太炎晚年對此極端觀點持欣賞態度。一種可稱為現代經學。他們堅持客觀的學術立場，將經學看作與子學、史學、集部之學甚至其他學科並列的一門學問，從學科體系的構建上探尋經學本身的內在理路。日本學者池田秀三嚴格區分「經學」與「經學之學」〔註9〕，正是傳統經學與現代經學的分野。

從研究對象來說，可分為總體研究與專經研究。有很多研究者從哲學、社會學、史料學等維度對經典進行研究，如郭沫若的《青銅時代》，就是以經書為史料研究古代社會史。如「古史辨派」對《尚書》、《春秋》和《詩經》的辨偽，就吸納了社會學和考古學的方法和成果。專經研究在二十世紀也呈現出百花齊放的態勢。每部經書都吸引了許多研究者，產生了大量的研究專著，很多經書已有多部專門的學術史，如《周易》、《春秋》等。

（二）現代經學研究類別綜述

現代經學分散在各學科之中，受西方現代學術思想影響，現代經學研究也在各科之中蓬勃發展，呈現出與傳統經學不同的活力，大體上有以下幾類：

1. 經學史研究的繁盛

中國經學的歷史源遠流長，但對經學通史的研究卻是二十世紀才開始的。二十世紀著名經學家周予同曾說：「中國經學研究的時期，綿延二千多年；經部的書籍，據《四庫全書總目》所著錄，已達一千七百七十三部，二萬零

〔註8〕張國剛、喬治忠：《中國學術史》，東方出版中心2002年，第8頁。
〔註9〕見《經學在中國思想裏的意義》，載《秦漢魏晉南北朝經籍考》，中西書局2017年，第45頁。

四百二十七卷；但是很奇怪的是，以中國這樣重視史籍的民族，竟沒有一部嚴整的系統的經學通史。」〔註10〕

　　古代經學文獻目錄體現了「辨章學術、考鏡源流」的中國學術傳統，兼具經學史性質。清初朱彝尊以一己之力獨撰《經義考》三百卷，詳考歷代經籍存佚狀況，對18世紀之前的經學文獻作系統的清理和總結，成了一部輯錄體專科書目形式的經學史。《四庫全書總目·經部總序》是一部簡要的經學史提綱，類序則是簡要的專經史提綱。古代「學案體」也就是經學斷代史。梁啓超《清代學術概論》謂「清代學術之祖當推宗羲，所著《明儒學案》，中國自有學術史，自此始也」。自黃宗羲《明儒學案》一出，全祖望旋即修補之並繼踵以《宋元學案》。徐世昌編纂的《清儒學案》八卷也是繼承這種形式。經學學派史則有江藩的《漢學師承記》、《宋學淵源記》和方東樹的《漢學商兌》，二者各守一隅，針鋒相對，爲漢宋學術之爭白熱化的典型文本。站在現代學術的視野看來，這些離周氏所說「嚴整的、系統的」的標準顯然相差甚遠，所以近百年的經學研究中以經學史的研究最爲突出，成就最大。

　　通史、斷代史、專經史皆成果累出。二十世紀初產生了一批經學通史，如皮錫瑞今文經學立場的《經學歷史》、劉師培古文經學立場的《經學教科書》、范文瀾簡介性質的《群經概論》、馬宗霍按朝代分期的《中國經學史》和日本學者本田成之的《中國經學史》，對瞭解二十世紀以前的經學歷史提供了資料和視角。梁啓超、錢穆的同名著述《中國近三百年學術史》影響也極其深遠。近年來，經學史一類研究也屢結碩果：如許道勳、徐洪興所著《中國經學史》（上海人民出版社2006年10月版。原名《經學志》，爲1998年出版《中華文化通志》之一種），吳雁南等編寫的《中國經學史》（福建人民出版社2001年），張國剛、喬治忠等撰寫的《中國學術史》（東方出版中心2002年版），姜廣輝主編的《中國經學思想史》（中國社會科學出版社，第一、二卷2003年出版，第三、四卷2010年出版），張立文主編的《中國學術通史》（人民出版社2004年）等，章權才《兩漢經學史》（廣東人民出版社1990年）、《魏晉南北朝隋唐經學史》（廣東人民出版社1996年）、《宋明經學史》（廣東人民出版社1999年）、《清代經學史》（廣東人民出版社2010年），角度、線索不盡相同，都是足資借鑒的重要經學斷代史。章權才《清代經學史》是一

〔註10〕周予同：《經學史與經學之派別——皮錫瑞〈經學歷史〉序》，朱維錚編《周予同經學史論著選集》，上海人民出版社1983年版。

部簡明的經學史，清初只談了孫奇逢、顧炎武、黃宗義、王夫之、顏元、李塨，康乾時期主要論述惠棟、戴震的建樹，鴉片戰爭前夜談莊存與、劉逢祿、龔自珍、魏源，清朝後期談曾國藩、邵懿辰、張之洞、陳澧，最後加上康有為和章太炎，全書重點論述的不過十八條好漢，完全是一本經學精英史。

經學斷代史還有：程元敏《先秦經學史》（臺灣商務印書館股份有限公司2013 年）、錢穆《兩漢經學今古文平議》、王葆玹《西漢經學源流》（東大圖書公司）、洪乾祐的《漢代經學史》（國彰出版社）、張子敬《漢晉經學史》（上海文藝出版社 2013 年）、程元敏的《三國蜀經學》（學生書局）、汪惠敏的《三國時代之經學研憲》（漢京文化事業公司）、汪惠敏的《南北朝經學初探》（嘉新水泥公司文化基金會）與《宋代經學之研究》（臺灣師大書苑）、焦桂美《南北朝經學史》（上海古籍出版社 2009 年）、潘忠偉《北朝經學史》（商務印書館 2014 年）、朱金發《先秦詩經學》、汪學群《清初易學》、劉毓慶《從經學到文學：明代〈詩經〉學史論》、林存陽《清初三禮學》、劉豐《北宋禮學研究》、潘斌《宋代〈禮記〉學研究》、吳雁南主編的《清代經學史通論》（雲南大學出版社）、李新霖的《清代經今文學述》（臺灣師大國研所碩士論文）、田漢雲的《中國近代經學史》（三秦出版社）、文廷海《清代穀梁學研究》、陳其泰《清代公羊學》、何海燕《清代詩經學研究》、黃愼《清代詩經學論稿》等；專經史如廖名春等《周易研究史》、楊慶中《二十世紀中國易學史》、潘斌《二十世紀中國三禮學史》、林忠軍《象數易學發展史（第一、二卷）》、夏傳才的《詩經研究史概要》、洪湛侯《詩經學史》、戴維《詩經研究史》、趙沛霖《現代學術文化思潮與詩經研究——二十世紀詩經研究史》、劉起釪《尚書學史》、程元敏《尚書學史》、沈玉成等《春秋左傳學史稿》、趙伯雄《春秋學史》、戴維《春秋學史》、高懷民《先秦易學史》、《兩漢易學史》、《宋元明易學史》、舒大剛《中國孝經學史》、陳壁生《孝經學史》、黃開國《公羊學發展史》、曾亦等《春秋公羊學史》、唐明貴《論語學史》、戴維《論語研究史》、李峻岫《漢唐孟子學述論》、蘭翠《唐代孟子學研究》、李暢然《清代孟子學史大綱》等；地域經學史如唐明邦、汪學群《易學與長江文化》、賴貴三《臺灣易學史》等。這類研究以翔實的史料、清晰的層次，勾勒出傳統經學的發展脈絡，為後續研究奠定了基礎，開拓了疆域。

2. 經學家、經學著述、經學學派個案研究的縱深發展

這類研究往往集中在一些大經學家、著名經學著述和經學學派上。如陳

來、蔡方鹿、檀作文等對朱熹經學的研究，汪學群《王夫之易學：以清初學術爲視角》、納秀豔《王夫之詩經學研究》、黃忠愼《清代獨立治詩三大家研究：姚際恒、崔述、方玉潤》、姜龍翔《莊述祖詩經學之研究》、於春莉《清代桐城學術文化與馬瑞辰詩經學研究》、劉國民《董仲舒的經學詮釋及天的哲學》、羅雄飛《俞樾的經學研究及其思想》、林忠軍《周易鄭氏學闡微》、楊天宇《鄭玄三禮注研究》等對經學家及其著述的研究，如艾爾曼《經學、政治和宗族——中華帝國晚期常州今文學派研究》、劉建臻《清代揚州學派經學研究》和郭院林《清代儀徵劉氏〈左傳〉家學研究》等經學學派研究。這類研究採用個案研究以點帶面展開對經學的縱深研究，有利於深入研究的進行，也常使研究相對集中，分佈不太平衡。有關清代春秋學著述的研究有：楊濟襄《龔自珍春秋學研究》（高雄覆文圖書出版社 2006 年），劉少虎《經學以自治：王闓運春秋學思想研究》（華夏出版社 2007 年），趙沛《廖平春秋學研究》（巴蜀書社 2008 年），招祥麒《王夫之春秋稗疏研究》（上海古籍出版社 2010 年），郭鵬飛《洪亮吉左傳詁研究》（復旦大學出版社 2014 年），常超《「託古改制」與「三世進化」——康有爲公羊學思想研究》（北京大學出版社 2015 年）。另外，區域經學研究方面有周天慶的《明代閩南四書學研究》。

3. 專經分科研究的義理拓展

現代經學爲分科之學，導致現代經學研究多以某一部經典作爲史料進行分科式研究。有對經學進行哲學的研究，如劉綱紀《周易美學》、金景芳《易通》、朱伯昆《易學哲學史》、呂紹綱《周易的哲學精神》、嚴正《五經哲學及其文化學的闡釋》、龔建平《意義的生成與實現：禮記哲學思想》等；有語言學、文字學、考古學的研究，如于省吾對《詩經》的新證，張政烺的《試釋周初青銅器銘文中的易卦》將甲骨文文字研究與《周易》研究相結合。有歷史學、文獻學、博物學的研究，著名的如胡樸安《周易古史觀》、瑞典高本漢《左傳眞僞考》、張西堂《穀梁眞僞考》、童書業《春秋左傳研究》、劉大鈞《今、帛、竹書〈周易〉綜考》、趙生群《〈春秋〉經傳研究》、段熙仲《春秋公羊學講疏》、丁鼎《〈儀禮·喪服〉考論》、鄧聲國《清代〈儀禮〉文獻研究》、錢玄《三禮通論》和《三禮名物通釋》、楊向奎《宗周社會和禮樂文明》、沈文倬《宗周禮樂文明考論（增補本）》、金春峰《周官之成書及其反映的文化與時代新考》、彭林《〈周禮〉主體思想與成書年代研究》、揚之水《詩經名物新證》等。有社會學、文學、文化人類學、民俗學研究，如李安宅《〈儀禮〉與

〈禮記〉之社會學的研究》、胡樸安《周易人生觀》、（法）葛蘭言《古代中國的節慶與歌謠》、聞一多的《〈詩經〉新義》引起了對《詩經》進行文學、民俗學研究的風潮，如夏傳才《詩經語言藝術》、葉舒憲《詩經的文化闡釋》、何新文《〈左傳〉人物論稿》、潘萬木《〈左傳〉敘述模式論》、林美惠《清代詩經的鐘譜禮政文化學》等。還有自然科學的研究，如《八卦宇宙論與現代天文》一文是劉子華先生運用中國傳統文化《易經》的基本原理與西方現代科學相結合取得的研究成果，其理論和對太陽系存在第 10 大行星的預測，是天文學上一種新的理論假設。此一領域另有薛學潛、董光璧等對《周易》的研究，等等。這類研究取得了較大成就，大大拓展了傳統經學的意義內涵。

4. 經學關係性研究帶來學科融合

著名的如湯志鈞《西漢經學與政治》、《近代經學與政治》、劉松來《兩漢經學與中國文學》、孫筱《兩漢經學與社會》、侯文學《漢代經學與文學》、張濤《經學與漢代社會》、田漢雲《六朝經學與玄學》、劉再華《近代經學與文學》、楊旭輝《清代經學與文學：以常州文人群體為典範的研究》、李天綱《跨文化的詮釋：經學與神學的相遇》、王仲堯《易學與佛教：走進瑰麗世界》和詹石窗《易學與道教思想關係研究》等。陳致主編《跨學科視野下的詩經研究》對《詩經》進行跨學科視野下的思考。另外，在中國哲學與歷史文獻學中都有經學詮釋學的研究，如傅偉勳的創造詮釋學和成中英的本體詮釋學，也為經學研究提供了新的方法論。

但是，現代經學研究也有「先天不足」的弱點，新一代學者身受現代教育，對傳統經典的浸潤和積澱稍嫌不足，對古人缺乏「瞭解之同情」，有以今律古、過度闡釋之嫌。

（三）現代經學的學術史評價

中西文化交流背景下的現代經學，具有迥異於傳統經學的特徵。學界對此早有共識，主要體現在一批自覺總結現代經學研究成果的經學史著作，和經學專著的綜述之中，部分概括了現代經學的研究成果和特點。20 世紀末期的經學通史往往會在末章對現代經學研究作簡要總結評述，之後又出現了幾部專門總結 20 世紀專經研究成果的系統論著。

如許道勳、徐洪興所著《中國經學史》，原名《經學志》，為《中華文化通志》之一種，末章第三節為「『五四』以來經學史的研究」，評介了郭沫若、

范文瀾、周予同等經學史研究成果，「古史辨派」與經典辨僞，建國後經學史研究簡述，考古發現的「經典」及其研究成果。文字較爲簡略，但扼要指出了五四和建國後經學的不同特點，也注意到考古發現對經學的重要影響。

姜廣輝主編的《中國經學思想史》關注的重點是中國經學的思想傳統和本源性問題。吳雁南等《中國經學史》一直寫到晚清。盧鍾鋒《中國傳統學術史》、張國剛等《中國學術史》、張立文主編《中國學術通史》、李申《簡明儒學史》、趙吉惠《中國儒學史》等，名稱不盡相同，也都涉及到經學內容，可以爲認識現代經學的特徵提供參照。

專經史的成果較爲可喜。關於《周易》，廖名春等《周易研究史》第七章「現代易學」寫至 1989 年，按治《易》方法將近八十年的現代易學分爲現代義理易學、現代象數易學和現代考據易學。分類雖取之於傳統，但他關注的是現代易學對傳統的推進。他認爲，現代義理派用新思想、新學說爲工具闡發《易》理，在哲理的探討上達到了前所未有的深度；現代象數派以新的自然科學知識治《易》，勢頭強勁；現代考據派運用現代考古學的方法，在易卦的起源、傳本等問題上作出重大突破。楊慶中《二十世紀中國易學史》，以 1949 年爲界，將二十世紀中國易學發展分爲前後兩個發展階段。該書比較系統地介紹總結了 20 世紀的易學成就，努力貫徹學術史和思想史統一的原則，注意比較各家各派的易學研究方法與成就，揭示它們之間的批判、繼承與發展的關係，有助於全面認識現代易學的發展過程和學術價值。

關於《詩經》，早在 1933 年胡樸安就出版了《詩經學》，爲詩經史研究的發軔之作。上世紀 80 年代，夏傳才的《詩經研究史概要》面世，影響較大。全書共計十三章，後四章分別爲：魯迅論《詩經》，胡適和古史辨派對《詩經》的研究，郭沫若對《詩經》研究的貢獻，聞一多——現代《詩經》研究大師。他精準地選擇了現代《詩經》學的幾位開創性學者加以介紹，清楚概括了現代《詩經》學的幾條研究路徑。夏傳才又撰有《二十世紀詩經學》，結合時代梳理現代《詩經》學的發展階段特徵，緊扣問題談現代詩經學的研究深度與廣度。洪湛侯《詩經學史》的第五編「現代《詩》學」計十章，涉及著作最近出版時間爲 1993 年。內容比較豐富，分別爲：五四以後《詩經》討論熱潮的興起，《詩經》研究從經學到文學的重大改變，重新進行詩篇分類，探討《詩經》的藝術手法，對《詩經》基本問題的認識，以《詩經》爲史料開展多學科的研究，《詩經》文學研究的深入和普及，《詩經》典籍的整理與編印，近

當代影響較大的《詩經》學者及其著作,《詩經》研究的反思與展望。他立足於史料學撰寫《詩經》學史,資料詳實,論斷簡潔。趙沛霖《現代學術文化思潮與詩經研究——二十世紀詩經研究史》,從時代學術文化思潮的視角切入,以時代學術文化思潮的大視野與《詩經》學自身傳統結合,把握傳統《詩經》學在現代條件下的嬗變過程。該著述反映了時代思潮對《詩經》研究的影響,揭示了現代《詩經》學的時代特徵。目錄類有寇淑慧的《二十世紀詩經研究文獻目錄》,其子目劃分非常細緻,反映了現代《詩經》研究學科分類的特點。黃忠慎《清代詩經學論稿》把詮釋學、接受美學等西方理論介入到《詩經》學研究當中,有所側重地對八位學者(王夫之、胡承珙、馬瑞辰、陳奐、姚際恒、崔述、方玉潤、王先謙)進行研究,以廣闊的研究視野看待《詩經》學,總結了清代《詩經》學的成就及其發展演變。何海燕《清代〈詩經〉學研究》不僅以經學研究模式對清代《詩經》學進行研究,還對清代以文學說《詩》取得的成就進行研究,凸顯了清代《詩經》學多彩的面貌。陳國安《清代詩經學研究》從清代學術、清代文學、文學理論發展軌跡等方面綜合考察清代《詩經》學,將涉及《詩經》學的諸多命題作了全景式的描述,展現了《詩經》在清代的存活狀態。書後附錄《清代詩經學論著知見錄》,收書大約 650 餘種。

　　《尚書》類,有劉起釪的《尚書學史》(中華書局,1989 年 6 月),第八章為「清代對《尚書》的考辨研究」,主要論述了清初宋學家對《尚書》的研究,清代部分學者對《古文尚書》的辨偽工作及《古文尚書》派對辨偽工作的反抗,清人對《今文尚書》的研究,清後期今文學派的《尚書》研究,和近代式《尚書》研究。第九章為「現代對《尚書》的科學研究」,寫至 1986年。該章分述了甲骨文金文研究的成熟所促進的《尚書》研究,現代科學知識所促進的《尚書》研究,和由傳統的古文、今文兩學派發展而出的《尚書》研究。重點介紹了甲骨文與《尚書》研究的關係,以及顧頡剛先生對《尚書》學的貢獻。吳通福的《晚出〈古文尚書〉公案與清代學術》(上海古籍出版社,2007 年 6 月)則主要論述了清代閻若璩《尚書古文疏證》與毛奇齡《古文尚書冤詞》對《古文尚書》真偽問題的爭論,並藉此而探討清初經典考辨與反理學及其與乾嘉學術的總體特徵。近些年來對清代《尚書》學的研究主要集中在以下方面:一是對清代《尚書》學的總體研究,如史振卿《清代〈尚書〉學若干問題研究》(華中師範大學 2011 年博士論文)。二是對清代《尚書》家

的個案研究，如焦桂美的《〈尙書今古文注疏〉的詮釋動因、體例與方法》（《孔子研究》2013 年第 1 期）論述了孫星衍申漢抑宋和考證嚴謹的精神。三是對清代《古文尙書》辨僞的研究，如張循的《「讀書當論道」還是「唯其眞而已」？——清儒關於僞〈古文尙書〉廢立的爭論及困境》（《清史研究》2015 年第 3 期）。四是對一些清代《尙書》研究著作的辨僞，如江曦《張爾岐〈書經直解〉辨僞》（《圖書館雜誌》2014 年第 3 期）辨明張爾岐的《書經直解》實際上與張居正的《書經直解》爲一書。

《春秋》類，有沈玉成先生與其女兒劉寧研究員合撰的《春秋左傳學史稿》，末章爲「逐步走向科學化的研究——現代」，其中涉及文章最近一篇爲 1991 年。該章分述了現代《左傳》研究的幾個主要方面，如對《左傳》眞僞問題的深入討論、對《左傳》解經的新探索、《左傳》的編定問題、對《左傳》文學價值和語言現象的研究、注釋整理工作等。又有趙伯雄《春秋學史》和戴維的《春秋學史》，皆寫至清代。文廷海《清代穀梁學研究》和陳其泰《清代公羊學》均爲清代專經斷代史，對經學向現代經學轉型的萌芽皆有提及，可爲參照。

三禮類，有王鍔教授的《三禮研究論著提要》，上編收錄漢至 1999 年歷代學者研究《周禮》、《儀禮》、《禮記》（包括《大戴禮記》）的專著 2683 部。下編收錄 1900 至 1999 年國內外研究《三禮》的論文 2123 篇，爲三禮研究提供較充足的文獻支持。三禮學方面，潘斌《二十世紀中國三禮學史》一書系統介紹了 20 世紀中國三禮學研究的整體情況，該書分上、下兩篇，上篇爲個案研究，分晚清民國時期、1949～1999 年中國大陸、1949～1999 年臺灣地區三個部分，介紹了俞樾、皮錫瑞、廖平、康有爲、曹元弼、王國維、劉師培、吳之英、金景芳、孔德成、沈文倬、錢玄、王夢鷗、周何、林素、李學勤、楊天宇、陳戌國、彭林、王鍔、詹子慶等學者的三禮學研究成就；下篇爲專題研究，從三禮的成書問題、三禮單篇研究、三禮的制度和思想研究、鄭玄《三禮注》研究、出土文獻與三禮研究等多個層次作了專門性的探討。作者認爲，「未來的『三禮』研究要想有所突破，應該在傳統經學考證方法的基礎上，轉換研究視角，並探索新的研究方法和開拓新的研究領域」。可以說，該書是對 20 世紀中國三禮學的系統綜述，很好地展現了 20 世紀中國三禮學研究的重要成果和突出成就。而進入 21 世紀以來，隨著國家對優秀中國傳統文化的倡導和禮學研究者的推動，三禮學研究逐漸興盛，研究論文與學術著作

逐漸增多。關於三禮學史的研究，成果主要有：楊天宇《略述中國古代的禮記學》（《河南大學學報》2000 年第 5 期）、林存陽《清初三禮學》（社會科學文獻出版社 2002 年）、張學智《明代三禮學概述》（《中國哲學史》2007 年第 1 期）、胥仕元《秦漢之際的禮治思想研究》（河北大學博士論文，2009 年）、潘斌《宋代禮記學研究》（吉林人民出版社 2011 年）、鄒遠志《經典與社會的互動：兩晉禮學議題研究》（湖南大學博士論文，2010 年；中國地質大學出版社 2013 年）、顧遷《清代禮學考證方法研究》（南京大學博士論文，2011 年）、張帥《南北朝三禮學研究》（山東師範大學博士論文，2013 年）、劉豐《北宋禮學研究》（中國社會科學出版社 2016 年）等論文。在對三禮學史的研究中，又有進一步細化到學派、地域研究的成果，如李江輝《晚清江浙禮學研究》（西北大學博士論文，2007 年）、陳冠偉《晚清湖湘禮學研究》（湖南大學博士論文，2013 年）、唐宸《漢代今文禮學新論》（浙江大學博士論文，2016 年）等論文。關於禮學家、禮學著作的研究，成果主要有：梁勇《萬斯大及其禮學研究》（中國社會科學院碩士論文，2001 年）、馬增強《〈儀禮〉思想研究》（西北大學博士論文，2003 年）、葛志毅《鄭玄三禮學體系考論》（《中華文化論壇》2007 年第 3 期）、夏微《李覯〈周禮〉學述論》（《史學月刊》2008 年第 5 期）、錢慧真《〈周禮正義〉所見孫詒讓名物訓詁研究》（山東大學博士論文，2009 年）、殷慧《朱熹禮學思想研究》（湖南大學博士論文，2009 年）、陳功文《胡培翬〈儀禮正義〉研究》（揚州大學博士論文，2011 年）、宋燕《李如圭〈儀禮集釋〉研究》（鄭州大學博士論文，2013 年）、王云云《朱熹禮學思想淵源研究》（西北大學博士論文，2013 年）、陶廣學《孔穎達〈禮記正義〉研究》（揚州大學博士論文，2013 年）、張虎《鄭玄禮學思想研究》（西北大學碩士論文，2013 年）、楊學東《賈公彥〈周禮疏〉研究》（西北大學博士論文，2015 年）。對具體禮儀的研究，主要成果有：袁俊傑《兩周射禮研究》（河南大學博士論文，2010 年）、朱琨《〈周禮〉中的圜丘祀天禮研究》（鄭州大學博士論文，2012 年）、陳緒波《〈儀禮〉宮室考》（上海古籍出版社 2017 年）等。而學界對禮學重大學術問題的研究也取得了一些進展，如關於《周禮》成書時代及作者的問題，自東漢以來，眾說紛紜，莫衷一是，成為中國學術史上重大的學術公案。近年來，楊天宇《略述〈周禮〉的成書時代與真偽》（《鄭州大學學報》2000 年第 4 期）、張國安《〈周禮〉成書年代研究方法論及其推論》（《浙江社會科學》2003 年第 2 期）、沈長雲、李晶《春秋官制與〈周禮〉比

較研究——〈周禮〉成書年代再探討〉（《歷史研究》2004 年第 6 期）、郭偉川
《〈周禮〉制度淵源與成書年代新考》（國家圖書館出版社 2016 年）等論文、
著作都對此問題作了進一步探討。21 世紀以來，三禮學研究確實得到了長足
發展，大量的學位論文也說明學界正在努力培養新一代的禮學研究人員，越
來越多的年輕人正在加入到三禮學的研究之中。

其他幾經，亦有相關著述。如舒大剛的《中國孝經學史》、陳壁生的《孝
經學史》、黃開國的《公羊學發展史》、曾亦與郭曉東合撰的《春秋公羊學史》、
唐明貴的《論語學史》、戴維的《論語研究史》、佐野公治的《四書學史的研
究》等。

綜上可知，除《周易》與《詩經》外的其他幾部專經研究，在傳統經學
的研究方面取得了較為豐碩的成果，但對該部專經的現代研究狀況的總結，
尚未形成專門著述，往往零散地出現在一些綜述性文章當中，或學術專著對
國內外研究現狀的評述之中。由此可見，現代經學對五經現代研究史的研究
是不均衡的，五經之間其研究也是不均衡的。《周易》和《詩經》的研究比較
活躍，《尚書》、《春秋》三傳、三禮則相對冷落。專題研究較多，而貫通式的
研究較少；臨時研究、業餘研究比較多；一般學者眾多，著名學者較少。以
前經學史上群星璀璨，如今喧囂之中竟有些寂寞。現代經學的研究，尚有較
大的空間。

（四）現代經學研究方法的反思

除了經學史中對現代經學研究成果的系統整理之外，對現代經學研究方
法的思考也常常出現在一些專題研究的著述中。受現代學術規範影響，現代
經學論著通常會在開篇交待研究對象的研究現狀、研究目的和研究方法，促
使學者們自覺反思經學研究的方法論問題。

如艾爾曼《經學、政治和宗族——中華帝國晚期常州今文學派研究》的
「序論」說：「本書的主要目的在於探討清代今文經學形成過程中經學、宗族、
帝國正統意識形態三者互動的過程，並由此說明，思想史的研究與政治史、
社會史的研究一旦結合起來，中國學術史研究的內容將會是何等的豐滿。」
這顯然是主張經學研究應當將思想史、政治史、社會史的研究結合起來。

再如彭林《〈周禮〉主體思想與成書年代研究》一書，首章即為「《周禮》
成書年代研究的方法問題」。他認為，比過去從文獻到文獻的舊方法更具科學
性的是，現代學者運用金文材料，摘取《周禮》中的某些職官或制度來研究，

進而推斷其成書年代；或者從《周禮》思想的時代特徵入手，研究《周禮》的思想脈絡，來判斷成書年代。他肯定了金文材料的可靠性，也更傾向於以金文材料爲輔助，探尋《周禮》主體思想的時代特徵，從而對其成書年代作出合理論斷。

總體而言，近十年現代經學研究主要呈現出兩個共同趨向：一是中國思想傳統的主體性地位越來越受到重視。中國哲學近年來尤其致力於主體性建構，其著力點就是傳統的儒家經典文本。一是提倡學科之間的交流與融合，充分考慮經學本身的綜合性特點，試圖打破現代學科之間森嚴的知識壁壘。

這兩者都顯示了現代學者在中西方文化交流背景下，開始珍視本民族的文化傳統，產生了向傳統尋根溯源、自我認同的需求，有了與西方文化平等對話的信心。自20世紀末期開始，中國學術界自覺反思西方話語模式，著力構建本民族的文化，已經產生許多經學研究的專著與論文，其中的得失需要認眞總結。沉潛涵泳，吐故納新，瞭解現代經學的研究概況，總結前人的研究成果，會通各家研究心得，以擴大現代經學的階段性研究成果，既是經學的重中之重，又可以爲進一步研究提供更爲堅實的基礎和更爲開闊的視野。另外，文化人類學、解釋學等理論方法也被引入到經學研究中來。

二十世紀的百年之中，經學研究雖然隨著時代變遷屢有消長，但在幾代學人不懈的努力之中，依然結出了豐碩的果實。尤其是近二十年，傳統經典以各種方式面向大眾全面敞開，促成了新一輪的經學研究熱潮。這也使得回顧二十世紀經學研究的百年歷程，勾勒其概貌，總結其成就的任務迫在眉睫、意義重大。另外，二十世紀的百年裏，經學及其研究的性質也發生了巨大變化，研究狀況也更爲複雜。經學自西漢以來，一直是歷朝歷代文化思想的主流意識形態。在這種意義的信仰之中，古代學者對經書的仰觀俯察，旨在尋找發現所謂的「恒久之至道，不刊之鴻教」，其理解和解釋的心理基礎和現實基礎實迥異於今日。進入二十世紀，隨著封建王朝的坍塌，經學失去了它的特殊地位，演變成爲一門具體而微的學科，與子、史之學同列，在文史哲的交叉地帶發展。換言之，二十世紀的經學研究是在一個不同於以往的嶄新的語境之中進行的：

第一，經學傳世文獻的整理和研究已經累積並到達一個新的高度。二十世紀以前對於十三部經典的研究，保存了大量的經學文獻，積累了豐富的解釋材料，基本解除了解讀障礙，也探索出多種研究方法。

第二，地下出土文物的發現爲經學研究提供了新的文獻依據，如 1951 年上海博物館購得《熹平石經・周易》和《熹平石經・詩》殘石，1972 年長沙馬王堆漢墓出土的帛書《周易》、《春秋》和《五行》，1977 年安徽阜陽雙古堆漢墓出土的漢簡《周易》和《詩經》，上博藏戰國楚竹簡與郭店楚簡中的《緇衣》、《性自命出》、《孔子詩論》等，對二十世紀的經學研究影響極爲巨大。

第三，電子信息技術的迅猛發展並向學術領域全面滲透，爲古老的經學研究帶來活力的同時，也帶來許多新問題。如文獻查找的重複或遺漏，引文的斷句、標點與核實等。

第四，經學研究者隊伍也發生了變異。隨著經學教育的斷裂，二十世紀中後期的經學研究者大都沒有經歷過系統的經學訓練，而是以旁觀者的身份介入經學研究，採取的是一種由外至內的研究方式。這對於經學研究來說，在某種程度上可謂是「先天不足」。另一方面，西方現代學科分科式的教育，也使得經學研究得以拋棄受意識形態左右的一些傳統治經思想和方法，轉而接受西方各種學科思潮的影響，爲經學研究廣泛注入西學元素，使傳統的經學在中西學結合之中有了新的突破。

第五，研究團隊的聚合化。大陸學者與港澳臺及海外學者聯繫日益緊密，交流日益頻繁，也爲相關研究起到了推動作用。

第六，研究途徑的便捷化。圖書出版業的發達，數據檢索的壯大，解決了以往圖書聞見的限制，有力促進了文獻的查閱。

在這種語境中，二十世紀經學研究出現了許多區別於以往經學的特點：第一，研究地位的學科化，不再作爲主流話語被研究；第二，研究對象的精細化，專經研究、具體研究較多；第三，研究內容的複雜化，學科邊緣、交叉地帶研究較多，如地域、學派、人文地理等；第四，研究方法的多元化，如文化地理學、人類學、社會學、民俗學、生命哲學、統計學等相繼與經學研究結合起來，產生了許多成功的典範。

（此文與曾軍教授合作）

《漢志・諸子略・農家》通考

　　《神農》二十篇。六國時，諸子疾時怠於農業，道耕農事，託之神農。（師古曰：「劉向《別錄》云：疑李悝及商君所說。」）

【通考】

　　【存佚著錄】今亡佚。《隋書・經籍志》、《舊唐書・經籍志》、《新唐書・藝文志》等已不著錄，早已亡佚。輯本有馬國翰所輯《神農書》，見《玉函山房輯佚書》子編農家類，馬國翰序曰：「《漢志》農家、兵陰陽家、五行家、雜占家、經方家、神仙家並有神農書，大抵皆依託爲之，今其書並佚。考《開元占經》載有《八穀生長》一篇，差爲完具，又數引《神農占》。《管子》、《淮南子》、《漢・食貨志》等書或引神農之數，或引神農之法，或引神農之教。《藝文類聚》引《神農求雨書》。得有篇目可稱者凡六，其他佚文散句時見傳注所引，並據輯錄，不可區別，統入農家。」孫啓治等曰：「師古引《別錄》云：『疑李悝及商君所說。』按《別錄》亦推測之詞，故班《志》不從其說。李悝、商鞅皆用事者，如有撰述以促耕農，則具名而頒其書無不可，何事隱名而託之神農邪？此書蓋六國時習農家者所爲，不爾則集古農家之言，而託之神農耳。其書久佚，《開元占經》引有《八穀生長》篇、《神農占》佚文，《藝文類聚》一百引有《神農求雨書》，又《管子》、《淮南子》、《漢書》、《路史》等引有神農之教、神農之法、神農之數，大體皆古農家言，馬氏以不能區分執爲《漢志》所載之舊，故統輯爲一集。」

　　【學術源流】宋王應麟《漢藝文志考證》卷七曰：「《孟子》『有爲神農之言者許行』。《食貨志》晁錯引神農之教曰：『有石城十仞、湯池百步、帶甲百

萬,而亡粟,弗能守也。』《呂氏春秋》引神農之教曰:『士有當年而不耕者,則天下或受其饑矣;女有當年而不績者,則天下或受其寒矣。』《管子》引神農之教曰:『一穀不登,減一穀。穀之法十倍。』《氾勝之書》亦引『神農之教』,《劉子》引『神農之法』。《淮南子》曰:『世俗之人,多尊古而賤今,故爲道者必託之於神農、黃帝而後入說。』」清章學誠(1738~1801)《校讎通義》卷三曰:「農家託始神農,遺教緒言,或有得其一二,未可知也。《書》之《無逸》,《詩》之《豳風》,《大戴記》之《夏小正》,《小戴記》之《月令》,《爾雅》之《釋草》,《管子》之《牧民》篇,《呂氏春秋・任地》諸篇,俱當用裁篇別出之法,冠於農家之首者也。(神農、野老之書,既難憑信,故經言不得不詳。)」清沈欽韓(1775~1831)《漢書藝文志疏證》卷二曰:「許行爲神農之言,其遺教尚矣。《管子・揆度》篇:『神農之數曰:一穀不登,減一穀,穀之法什倍。二穀不登,減二穀,穀之法再什倍。夷疏滿之,無食者予之陳,無種者貸之新。』《文子》、《呂覽》並稱神農之教曰:『士有當年而不耕者,天下或受其饑矣。女有當年而不績者,則天下或受其寒矣。』晁錯引神農之教曰:『石城十仞,湯池百步,帶甲百萬,而無粟,弗能守也。』此間有古訓,不必盡六國時也。《齊民要術》(《種穀》第三)氾勝之曰:『溲種法,神農復加之骨汁、糞汁。』」清姚振宗(1842~1906)《漢書藝文志條理》卷二曰:「劉向《別錄》曰:『疑李悝及商君所說。』王氏《考證》:『《孟子》有爲神農之言者許行,《食貨志》晁錯引神農之教,《呂氏春秋》、《管子》、《氾勝之書》亦引神農之教,《淮南子》引神農之法。』顧炎武《日知錄》曰:『《孟子》:有爲神農之言。注:史遷所謂農家者流也。仁山金氏曰:太史公六家同異無農家,班固《藝文志》分九流,始有農家者流,《集注》偶誤,未及改。』嚴可均《全上古文編》曰:『《漢・藝文志》農家有《神農》二十篇,案倉頡造字在黃帝時,前此未有文字,神農之言皆後人追錄。晁錯所引顯是六國時語,即《六韜》及《管子》、《文子》所載,亦不過謂神農之法相傳如是,豈謂神農手撰之文哉?』……按《呂氏春秋》六月紀:『是月也,不可以興土功,不可以起兵動眾。無舉大事,無發令而干時,以妨神農之事。水潦盛昌,命神農,將巡功。舉大事則有天殃。』高誘曰:『無發干時之令畜聚人功,以妨害神農耘耨之事。』又曰:『昔炎帝神農能殖嘉穀,神而化之,號爲神農。後世因名其官爲神農,巡行堰畝修治之功。於此時,或舉大事妨害農事,禁戒之,云有天殃之罰。』按此則神農亦古官名,故本志敘云出於農稷之官。」陳

朝爵（1876～1939）《漢書藝文志約說》卷二曰：「神農《易》曰《連山》，《連山》首《艮》，《艮》象止。農者，安土重遷。黃帝《易》曰《歸藏》，《歸藏》首《坤》，《坤》性吝嗇。其理皆通轉交絡。是農亦原於道，其託之神農宜矣。」劉咸炘（1896～1932）《子疏》定本卷上《農家第六》：「《墨子・魯問》篇云：魯之南鄙人有吳慮者，冬陶夏耕，自比於舜，墨子聞而見之。吳慮謂子墨子曰：義耳，義耳，焉用言之哉！子墨子曰：子之所謂義者，亦有力以若人，有財以分人乎？吳慮曰：有。墨子又曰：翟以不若誦先王之道而求其說，通聖人之言而察其辭，上說王公大人，次說匹夫徒步之士。王公大人用吾言，國必治；匹夫徒步之士用吾言，行必修。故翟以爲雖不耕而食饑，不織而衣寒，功賢於耕而食之，織而衣之者也。張純一謂吳慮蓋農家，以處士橫議，道路曲辨，病農已甚，故其言如此。是也。《管子・地員》、《呂覽》《上農》、《任地》、《辯土》、《審時》，皆古農書。農家凡三派：一爲許行之徒，近於墨者。一爲計然、范蠡，權家之用農者。一爲李悝、商鞅，法家之用農者。」葉長青（1902～1948）《漢書藝文志問答》：「農家首列《神農》，其書託始何時？……託始於戰國時矣。」張舜徽（1911～1992）《漢書藝文志通釋》卷三曰：「法家論治，首重耕戰，不特李悝、商鞅然也。而二人言之尤兢兢。劉氏疑此書爲二人所說，是已。人情貴遠賤近，尊古卑今。故先秦諸子之言道術者，必高遠其所從來，託荒古不可知之人以傳其書。《淮南子・修務》篇，已揭斯大例矣。徵之載籍，若《孟子》『有爲神農之言者許行』，《漢書・食貨志》『晁錯引神農之教』，《呂氏春秋》、《管子》、《氾勝之書》亦引神農之教，《淮南子》引神農之法。即以《漢志》而論，如《諸子略》農家，《兵書略》陰陽家，《數術略》五行家、雜占家，《方技略》經方家、神仙家，並有神農書，皆託古也。」

　　《野老》十七篇。六國時，在齊、楚間。（應劭曰：「年老居田野，相民耕種，故號野老。」）

【通考】

　　【存佚著錄】今亡佚。《隋書・經籍志》、《舊唐書・經籍志》、《新唐書・藝文志》等已不著錄，早已亡佚。輯本有馬國翰所輯《神農書》，見《玉函山房輯佚書》子編農家類，馬國翰序曰：「考《呂氏春秋》載《上農》、《任地》、《辨土》、《審時》四篇，家宛斯先生《繹史》云：『蓋古農家野老之言，而呂子述之。』茲據補錄。書中稱后稷語古奧精微，其論得時失時，形色情狀，

洵非老農不能道。以此勞民勸相，洵堪矜式，宜呂氏賓客取載多篇也。」孫啓治等曰：「其書久佚，諸書亦不見徵引。馬驌《繹史》謂《呂氏春秋》所載《上農》、《任地》、《辯士》、《審時》四篇蓋古農家野老之書，馬國翰即據以輯出此四篇。按馬驌所謂『農家野老』蓋泛稱，馬氏指爲《漢志》之《野老書》，純爲臆測，羌無實據。王時潤亦採錄此四篇，而題爲《古農家言》，似較審愼。又近人夏緯英謂此四篇乃取之古《后稷》農書，見《〈呂氏春秋・上農〉等四篇校釋》。」

【學術源流】清沈欽韓（1775～1831）《漢書藝文志疏證》卷二曰：「《御覽》六百十張顯《逸民傳》敘之，然所謂野老，特敘錄不顯其名耳。按《隋志》梁有《陶朱公養魚法》，《唐志》有《范子計然》十五卷，范蠡問，計然答。《貨殖傳》裴駰按《范子》曰：『計然者，葵丘濮上人，姓辛氏，字文子，其先晉國亡公子也。嘗南遊於越，范蠡師事之。』顏師古《貨殖傳》注云：『其書則有《萬物錄》，著五方所出。』見《皇覽》及晉《中經簿》。高氏《子略》曰：『卷十有二，極陰陽之變，窮曆數之微。其言之妙者有曰：聖人之變，如水隨形。』《御覽》四百一亦引之，《意林》亦云并陰陽曆數之言。則顏師古所云言萬物五方所出，特其一篇，彼剿聞而未見其書也。今其書已亡，《越絕書・計倪內經》、《外傳枕中》二篇，與越王言陰陽之數、天地之圖，即從《范子》書中採取耳。《枕中》篇，《齊民要術》引作《范子》。計然之書，彰灼於漢，必非僞造，然《史記》著之而《漢志》遺之，不知野老之即計然也。」清姚振宗（1842～1906）《漢書藝文志條理》卷二曰：「應劭《漢書集解》曰：『年老居田野，相民耕種，故號野老。』袁淑《眞隱傳》：『野老，六國時人，遊齊、楚間，年老隱居，著書言農家事，因以爲號。』《文心雕龍・諸子》篇：『逮及七國力政，俊乂蜂起。孟軻應儒以磬折，莊周述道以翺翔，墨翟執儉確之教，尹文課名實之符，野老治國於地利，騶子養政於天文，承流而枝附者不可勝算。』張舜徽（1911～1992）《漢書藝文志通釋》卷三曰：「此乃六國時人述農耕之事，而託名野老以傳其書。野老爲誰？未可實指。猶道家《老成子》、《鄭長者》之類耳。此十七篇書，亦未必出一人之手。馬國翰輯佚書，但據馬驌《繹史》所云『蓋古農家野老之言而呂子（不韋）述之』一語，即迻錄《呂氏春秋・士容論》中《上農》、《任地》、《辯土》、《審時》四篇，合爲一卷，題曰《野老書》，非也。《繹史》所云『野老』，乃泛指老農言，非《漢志》之『野老』也。如此輯佚，由於無識。」

今按：《漢書・藝文志》農家次列《野老》十七篇，自注「六國時在齊楚間」，應劭曰「年老居田野，相民耕種，故號野老。」王應麟曰：「《眞隱傳》：『六國時人。遊秦、楚間，年老隱居，掌勸爲務。著書言農家事，因以爲號。』」此有齊、楚間與秦、楚間之別。許子自楚至滕，滕國亦爲齊楚間方圓五十里之一小國，《野老》可能爲許子一派後學所著，而其學派可能常活動於齊、楚間。《野老》已佚，亦不見於他書所稱引，其書內容無從所知，而清代藏書家馬國翰先生以《呂氏春秋》中《上農》、《任地》、《辯土》、《審時》輯爲《野老》佚文。而陳仲子亦主不恃人而食，身織屨，妻闢纑，其術近於許子之道，但其避世態度與許子不同，陳仲齊人，避世居於於陵，又拒絕楚國聘其爲相，陳仲子亦活動於齊楚間，其年事稍晚於許子，陳仲子出於貴族但又不恃人而食之作風，亦可能與許子一派有關。（見《神農之言爲墨學流變考》）

《宰氏》十七篇。不知何世。

【通考】

【存佚著錄】今亡佚。《隋書・經籍志》、《舊唐書・經籍志》、《新唐書・藝文志》等已不著錄，早已亡佚。

【作者情況】葉長青（1902～1948）《漢書藝文志問答》：「問：『《宰氏》十七篇，班氏自注「不知何世」，家德輝（即葉德輝——引者注）謂即計然，審否？』答：『班氏《人表》明列計然四等，豈有自注不知何世之理？班氏之時已不知何世，吾輩後班氏二千年，何必強作解人乎？』」

【學術源流】清姚振宗（1842～1906）《漢書藝文志條理》卷二曰：「鄭樵《氏族略》：『宰氏，姬姓，周卿士宰周公之後，又有宰孔者，皆周太宰，以官爲氏。仲尼弟子宰予。』又曰：『宰氏氏，《范蠡傳》云：范蠡師計然，姓宰氏，字文子，葵邱濮上人。』（按宰氏氏者，鄭以爲複姓，恐不然。）馬國翰《范子計然》輯本序曰：『計然者，據本書葵邱濮上人，姓辛，字文子。案鄭樵《氏族略》宰氏注引《范蠡傳》：范蠡師事計然，姓宰氏，字文子。意者辛爲宰字之誤。《漢志》農家《宰氏》十七篇，或即計然歟？賈思勰《齊民要術》嘗引之。』案『計然姓辛，字文子，葵邱濮上人』，見馬總《意林》。北魏李暹注道家《文子》書，誤以計然之姓氏、里籍爲文子，前人辯之已詳。茲馬氏據《氏族略》疑『辛』爲『宰』字之誤，以爲即計然之書。案晉《中經簿》有計然《萬物錄》三卷，《唐・藝文志》農家首載《范子計然》十五卷，

反覆推尋馬氏之說，亦頗近似。」陳朝爵（1876～1939）《漢書藝文志約說》卷二引葉德輝曰：「《史記‧貨殖傳》裴駰《集解》云：『計然者，葵邱濮上人。姓辛氏，字文子，其先晉國亡公子。嘗南遊於越，范蠡師事之。』《元和姓纂》十五海、宰氏姓下引《范蠡傳》云：『陶朱公師計然，姓宰氏，字文子，葵邱濮上人。』據此，則唐人所見《集解》本，是作宰氏。宰氏即計然，故農家無計然書。《志》云不知何世。蓋班所見，乃後人述宰氏之學者，非計然本書也。」又曰：「李暹注《文子》云：『姓辛，號曰計然。本受業於老子。』是計然即道家之學。」張舜徽（1911～1992）《漢書藝文志通釋》卷三亦曰：「後人述其學而託之宰氏，蓋非出於一手、成於一時，故班氏不能定其為何世之作也。」

《董安國》十六篇。 漢代內史，不知何帝時。

【通考】

【存佚著錄】 今亡佚。《隋書‧經籍志》、《舊唐書‧經籍志》、《新唐書‧藝文志》等已不著錄，早已亡佚。

【作者情況】 清姚振宗（1842～1906）《漢書藝文志條理》卷二曰：「本書《百官公卿表》：內史，周官，秦因之，掌治京師。景帝二年分置左內史。右內史，武帝太初元年更名京兆尹，左內史更名左馮翊。又曰：『孝文十四年，內史董赤。』案《表》所載漢內史並在景帝元二年之前，其後即分為左、右內史。而文帝十四年有內史董赤，疑赤字安國，赤心奉國，義亦相應。安國殆亦如氾勝之教田三輔作此書歟？」張舜徽（1911～1992）《漢書藝文志通釋》卷三曰：「漢文帝時，行重農之策，安國掌治京畿，編述農書以為民倡，事極可能，惜其書亦早亡。」

《尹都尉》十四篇。 不知何世。

【通考】

【存佚著錄】 今亡佚。《隋書‧經籍志》、《舊唐書‧經籍志》等均不著錄，《新唐書‧藝文志》子部農家類著錄「《尹都尉書》三卷」。輯本有馬國翰所輯《尹都尉書》一卷，見《玉函山房輯佚書》子編農家類，馬國翰序曰：「考《氾勝之書》曰：驗美田至十九石，中田十三石，薄田一十石。尹澤取減，法神農。尹澤，疑都尉之名，意其為漢成帝以前人也。其書《隋志》不著錄，

《唐志》三卷，今佚。《藝文類聚》、《太平御覽》並引劉向《別錄》云：《尹都尉書》有《種瓜》篇，種芥、葵、蓼、薤、蔥諸篇。今所傳《齊民要術》備載其法，據補得六篇云。」清姚振宗（1842～1906）《漢書藝文志條理》卷二曰：「馬氏據《氾勝之書》以爲尹澤，近得其似。」

　　【學術源流】宋王應麟《漢藝文志考證》卷七引《北史》蕭大圜云：「獲菽尋泛氏之書，露葵徵尹君之錄。」清沈欽韓（1775～1831）《漢書藝文志疏證》卷二曰：「《唐志》：《尹都尉書》三卷。《齊民要術・種穀》篇氾勝之曰：『區種，驗美田至十九石，中田十三石，薄田一十石。尹澤取減法。』似尹都尉名澤也。《御覽》九百八十劉向《別錄》曰：『《尹都尉書》有《種芥》、《葵》、《蓼》、《薤》、《蔥》諸篇。』」清姚振宗（1842～1906）《漢書藝文志條理》卷二曰：「劉向《別錄》曰：『《尹都尉書》有《種瓜》篇，有《種蓼》篇，有種芥、葵、薤、蔥諸篇。』又曰：『都尉有《種蔥書》。』（諸輯本此下又有云：『曹公既與先生言，細人覘之，見其拔蔥。』按此乃類事者取魏武昭烈事，轉寫誤連爲一條，而訛「先主」爲「先生」耳，今不取。）《唐書・藝文志》：『《尹都尉書》三卷。』」張舜徽（1911～1992）《漢書藝文志通釋》卷三曰：「《藝文類聚》卷八二、《太平御覽》卷九七八、九八○並引劉向《別錄》云：『《尹都尉書》有《種瓜》篇，有《種蓼》篇，有種芥、葵、薤、蔥諸篇。』可知其書分事類物，各有專篇記載其種植之法。其後北魏賈思勰之《齊民要術》，實沿其例，特致詳於園圃藝蒔之法。顧其書取材廣博，《尹都尉書》特其搜採之一耳。其後輯佚書者，若馬國翰但輯錄《齊民要術》中種瓜、葵、芥、蓼、薤、蔥諸條，成爲一卷，名曰《尹都尉書》，豈有當乎？」

　　《趙氏》五篇。 不知何世。

【通考】

　　【存佚著錄】今亡佚。《隋書・經籍志》、《舊唐書・經籍志》、《新唐書・藝文志》等已不著錄，早已亡佚。

　　【學術源流】清沈欽韓（1775～1831）《漢書藝文志疏證》卷二曰：「疑即趙過教田三輔者。《齊民要術》（《耕田》第一）崔寔《政論》曰：『趙過教民耕殖法，三犁共一牛，一人將之，下種挽樓，皆取備焉。日種一頃，至今三輔猶賴其利。』」清姚振宗（1842～1906）《漢書藝文志條理》卷二曰：「本書《食貨志》：『武帝末年，悔征伐之事，乃封丞相爲富民侯。下詔曰：方今

之務，在於力農。以趙過爲搜粟都尉。過能爲代田，一晦三甽。歲代處，故曰代田，古法也。（師古曰：「甽或作畎。代，易也。」）后稷始甽田一，以二耜爲耦，廣尺深尺曰甽，長終晦。一晦三甽，一夫三百甽，而播種於三甽中。苗生葉以上，稍耨隴草，因　其土以附苗根。故其《詩》曰：或芸或芓，黍稷儗儗。芸，除草也。芓，附根也。言苗稍壯，每耨輒附根，比盛暑，隴盡而根深，能風與旱，故儗儗而盛也。其耕耘下種田器，皆有便巧。率十二夫爲田一井一屋，故晦五頃，用耦犁，二牛，三人，一歲之收常過縵田晦一斛以上，（師古曰：「縵田，謂不爲甽者也。」）善者倍之。過使教田太常、三輔，（蘇林曰：「太常主諸陵，有民，故亦課田種也。」）太農置工巧奴與從事，爲作田器。二千石遣令長、三老、力田及里父老善田者受田器，學耕種養苗狀。民或苦少牛，亡以趨澤，故平都令先（按下文先當爲光）教過以人挽犁。過奏光以爲丞，教民相與庸挽犁。（師古曰：「庸，功也。」）率多人者田日三十晦，少者十三晦，以故田多墾闢。過試以離宮卒田其宮壖地，課得穀皆多其旁田晦一斛以上。令命家田三輔公田，又教邊郡及居延城。是後邊城、河東、弘農、三輔、太常民皆便代田，用力少而得穀多。』《齊民要術》卷一：『武帝以趙過爲搜粟都尉，教民耕殖，其法三犁共一牛，一人將之，下種挽耬，皆取備焉。日種一頃，至今三輔猶賴其利。』按《食貨志》及《齊民要術》所載，則此趙氏明是趙過。過又善於製器，武、昭時人也，而班氏注云『不知何世』，豈別有其人耶？然其著聞者無過於過，此注及前《董安國》注『不知何帝時』，《尹都尉》注『不知何時』，疑皆非班氏本文。題曰『趙氏』者，或其子姓及吏士爲之，不盡出於過手歟？」葉長青（1902～1948）《漢書藝文志問答》：「班氏自注有所謂『不知何世』及『不知何帝時』。夫『不知何世』者，當指春秋或戰國之時；『不知何帝時』者，專指漢代，義例本明。趙過，漢人，不得謂爲不知何世也。」張舜徽（1911～1992）《漢書藝文志通釋》卷三曰：「趙過於武帝末爲搜粟都尉，創爲代田之法，一畝三甽，歲代處，故曰代田。教民耕殖，其法三犁共一牛，一人將之，下種挽耬，皆取備焉。製爲耬車，並改進其他耕耘之具，遠近賴其利。事蹟詳《漢書‧食貨志》及《齊民要術》卷一。趙過實爲漢代最著名之農學家，《漢志》著錄之《趙氏》五篇，實指趙過無疑。特其人身任官職，勞於治事，未必有暇著書。此編殆亦他人所記而益以後出之事，由於紀述多雜，故班氏不能定其爲何世也。」

　　《氾勝之》十八篇。成帝時爲議郎。(師古曰：「劉向《別錄》云：使教田三輔，有好田者師之，徙爲御史。泛音凡，又音敷劍反。」)

【通考】

　　【存佚著錄】今亡佚。《隋書·經籍志》著錄：「《氾勝之書》二卷，漢議郎泛勝之撰。」《舊唐書·經籍志》著錄：「《氾勝之書》二卷，氾勝之撰。」《新唐書·藝文志》著錄：「《氾勝之書》二卷。」《崇文總目》、《宋史·藝文志》已不著錄。陳朝爵（1876〜1939）《漢書藝文志約說》卷二引周壽昌曰：「《文獻通考》無其書，殆亡於宋末。」《氾勝之》之輯本有六種：其一爲洪頤煊所輯《泛勝之書》二卷，見《經典集林》；其二爲宋葆淳所輯《漢氾勝之遺書》一卷，見道光本《昭代叢書》癸集萃編；其三爲馬國翰所輯《氾勝之書》二卷，見《玉函山房輯佚書》子編農家類，其序曰：「今無傳本，散見賈思勰《齊民要術》中，輯錄猶得十四篇。又從《黍穄》篇別出《種稗》，從《種穀》篇別出《區田法》，爲篇十六。又從《文選注》、《藝文類聚》、《御覽》所引綴爲《雜篇》上下，十八篇之書猶完。依《隋志》分爲二卷，書言樹藝之法親切詳明，鄭康成注《禮》亟引之。賈公彥謂漢時農書，氾勝爲上，洵不虛也。」其四爲杜文瀾所輯《泛勝之書》，見《古謠諺》卷三十七；其五爲顧觀光所輯《氾勝之書》，見《武陵山人遺稿·古書逸文》；其六爲王仁俊所輯《氾勝之書》一卷，見《經籍佚文》。張舜徽（1911〜1992）《漢書藝文志通釋》卷三曰：「其書早亡，馬國翰、洪頤煊、宋葆淳諸家均有輯本，洪書較勝，在《經典集林》中。」孫啓治等曰：「今佚，唯散見於《齊民要術》，而唐、宋類書及《文選》李善注亦引之。馬國翰據《齊民要術》採撮，以類歸爲十六篇，並據諸書所引校其文字，又雜採諸書得數節，合爲雜篇附後。洪頤煊採自《要術》者與馬輯相當。按『稗既堪水』一節，自『酒甚美』以下《要術》原作注文，洪氏據《爾雅翼》所引訂爲正文。又『驗其美田至十九石』一節，馬輯文多於洪輯。至二家雜採他書者，則洪輯『取雪汁漬原蠶矢』（此節馬氏已於注中引之）、『秔稻，秫稻』、『種土不可厚』、『一年大豆有千萬粒』四節爲馬所無，馬輯『吳王濞開茱萸溝』、『農事惰』二節爲洪所無。顧觀光所採與洪輯大體相當，文字間亦互有詳略。宋葆淳僅錄《要術》所載，唯末附《文選》注所引一節而已。按宋輯漫無編次，大抵僅『蕎麥』一節木見洪、馬二輯，其餘不出二家之外。杜文瀾從宋輯錄出二節，又採《爾雅翼》引一節，皆韻文。王仁俊僅採《爾雅翼》引一節。」

【作者情況】清姚振宗（1842～1906）《漢書藝文志條理》卷二曰：「劉向《別錄》曰：『使教田三輔，有好田者師之，徙爲御史。』《太平御覽・資產部》：《氾勝之書》曰：『衛尉前上蠶法，今上農法，民事人所忽略，衛尉懃之，可謂忠國愛民之至。』（按此似當時詔書褒美之文，又似《別錄》中語。氾勝之與劉中壘同時，當中壘典校諸子時，適會其上農法，故云『今』。因並其前所上蠶法合爲一編。鄭樵《氏族略》云『《農書》十二篇』，審是，則《蠶法》六篇，共十八篇。然久遠無徵，莫得而詳矣。）《晉書・食貨志》：太興元年詔曰：『昔漢遣輕車使者氾勝之督三輔種麥，而關中遂穰。』《廣韻》二十九凡『氾』字注：『氾，又姓，出燉煌、濟北二望。』皇甫謐云：『本姓凡氏，遭秦亂，避地於氾水，因改焉。漢有氾勝之撰書，言種植之事。子輯爲燉煌太守，子孫因家焉。』……鄭樵《氏族略》：『氾氏，周大夫，食采於氾，因以爲氏。漢有氾勝之，爲黃門侍郎，撰《農書》十二篇。』」

【學術源流】宋王應麟《漢藝文志考證》卷七曰：「皇甫謐云：『本姓凡氏，遭秦亂，避地於氾水，因改焉。勝之撰書，言種植之事。子輯，爲燉煌太守。』《隋》、《唐》有《氾勝之書》二卷。《月令》注：『農書曰：土長冒橛（《國語注》引『春土冒橛』），陳根可拔，耕者急發。』（《正義》云：『先師以爲《氾勝之書》。』）《周禮・草人》注：『化之使美，若氾勝之術也。』疏云：『漢時農書有數家，《氾勝》爲上。』」清沈欽韓（1775～1831）《漢書藝文志疏證》卷二曰：「《齊民要術》：《氾勝之書》曰：凡耕之本在於趣時，和土，務糞澤，早鋤獲。春凍解，地氣始通，土一和解。夏至，天氣始暑，陰氣始盛，土復解。夏至後九十日，晝夜分，天地氣和。以此時耕田，一而當五，名曰膏澤，皆得時功。春地氣通，可耕堅硬強地黑壚土，輒平摩其塊以生草；草生復耕之；天有小雨復耕和之，勿令有塊以待時。所謂強土而弱之也。春候地氣始通：椓橛木長尺二寸，埋尺，見其二寸；立春後，土塊散，土沒橛，陳根可拔。此時二十日以後，和氣在，即土剛。以此時耕，一而當四；和氣去，耕，四不當一。杏始華榮，輒耕輕土弱土。望杏花落，復耕。耕輒藺之。草生，有雨澤，耕重藺之。土甚輕者，以牛羊踐之。如此則土強。此謂弱土而強之也。愼無旱耕。須草生，至可種時，有雨即種土相親，苗獨生，草穢爛，皆成良田。此一耕而當五也。不如此而旱耕，塊硬，苗、穢同孔出，不可俉治，反爲敗田。秋無雨而耕，絕土氣，土氣堅垎，名曰臘田。及盛多耕，泄陰氣，土枯燥，名曰脯田。脯田與臘田，皆傷田，二歲不起稼，

則一歲休之。冬雨雪止,輒以藺之,掩地雪,勿使從風飛去;後雪復藺之,則立春保澤,凍蟲死,來年宜稼。得時之和,適地之宜,田雖薄惡,收可畝十石。』又有區種九穀法曰:『湯有旱災,伊尹作爲區田。』《後書‧劉愷傳》:『永平中,以郡國牛疫,通使區種增耕。』《御覽》八百二十三亦多引《氾勝之書》,然不出《齊民要術》所引也。」張舜徽(1911~1992)《漢書藝文志通釋》卷三曰:「《晉書‧食貨志》記載太興元年,詔曰:『昔漢遣輕車使者氾勝之督三輔種麥,而關中遂穰。』可知其人重本興農,爲後世所尊慕。著書言播種樹藝耕耘之法,至爲詳明。鄭玄注《禮》,即引用之。《周禮》草人注:『化之使美,若氾勝之術也。』賈公彥《疏》云:『漢時農書有數家,氾勝爲上。』是其書在唐以前早有定評。故北魏賈思勰撰《齊民要術》,採其說爲最多。《漢志》但以『氾勝之』三字標題,《隋志》於其下益一『書』字,陸德明《爾雅釋文》稱之爲《氾勝之種植書》,李善《文選注》又改題爲《氾勝之田農書》,皆異名也。」

《王氏》六篇。不知何世。

【通考】

【存佚著錄】今亡佚。《隋書‧經籍志》、《舊唐書‧經籍志》、《新唐書‧藝文志》等已不著錄,早已亡佚。

【學術源流】清姚振宗(1842~1906)《漢書藝文志條理》卷二曰:「王氏未詳。按氾勝之已在成帝時,此列於其後,大抵亦與氾氏同時。若又在其後,則已將漢末,《七略》亦不及載矣。而班氏注云『不知何世』,亦疑是後人語,非班氏本文。」張舜徽(1911~1992)《漢書藝文志通釋》卷三曰:「今本《漢志》所列諸書次第,恐久經傳鈔,難免前後顛倒錯亂,似未可據以立論。不然,此下尚有《蔡癸》一篇,乃宣帝時人,何以獨列於末耶?如原本次第未亂,則此王氏之時,當不甚晚。無徵不信,闕疑可也。」

《蔡癸》一篇。宣帝時,以言便宜,至弘農太守。(師古曰:「劉向《別錄》云:邯鄲人。」)

【通考】

【存佚著錄】今亡佚。《隋書‧經籍志》、《舊唐書‧經籍志》、《新唐書‧藝文志》等已不著錄,早已亡佚。馬國翰所輯《蔡癸書》一卷,見《玉函山

房輯佚書》子編農家類，輯本序曰：「考賈思勰《齊民要術》引崔寔《政論》有『趙過教民耕殖，其法三犁共一牛』云云。而《太平御覽》引作『宣帝使蔡癸校民耕事』，文正同。蓋癸書述趙過法而崔寔引之也。又《漢書・食貨志》詳言趙過代田之法，後次以『蔡癸以好農，使勸郡國，至大官』。知當日校民耕殖，不外代田也。茲據採補，附錄《漢志》，俾有徵考。農圃小道，亦具見師承如此。」孫啓治等曰：「《齊民要術》載崔寔《政論》，述趙過教民耕種之法，與《太平御覽》引宣帝使蔡癸教民耕植之文正同。馬氏以為癸書蓋述趙過之法，而崔氏之《政論》所載乃從癸書引之，因據《政論》錄出，並採《食貨志》所載趙過代田之法為附錄。」

　　【學術源流】宋王應麟《漢藝文志考證》卷七曰：「《食貨志》：『宣帝時，蔡癸以好農，使勸郡國，至大官。』《太平御覽》崔元始《正論》曰：『宣帝使蔡癸校民耕相，三犁共一牛，一人持之，下種、挽摟皆取備焉。一日種頃田。』」清沈欽韓（1775～1831）《漢書藝文志疏證》卷二曰：「《御覽》八百二十二崔元始《正論》曰：『宣帝使蔡葵教民耕田，三犁共一牛，一人持之，下種挽耬，皆取備焉。一日種一頃。』」清姚振宗（1842～1906）《漢書藝文志條理》卷二曰：「劉向《別錄》曰：『邯鄲人。』本書《食貨志》曰：『宣帝即位，用吏多選賢良，百姓安土，歲數豐穰。五鳳中，蔡癸以好農使勸郡國，至大官。』師古曰：『為使而勸郡國也。』《太平御覽・資產部》：崔元始《正論》曰：『宣帝使蔡癸校民耕植，三犁共一牛，一人持之，下種挽摟，皆取備焉，日種一頃也。』……按此列成帝時氾勝之之後者，或其人後氾勝之卒，而其書亦後出，或所言皆趙過諸人之成法，故置之末簡歟？」張舜徽（1911～1992）《漢書藝文志通釋》卷三曰：「《漢書・食貨志》云：『宣帝即位，用吏多選賢良，百姓安土，歲數豐穰。五鳳中，蔡癸以好農，使勸郡國，至大官。』此一篇之書，蓋即其巡行郡國，教民耕種，勸課農桑之文也。」

　　右農九家，百一十四篇。

【通考】

　　【家篇數目】清姚振宗（1842～1906）《漢書藝文志條理》卷二曰：「此篇家數、篇數並不誤。」張舜徽（1911～1992）《漢書藝文志通釋》卷三曰：「今計家數、篇數，悉與此合。」

　　農家者流，蓋出於農稷之官。播百穀，勸耕桑，以足衣食，故八政一曰食，二曰貨。孔子曰：「所重民食。」（師古曰：「《論語》載孔子稱殷湯伐桀告天辭也。言爲君之道，所重者在人之食。」）此其所長也。及鄙者爲之，以爲無所事聖王，（師古曰：「言不須聖王，天下自治。」）欲使君臣並耕，悖上下之序。（師古曰：「悖，亂也，音布內反。」）

【通考】

　　《新論・九流》曰：「農者，神農、野老、宰氏、泛勝之類也。其術在於務農，廣爲墾闢，播植百穀，國有盈儲，家有蓄積，倉廩充實，則禮義生焉。然而薄者，若使王侯與庶人並耕於野，無尊卑之別，失君臣之序也。」

　　《隋書・經籍志》曰：「農者，所以播五穀，藝桑麻，以供衣食者也。《書》敘八政，其一曰食，二曰貨。孔子曰：『所以重民食。』《周官》冢宰以九職任萬民，其一曰三農生九穀；地官司稼掌巡邦野之稼，而辨穜稑之種，周知其名與其所宜地，以爲法而懸於邑閭是也。鄙者爲之，則棄君臣之義，徇耕稼之利，而亂上下之序。」張舜徽（1911～1992）《漢書藝文志通釋》卷三謂《隋志》「此論實本《漢志》而補申之，可以互證」。

　　《崇文總目・農家類敘》曰：「農家者流，衣食之本原也，四民之業，其次曰農。稷播百穀，勤勞天下，功炳後世，著見書史；孟子聘列國，陳王道，未始不究耕桑之勤。漢興，劭農勉人，爲之著令。今集其樹藝之說，庶取法焉。」

　　明焦竑（1540～1620）《國史經籍志・農家敘》曰：「聖王播百穀，勸耕稼，以足衣食，非以務地利而已。人農則樸，樸則易用，易用則邊境安而主勢尊。人農則少私義，少私義則公法立。人農則其產復，其產復則重流徙，而無貳心。天下無貳心，即軒轅幾蘧之理不過也。今大江以南，土沃力勤，甲於寓內；而瀉鹵瘠空，西北爲甚，雨澤不時，輒倚耜而待槁，霪潦一至，龍蛇魚鱉且據卑隰而宮之，豈獨天運人事有相剌戾哉！斯民皆竄偷惰，而教率之者疏耳。古有農官，顓董其役，而田野不闢則有讓，播殖之宜，蠶繅之節，如《管子》、《李悝》之書多具之，惜不盡傳，姑列其見存者於篇。」

　　《四庫全書總目・子部農家類敘》曰：「農家條目，至爲蕪雜。諸家著錄，大抵輾轉旁牽，因耕而及《相牛經》，因《相牛經》及《相馬經》、《相鶴經》、《鷹經》、《蟹錄》至於《相貝經》，而《香譜》、《錢譜》相隨入矣。因五穀而及《圃史》，因《圃史》而及《竹譜》、《荔支譜》、《橘譜》至於《梅譜》、《菊譜》，而唐昌《玉蕊辯證》、《揚州瓊花譜》相隨入矣。因蠶桑而及《茶經》，

因《茶經》及《酒史》、《糖霜譜》至於《蔬食譜》，而《易牙遺意》、《飲膳正要》相隨入矣。觸類蔓延，將因《四民月令》而及算術、天文，因田家五行而及風角、鳥占，因《救荒本草》而及《素問》、《靈樞》乎？今逐類汰除，惟存本業，用以見重農貴粟，其道至大，其義至深，庶幾不失《豳風》無逸之初旨。茶事一類，與農家稍近，然龍團鳳餅之制，銀匙玉碗之華，終非耕織者所事，今亦別入譜錄類，明不以末先本也。」

清文廷式（1856～1904）《純常子枝語》卷四曰：「（實齋）又云：農家託始神農，《書》之《無逸》、《詩》之《豳風》、《大戴記》之《夏小正》、《小戴記》之《月令》、《爾雅》之《釋草》、《管子》之《牧民篇》、《呂氏春秋‧任地》諸篇，俱當用裁篇別出之法，冠於農家之首者也。余按：今時實齋所見者僅此，若漢時古籍具存其言農事者當數倍於此，必皆裁篇別出，務求詳盡，則近於類書，非目錄家之學也。」

蔡元培（1868～1940）《中國倫理學史‧農家》曰：「周季農家之言，傳者甚鮮。其有關於倫理學說者，唯許行之道。唯既為新進之徒陳相所傳述，而又見於反對派孟子之書，其不相，所不待言，然即此見於孟子之數語而尋繹之，亦有可以窺其學說之梗略者，故推論焉。……許行對於政治界之觀念，與莊子同。其稱神農，則亦猶道家之稱黃帝，不屑齒及於堯舜以後之名教也。其為南方思想之一支甚明。孟子之攻陳相也，曰：『陳良，楚產也。悅周公、仲尼之道，北學於中國，北方之學者，未能或之先也。』又曰：『今也南蠻鴃舌之人，非先王之道，子倍子之師而學之。』是即南北思想不相容之現象也。然其時，南方思潮業已侵入北方，如齊之陳仲子，其主義甚類許行。仲子，齊之世家也。兄戴，蓋祿萬鍾。仲子以兄之祿為不義之祿而不食之，以兄之室為不義之室而不居之，避兄離母，居於於陵，身織屨，妻闢纑，以易粟。孟子曰：『仲子不義，與之齊國而弗受。』又曰：『亡親戚君臣上下。』其為粹然南方之思想無疑矣。」

章太炎（1869～1936）《諸子學略說》曰：「農家諸書，世無傳者。《氾勝之書》時見他書徵引，與賈思勰之《齊民要術》、王楨之《農書》義趣不異。若農家止於如止，則不妨歸之方技，與醫經、經方同列。然觀《漢志》所述云：『鄙者為之，以為無所事聖王，欲使君臣並耕，悖上下之序。』則許行所謂神農之言，猶有存者。《韓非‧顯學》篇云：『今世之學士語治者，多曰與貧窮地，以實無資。』是即近世均地主義，斯所以自成一家歟？」

陳朝爵（1876～1939）《漢書藝文志約說》卷二曰：「姚明輝曰：『鄙者，
如孟子所載許行是。』案，許行並耕之說，爲事理所必不能行。孟子辟之，
已無可復立。……顧其說標揭平民化，最使人心醉，是其與許行本論甚合
也。然一考其行政，實則專制集權，刑法苛厲，有十百於君主時代者。然
則班氏論鄙者並耕之說，無事王治，悖上下之序者，但即其所標揭之名論
之。其實彼之爲政，仍尊無二上，而使億萬人屈伏乎其下，何嘗欲悖上下
之序哉！」

呂思勉（1884～1957）《先秦學術概論》曰：「土地任人私占；一切事業，
皆任人私營；交易贏絀，亦聽其自然，官不過問。此在後世，習以爲常。在
古代則視爲反常之事。故言社會生計者，欲將鹽鐵等業，收歸官營，人民之
借貸，由官主之，物價之輕重，亦由官制之也。此爲農家言之本義。」

江瑔（1888～1917）《讀子巵言》第四章《論諸子之淵源》曰：「推之於
農家出於農稷之官，亦與諸家同。此可見九流之學，皆淵源於史官，在後世
雖支分派別，在古代實同出一源。至若九流之外，若小說家，若兵家，亦莫
不皆然。」《讀子巵言》第十六章《論農家非言農事》：「班氏述《志》，以農
家列於小說家之前，而次於八家之後者，其亦以其學卑卑無足道，與小說家
相去無幾耶？竊以爲不然。彼農家者，蓋假『農』之名以發闡其學之理，而
於耕稼農桑之事絕無與焉者也。……考班氏即敘錄諸子，復總而論之，謂『諸
子十家，其可觀者九家而已』，其下文復數稱『九家』而不及於『小說』，是
可知農家之學與彼八家同稱『九流』。雖九家相較，不無得失盛衰之可言，而
其各引一端，崇其所善，爲當世之所重則一，非彼『道聽途說』之小說家所
可比擬。此其證一也。古者諸子爭鳴，成學派，後世按類教授，因有學科。
學科與學派異。學科有形，而學派無形，有形者有定，無形者無定。諸子百
家之學皆無形而非有形者也，如儒家之仁義，道家之虛無，陰陽家之談天，
法家之嚴刻，名家之堅白異同，墨家之兼愛，從衡家之辯才，雜家之橫議，
皆超然立論於物外，無形象之可言。惟無形，故其道高而莫能名，可以互相
詰難而不可屈，宗之者爲同派，非之者爲異派，亦惟無形，因而無定。故儒
可變爲八，墨可變爲三，老、莊之後可變爲申、韓。若今日之學科，則均無
此焉。是則凡學派必無形，亦必無形而後可以成學派，諸了皆同，農家詎能
獨異？若農家專詳農事，則爲有形之具，以此教人，只可如今日之學科，又
奚足以成派乎？此其證二也。農所以裕民食，雖爲立國之大本，然此特農夫

之事，其業甚微。且古代淳樸，機器理化之學未明，一切耕稼之術，獲刈之具，均歷世相延，安於鈍拙，無學之可言，與彼遠西之農學列爲專科，相去奚啻天壤！故樊遲學稼，貽老農之誚；百畝不易，惟農夫是憂。蓋以此爲小人之事，非大人所宜爲也。《周禮》記考工，史公傳貨殖，而農則無聞，是士、工、賈皆有學，而農則無學，其來已久矣。若農家專詳農事，則農夫所憂爲，學士不屑道，又奚足以成一家之學，而行之於當代耶？此其證三也。古者諸子之學，必以其所倡之事，先行之於其躬，以爲天下法，斯其學可得而行。若農家專詳農事，則以耕爲業者也。以耕爲業則必居有常處，以從事於田畝，而不能棄田畝而他徙。然許行爲農家之魁，乃自楚之滕，不常厥居，一似欲周流天下，棲棲而不敢息者。滕文公只與之一廛而爲氓，並未聞與之百畝而使之耕。彼以耕爲業，今則失其所耕，彼豈能負郭外之田與身俱行哉？是則許行以農家倡，而彼並未汲汲於農事也。況孟子言『其徒數十人，皆捆屨織席以爲食』，捆屨織席，何與於耕？是農家之徒亦未嘗以耕爲業也。許行爲農家之魁，其徒宗農家之學，均未以耕爲重，則意不在於農事可知矣。此其證四也。農家之學不傳於後代，班《志》所錄其數廑九家，惟《氾勝之》十八篇、《蔡癸》一篇爲漢時人，去之未遠，因以向知其姓氏年代。《董安國》十六篇祇知爲漢代內史，已云不知何帝時。其《神農》二十篇，《野老》十七篇，只知爲六國時，又不知爲何人所作。其餘若《宰氏》十七篇，《尹都尉》十四篇，《趙氏》五篇，《王氏》六篇，則俱云『不知何世』，其失據莫考諸家，未有若是之甚者，蓋其學之斷絕亦已久矣。然自神農以來，數千載之間未嘗一日無農，何以農家之學反斷絕耶？是則農家與農事截然爲二，故農家之學不能與農事俱傳，其理猶顯然易見。此其證五也。況班《志》於所錄農家九種外，別有農事之書。如《神農教田相土耕種》十四卷，則言耕稼種植之事也。又《種樹臧果相蠶》十三卷，則言樹藏蠶桑之事也。此均爲農事最要之書，乃不列於《諸子略》之農家，而列於《數術略》之雜占。又如《請雨止雨》二十六卷，《泰壹雜子候歲》二十二卷，《子贛雜子候歲》二十六卷，此言水旱歲時，亦與農事相關者也，亦列於雜占中。班《志》分類錄書，本於劉《略》，劉氏亦必有所承。倘俱言農事，則不宜分而爲二；今別錄農事之書列於農家之外，則農家所言斷非農事，漢人已知之，猶可爲顚撲不移之確據。此其證六也。凡此六證，歷歷可指，學者當曉然於農家之學其宗旨別有所在，於稼穡農桑之事絕無與焉矣。然則農家之宗旨果安在耶？竊考漢、魏以後，農家

失傳，隻字不存於後世，後世之所謂農家，非古之所謂農家也。惟《孟子》略載許行之言，粗存其梗概，尚不失農家之真，今欲知其宗旨，當以此為據。蓋農家者以君臣並耕為宗，而欲均貧富，齊勞逸，以平上下之序，而齊天下之物者也。孟子闢諸家之學，雖詞或失於當，然均能深知諸家之宗旨之所在，握要而道之。如於墨則曰兼愛，於楊則曰為我，皆足隱括其學。今於許行，亦云『與民並耕而食，饔飧而治』，此即農家宗旨之所在也。然農家之學雖揭櫫『並耕』以為宗，而其意實不在此，非必有君臣並耕之事也。彼之意實欲借『並耕』之說，使君臣上下平其序，而萬物得其大齊。……孟子於辯論之間亦或有一二附益之詞，然知農家最真者亦究莫孟子若也。孟子而後，漢人去古未遠，亦頗知之，故班氏誤《志》，列農書於農家之外。彼蓋知農家之學所言者道農事之書所言者術，術即古之所謂器，不能與道並論，故歸農書於數術，不敢以雜農家而同科也。後世不明農家之旨，泥其名而不究其學，乃咸以《齊民要術》諸書列於農家，不特失農家之真，不亦亂班氏之舊耶？……竊按其言某家出於某官，亦本古人之言，而下所云云，則大失農家之真。班氏之意，以為農家之旨在於播百穀、勸農桑，而其末流乃變而諱君臣上下之序，其言適與農家相反。彼豈知農家之旨不專在於播百穀、勤農桑，而君臣並耕、上下諱序亦即農家之本旨之所在，而非由於末流之所變乎？許行為農家之巨魁，君臣並耕之論即起於許行，《孟子》所載昭然可據，何得云鄙者為之？是可見農家初出，即以君臣並耕為宗，不過借播百穀、勸農桑以發闡其所學耳。若以播百穀、勸農桑為農家之所長，則與《教田相土耕種》、《種樹臧果相蠶》諸書有何區別？班氏奚為分而錄之？不亦自諱其例耶？此蓋戰國以後，君權日張，民氣愈蹙，惟儒家上天下澤、法家尊君抑民之說得傳於世，其次則道家清淨無為亦無害於時君，得以稍延其緒。農家欲齊齊萬物，夷天子之尊下與農民等，最為時君所忌，在戰國之世已不能大行，厥後呂政劉徹，復幾經遏抑，迄於東漢，已蕩滅無餘，故班氏所錄九家，僅存空名，而不知其何世，遂強以私意臆測之，而不知其非也。班氏如此，無怪乎後世學者益溷雜而不能分矣。」

葉長青（1902～1948）《漢書藝文志問答》：「問：『本志《農家敘》謂「農家者流，蓋出於農稷之官」，后稷之為官名，固知之矣，神農之為官名，可得聞乎？』答：『《呂氏春秋・六月紀》高誘注：「昔炎帝為神農，能殖嘉，神而化之，號為神農，後世因名其官為神農。」是也。』」

　　高華平《先秦諸子與楚國諸子學》曰：「儘管農家學派的思想與先秦諸子中的道、墨、法、陰陽等家有某些相同或相近之處，但這並不足以否定『農家』作爲一個獨立學派的存在，更不能因此而懷疑『農家』與上古『農稷之官』的淵源關係。農家不僅與墨、道、法諸家在思想主張上有相近之處，而且與儒家、陰陽家等其他諸子學派也可以找到某些共同點。如儒家的經典《尙書・洪範》中敘『八政』：『　・口食，二口貨。』《周禮》中又有『三農生九穀』，司稼『掌巡邦野之稼』等說，這都說明儒家也有重農的主張。陰陽家『敬順昊天』，『敬授民時』；而農家也認爲『凡農之道，厚（候）爲之寶』。『舉事愼陰陽之和，種樹節四時之適，無早晚之失、寒溫之災，則人多』。但這同樣並不表示農家與儒家或陰陽家有淵源關係，而只是如班固在《漢志》的自注中所云，反映了六國時，諸子疾時怠於農耕，故而道耕農事的史實而已。至於作爲先秦諸子之一的農家，則如《漢書・藝文志》所言，是一個源遠流長、有著自己的思想體系的獨立的學術派別。」

　　今按：《漢書・藝文志》在介紹先秦秦漢學術流派時，把農家作爲當時諸子百家中的一家。農家的著作共 9 種，其中《神農》20 篇和《野老》17 篇係「六國時」作品。他們和其他學派一樣，有自己的關於政治和社會的主張，同時又以系統地闡述農業科學技術原理而見長。農家的著作，應該包括這兩方面的內容，可稱之爲早期的農書。實際上，把農業科學技術或有關問題作爲主要內容或主要內容之一的著作不限於《漢書・藝文志》中所提到的幾種。這些農書或農學文獻的出現，使傳統的農業科學技術第一次有了文字的系統總結，從而成爲中國傳統農學形成的重要標誌之一。從《漢書・藝文志》的敘述看，先秦農家可以分爲兩派：一派其學說的內容帶有「官方農學」的色彩；另一派學說則帶有「鄙者農學」或「平民農學」的色彩。無論是帶有「官方農學」色彩的農家，還是帶有「鄙者農學」色彩的農家，其學說均應包括兩個方面，一方面是關於社會政治的主張，另一方面是關於農業科學技術的知識。《呂氏春秋・士容》中有《上農》、《任地》、《辯土》、《審時》四篇，《上農》談農業政策思想，其他三篇談農業科學技術，從其內容分析，當係取材於以《后稷》命名的農書，其中官方農學的色彩甚濃，應屬前一派的農家。《孟子・滕文公上》談到當時「有爲神農之言者許行」，主張「賢者與民並耕而食，饔飧而治」，則屬後一派的農家。從孟子和許行學說的信奉者陳相的辯論中，可以窺見許行學說的有關內容，一是主張人人參加生產勞動，反對剝削，反

對有脫離生產勞動的管理者；二是主張統一市場價格，反對商業剝削與欺詐。
這些主張鮮明地反映了當時備受封建國家和商人高利貸者層層剝削的小生產
者（主要是個體小農）的處境和願望，和《漢書‧藝文志》所說的「及鄙者
爲之，以爲無所事聖王，欲使君臣並耕，悖上下之序」，若合符節。這一派學
者親自參加農業勞動，對農業科學技術應有所總結，《漢書‧藝文志》所載六
國時農書《神農》和《野老》，大概就是這一派的著作，裏面應有農學方面的
內容，可惜原書已經失佚。（見《農家的出現與先秦時期的農學文獻》）

《日知錄》導論

一、《日知錄》的作者顧炎武生平簡介

顧炎武（1613～1682），本名絳，明亡之後改名炎武，字寧人，號亭林，學者尊稱爲亭林先生。萬曆四十一年五月二十八日生於蘇州府崑山縣千墩浦（今江蘇省崑山市千燈鎮），康熙二十一年正月九日病逝於山西曲沃，享年七十歲。

顧炎武所生活的年代，正是明王朝急劇走向衰落並最終滅亡、清貴族迅速崛起而終於入主中原並建立和穩固了其對全中國的統治秩序的時期，這確實是較典型意義上的明清之際。當此新陳代謝之際，中國社會最突出、最主要的矛盾莫過於民族矛盾。顧炎武思想作爲這個特殊歷史時期的一面鏡子，本質上是當時中國社會主要矛盾的反映；正是這個矛盾及其演變與發展過程，決定了他的思想活動進程及其根本性質。顧炎武思想活動導因於對國運民生的憂患，奠基於對現實的軍事和經濟問題的思考。〔註1〕《日知錄》正是記錄他畢生學術思想的總賬簿，後來也成爲近三百年學術寫作的風向標式的著作。

顧氏本爲崑山望族，至明末而漸趨衰敗。顧炎武爲顧同應次子，出生後過繼給顧同吉爲嗣，六歲隨嗣母王氏（1586～1645）讀《大學》，九歲始讀《周易》，十歲始讀孫子、吳子諸兵家書，及《左傳》、《國語》、《戰國策》、《史記》，十一歲始讀《資治通鑒》，至十四歲讀竟，續讀《詩經》、《尚書》、《春秋》，

〔註 1〕周可眞：《明清之際新仁學：顧炎武思想研究》，中國大百科全書出版社 2006
　　　年版，第 10 頁。

十五歲始讀朝廷邸報。顧炎武幼年曾患天花，而留下目疾。與同里歸莊相友善，同入復社，有「歸奇顧怪」之目。

　　顧炎武原本是一位平庸無奇的舉子，自十二歲習科舉文字起，爲帖括之學者將近二十年。在此期間，其嗣祖父常常教導他「士當求實學，凡天文、地理、兵農、水土及一代典章之故，不可不熟究」，而他卻「往往從諸文士賦詩飲酒，不知古人愛日之義。而又果以爲書生無與國家之故」。直到二十七歲那年，久經科場而屢試不遇的顧炎武，由於再次「秋闈被擯」，毅然決定「退而讀書」，「感四國之多虞，恥經生之寡術，於是歷覽二十一史以及天下郡縣志書，一代名公文集及奏章文冊之類」（《天下郡國利病書序》，《亭林文集》卷六）。作爲一位科舉制度下的失敗者，顧炎武后來發起了對科舉制度進行猛烈批判的「馬拉松運動」。歷史並非都是由勝利者書寫的，科舉制的歷史就是由一連串的名落孫山者聯手書寫的，其中充滿了戾氣與負能量。

　　明清鼎革，清兵南下，顧炎武參加抗清隊伍，積極反抗，後失敗歸家。崑山城破時，顧炎武之友吳其沆死難，胞弟顧纘、顧繩被殺，生母何氏傷折右臂，顧炎武以至語濂涇省嗣母，幸免於難。至常熟城陷，顧炎武嗣母王氏聞之，絕食而死，遺言命炎武「無爲異國臣子，無負世世國恩，無忘先祖遺訓」，故顧炎武積極從事抗清活動，並遭冤家陷害，而被迫變衣冠，作商賈，化名蔣山傭，往來南北，一生以「明遺民」自居，不仕清廷。順治十二年（1655）五月，顧炎武擒殺告其「通海」之世僕陸恩，葉方恒囚炎武於陸婿家中，脅令自裁。經歸莊向錢謙益求救，始移獄松江；次年，以「殺有罪奴」罪炎武，遂得釋放。十四年秋，顧炎武將北遊，諸友爲之餞行。此後，顧炎武往來山東、北京、河北、山西、陝西、江蘇等地，結交志同道合之士，如張爾岐、馬驌、李因篤、王弘撰、李顒、朱彝尊、屈大均等人。康熙七年（1668），山東「黃培逆詩」案起，牽涉顧炎武；顧炎武遂主動投案，入濟南府獄，後經李因篤、甥徐元文等人營救，顧炎武得以保釋出獄。次年四月，顧炎武又至章丘，與謝長吉就田產問題對簿公堂，此案始得終結。

　　此後，顧炎武繼續在北方遊歷，專心著述，所著有《日知錄》、《音學五書》、《天下郡國利病書》、《肇域志》、《亭林詩文集》諸書，而尤以《日知錄》爲其畢生心血之所聚。清廷修《明史》，曾多次舉薦顧炎武參與編修，均遭顧炎武拒絕。其民族氣節素爲後人稱道。他一生十二次拜謁明陵，念念不忘亡國之恨。他掉頭北上，開始了歷時二十餘年的漫遊生活。這時候西南的桂王

已爲吳三桂所殺，東南的鄭成功死後其子鄭經主持臺灣軍務，雖表面與清廷對立，實質上已無力反抗，後來三藩之亂的平定使大清的統治徹底穩固下來。顧氏看到大勢已去，便決定用另外的方式尋求復興國運，北方之遊正是此舉的開端。晚年，顧炎武寓居陝西華陰、山西曲沃等地，他曾論華陰地理形勢曰：「華陰縮轂關、河之口，雖足不出戶，而能見天下之人，聞天下之事。一旦有警，入山守險，不過十里之遙；若志在四方，則一出關門，亦有建瓴之便。」〔註2〕可見顧炎武此書雖以著述爲事，而反清之心未死。誠如錢穆在《中國近三百年學術史》第四章中所指出的那樣：「梨洲五十四歲成《明夷待訪錄》，其後即不談政治，專究性理。而亭林《日知錄》始終以撥亂滌污，法古用夏，待一治於後王爲意。」康熙二十一年（1682）正月初八，顧炎武於曲沃養病，上馬失足墜地，末疾復發，嘔瀉不止，次日丑時去世。

二、《日知錄》的成書與流傳過程

　　《日知錄》是顧炎武一生中最爲重要的著作，其成書與流傳也都頗爲坎坷。

　　學界對《日知錄》的始撰時間頗有爭議。《日知錄》康熙九年（1670）初刻八卷本書前題記曰：「愚自少讀書，有所得輒記之，其有不合，時復改定。或古人先我而有者，則遂削之。積三十餘年，乃成一編，取子夏言，名曰《日知錄》，以正後之君子。」〔註3〕所以，有學者推定顧炎武《日知錄》約始撰於明崇禎十二年（1639）。但也有學者認爲這一時間只是顧炎武早年開始讀書做札記的時間，應該與他結撰《日知錄》區分開來，並據顧炎武於康熙二十年（1681）所作《與人書》中所言：「某自五十以後，篤志經史，其於音學深有所得。而別著《日知錄》，上篇經術，中篇治道，下篇博聞，共三十餘卷。有王者起，將以見諸行事，以躋斯世於治古之隆，而未敢爲今人道也。」〔註4〕推斷顧炎武始撰《日知錄》的時間應該在康熙元年（1662）他五十歲以後。〔註5〕

〔註2〕（清）顧炎武：《與三任書》，《顧亭林詩文集》卷四，中華書局1983年版，第87頁。

〔註3〕《日知錄集釋（外七種）》，上海古籍出版社1985年版，第2625頁。

〔註4〕《日知錄集釋（外七種）》，上海古籍出版社1985年版，第28～29頁。

〔註5〕曹江紅：《〈日知錄〉纂修考》，《浙江社會科學》，1999年第6期，第132～133頁。

　　其實，顧炎武爲撰寫《日知錄》所作準備工作是比較早的，而其從整體上對該書內容結構的構思則相對較晚，大約是顧炎武五十歲左右。顧炎武弟子潘耒在《日知錄序》中也說：「先生著書不一種，此《日知錄》則其稽古有得，隨時札記，久而類次成書者。」〔註6〕可見，《日知錄》的編纂是一個時間跨度很大的過程。而康熙九年刊刻的《日知錄》八卷本（符山堂初刻本），則可以看作是顧炎武在此前學術積累基礎上做的一個選編本，將自己較爲滿意的內容先行刊刻，以廣流傳，有「投石問路」之意。只是，此八卷本產生的影響並未讓顧炎武滿意，閻若璩就曾就《日知錄》中的考證內容向顧炎武發難（閻若璩《潛邱箚記》卷五《補正日知錄》五十餘條）。顧炎武在《初刻日知錄自序》中也做了反省：「炎武所著《日知錄》，因友人多欲抄寫，患不能給，遂於上章閹茂之歲刻此八卷。歷今六七年，老而益進，始悔向日學之不博，見之不卓，其中疏漏往往而有，而其書已行於世，不可掩。漸次增改，得二十餘卷，欲更刻之，而猶未敢自以爲定，故先以舊本質之同志。」〔註7〕從這裡「漸次增改，得二十餘卷」也可以看出此前八卷本並非顧炎武當時所撰《日知錄》全部內容，否則以顧炎武的嚴謹，不至於如此之速。所以，顧炎武在此後的《日知錄》撰寫中恪守「良工不示人以璞」的訓誡，在友人向他詢問《日知錄》的編撰進展時，他回覆說：「嘗謂今人纂輯之書，正如今人之鑄錢。古人採銅於山，今人則買舊錢，名之曰廢銅，以充鑄而已。所鑄之錢既已粗惡，而又將古人傳世之寶，舂剉碎散，不存於後，豈不兩失之乎？承問《日知錄》又成幾卷，蓋期之以廢銅。而某自別來一載，早夜誦讀，反覆尋究，僅得十餘條，然庶幾採山之銅也。」〔註8〕他晚年正是以這種「採銅於山」的精神投入到《日知錄》的撰寫之中的。

　　顧炎武從小受祖父之教，認爲「著書不如抄書」。「抄書」不是改竄或抄襲前人之作爲己作，而是一種精心篩選提煉的搜集資料的工作；並非漫無目的地隨手札記，而是根據自己的學術宗旨去精心選擇和編排資料。顧炎武的《日知錄》就是這樣一部著作，不僅其所引證的資料皆標明原作者及出處，不以前人之功爲己功，而且所有的資料都分門別類地納入了他自己設計的框架，每一條目的內容都是合數條乃至數十條資料而成；但又不是純粹的資料

〔註6〕《日知錄集釋（外七種）》，上海古籍出版社1985年版，第25頁。
〔註7〕《日知錄集釋（外七種）》，上海古籍出版社1985年版，第27頁。
〔註8〕《日知錄集釋（外七種）》，上海古籍出版社1985年版，第28頁。

彙編，而是在其中體現和貫徹自己的學術宗旨，在掌握豐富的第一手資料的基礎上發表自己的見解。他的《日知錄》，可以說是既講求科學實證、又注重學術道德的典範。〔註9〕

所以，直至康熙二十一年（1682）正月顧炎武離世，在此期間，顧炎武並沒有再刻《日知錄》的打算，康熙十八年（1679）顧炎武在《與潘次耕書》中說：「著述之家，最不利乎以未定之書傳之於人。……前介眉札來索此，原一亦索此書，並欲抄《日知錄》，我報以《詩》、《易》二書今夏可印，其全書再待一年。《日知錄》再待十年，如不及年，則以臨終絕筆爲定，彼時自有受之者，而非可豫期也。《詩》云：『如切如磋，如琢如磨。』此之謂也。」〔註10〕顧炎武這種切磋琢磨、精益求精的追求，「以臨終絕筆爲定」的信念，使《日知錄》得以廣徵博採，其內容得到進一步提升。顧炎武決不肯棄前人的見解於不顧，而寧可將自己的同樣見解從書中刪去。顧炎武在《日知錄題記》中說：「愚自少讀書，有所得輒記之，其有不合，時復改定。或古人先我而有者，則遂削之。」他的這種誠實學風，深刻地影響了清代考據學的研究。後來的考據學大師大都極力避免學術研究中的低層次重複。他們遵循顧炎武的教誨，「必古人之所未及就，後世所不可無，而後爲之」；同時在研究中，必詳列前人之見解，決不敢隱沒其姓名而竊以爲己說。這一切，成爲清代的考據學家們普遍遵守的學術規範。

顧炎武死後，《日知錄》稿本輾轉流傳，十三年後，即康熙三十四年（1695），其弟子潘耒（1646～1708，字次耕，吳江人）始編訂爲《日知錄》三十二卷（遂初堂刻本），該書得以行世。潘氏於《日知錄序》中自述其刊刻過程曰：「耒少從先生遊，嘗手授是書。先生沒，復從其家求得手稿，較勘再三，繕寫成帙，與先生之甥刑部尙書徐公健庵、大學士徐公立齋謀刻之而未果。二公繼沒，耒念是書不可以無傳，攜至閩中。年友汪悔齋贈以買山之資，舉畀建陽丞葛受箕，鳩工刻之以行世。」〔註11〕潘氏能以友人所贈「買山之資」爲其師刻書，此舉是值得肯定的。但由於清初文網嚴密，潘耒在刊刻《日知錄》時，做了大量刪改工作，所以潘耒所刻《日知錄》也不能完全反應顧

〔註9〕許蘇民：《顧炎武評傳》，南京大學出版社2006年版，第420～421頁。
〔註10〕（清）顧炎武：《與潘次耕書》，《亭林文集》卷四，《顧亭林詩文集》，中華書局1983年版，第76～77頁。
〔註11〕《日知錄集釋（外七種）》，上海古籍出版社1985年版，第25～26頁。

炎武「絕筆」時《日知錄》的全貌。至乾隆年間，清廷開四庫館編修《四庫全書》時，顧炎武的學術雖然得到官方的肯定與褒揚，其三十二卷本《日知錄》得以收入《四庫全書》之中，但在此過程中《日知錄》也再一次遭到刪改；1950 年代，河南省圖書館購得四十二頁文淵閣《日知錄》抽毀散頁（2000年由中華全國圖書館文獻縮微複製中心影印出版，題作《〈日知錄〉文淵閣本抽毀餘稿》），但將之與文淵閣《四庫全書》本《日知錄》對照，閣本《日知錄》也未完全據之刪改，各條情況並不一致。至民國二十二年（1933），張繼購得雍正年間《日知錄》抄本三十二卷，黃侃據此撰成《日知錄校記》，謂「考今本所刊落，有全章，有全節，有數行，自餘刪句換字，不可遽數」〔註12〕，學界始對潘耒刪改《日知錄》的情況才有了比較清晰的認識。

三、《日知錄》的主要內容

關於《日知錄》的內容結構，顧炎武在與友人的信中說：「別著《日知錄》，上篇經術，中篇治道，下篇博聞，共三十餘卷。」〔註13〕這一經術、治道、博聞三分的結構，可以看作是顧炎武撰寫《日知錄》的整體框架。

「不習六藝之文，不考百王之典，不綜當代之務」，這是顧炎武控訴前代儒生的「三宗罪」。而他正好是主張「習六藝之文，考百王之典，綜當代之務」，《日知錄》也是按照此三分格局構建的：習六藝之文——經術，考百王之典——考據，綜當代之務——治道。

康熙八年刊刻的《日知錄》初刻八卷本，基本上就是按照這一結構來分卷的，其中卷一至卷三為經術，卷四至卷六為治道，卷七、卷八為博聞。至潘耒所刻《日知錄》三十二卷本，其分卷也大致遵循這一結構，卷一至卷十為經術，卷十一至卷二十九為治道，卷三十至卷三十二為博聞。從顧炎武對《日知錄》內容的最後的確定來看，其書的主體內容是「經術」和「治道」。所謂「經術」者，「明道」之術也；「治道」者，「救世」之道也。顧炎武思想按其本質內容來說，就是關於「明道救世」的思想。〔註14〕顧炎武曾明論其學術宗旨道：「君子之為學，以明道也，以救世也。」（《與人書二十五》，《亭

〔註12〕黃侃：《日知錄校記序》，《日知錄集釋（外七種）》，上海古籍出版社 1985 年版，第 3358 頁。

〔註13〕《日知錄集釋（外七種）》，上海古籍出版社 1985 年版，第 28 頁。

〔註14〕周可真：《明清之際新仁學：顧炎武思想研究》，中國大百科全書出版社 2006年版，第 17 頁。

林文集》卷四）《日知錄》的宗旨也正是「明道救世」。與他同時代的黃宗羲、王夫之又何嘗不是如此呢？

潘耒在《日知錄序》中論及書中內容時也說：「先生著書不一種，此《日知錄》，則其稽古有得，隨時札記，久而類次成書者。凡經義史學、官方吏治、財賦典禮、輿地藝文之屬，一一疏通其源流，考正其謬誤。至於歎禮教之衰遲，傷風俗之頹敗，則古稱先，規切時弊，尤爲深切著明。」〔註15〕其中官方吏治、財賦典禮、輿地藝文等大都與治道相關。而顧炎武在於黃宗羲的信中也說：「頃過薊門，見貴門人陳、萬兩君，具論起居無恙。因出大著《待訪錄》讀之再三，於是知天下之未嘗無人，百王之敝可以復起，而三代之盛可以徐還也。……炎武以管見爲《日知錄》一書，竊自幸其中所論，同於先生者十之六七。」〔註16〕可見，顧炎武是將自己的《日知錄》與黃宗羲的《明夷待訪錄》歸爲同一類著作，即經世之書。

至乾隆年間清廷編修《四庫全書》，四庫館臣於《日知錄》提要中又對其內容進行細分：「書中不分門目，而編次先後則略以類從。大抵前七卷皆論經義，八卷至十二卷皆論政事，十三卷論世風，十四卷、十五卷論禮制，十六卷、十七卷皆論科舉，十八卷至二十一卷皆論藝文，二十二卷至二十四卷雜論名義，二十五卷論古事眞妄，二十六卷論史法，二十七卷論注書，二十八卷論雜事，二十九卷論兵及外國事，三十卷論天象術數，三十一卷論地理，三十二卷爲雜考證。」〔註17〕四庫館臣從每卷的具體內容上對《日知錄》進行介紹，其實已經失去分類的意義，只是一種對具體內容的陳述，凸顯了《日知錄》「博聞」的特點，在一定程度上淡化了《日知錄》經術、治道、博聞三分的結構，尤其是弱化了治道在《日知錄》中的體現，這與四庫館臣批評顧炎武「喜談經世之務」的思想是一致的。

民國時期發現的《日知錄》雍正抄本三十二卷與潘耒刻本卷次略有不同，但仍大致遵循經術、治道、博聞三分的結構，徐文珊在《原抄本顧炎武〈日知錄〉評介》一文中說：「依原抄本所分卷帙爲一至十卷，經術：其序爲《易經》、《書經》、《詩經》、《春秋》、《周禮》、《儀禮》、《禮記》、《大學》、《中庸》、

〔註15〕　《日知錄集釋（外七種）》，上海古籍出版社1985年版，第25頁。
〔註16〕　（清）顧炎武：《與黃太沖書》，《顧亭林詩文集》，中華書局1983版，第238～239頁。
〔註17〕　（清）永瑢等編：《四庫全書總目》，見《景印文淵閣四庫全書》第3冊，商務印書館1983年版，第590頁。

《論語》、《孟子》。中篇治道，應爲十一至二十九卷。餘三卷爲博聞。治道內容豐富，範圍極廣。舉其要者計有：地方政制、中央政制、選舉、田賦、土地制度、財政經濟、吏治、政治得失、風俗、婚喪祭禮、科舉、文字、史學、古代郡國制度、姓氏諡號、倫理制度、掌故、正史述評、經史子集注疏述評、華夷風俗等。第三篇博聞中，則有天文、五行、怪異、鬼神、地理、雜記等類。」〔註18〕

可見，《日知錄》所涉內容雖廣，但大致可分經術、治道、博聞三類，基本上符合顧炎武對該書內容的構思，可以反映顧炎武自身的學術思想結構。

四、《日知錄》的歷史地位

顧炎武辭世之後，學界對其《日知錄》的評價也經歷了一番變化，而從這一變化我們就可以看出《日知錄》的歷史地位。

首先，潘耒作爲顧炎武弟子，其在刊刻《日知錄》並爲之作序時，對顧炎武及《日知錄》都作出了極爲重要的評價。潘耒《日知錄序》曰：

> 有通儒之學，有俗儒之學。學者將以明體適用也，綜貫百家，上下千載，詳考其得失之故，而斷之於心，筆之於書，朝章國典，民風土俗，元元本本，無不洞悉。其術足以匡時，其言足以救世，是謂通儒之學。若夫雕琢辭章，綴輯故實，或高談而不根，或剽說而無當，深淺不同，同爲俗學而已矣。……崑山顧寧人先生，生長世族，少負絕異之資，潛心古學，九經諸史略能背誦，尤留心當世之故，實錄、奏報，手自抄節，經世要務，一一講求。當明末年，奮欲有所自樹，而迄不得試，窮約以老。然憂天閔人之志，未嘗少衰，事關民生國命者，必窮源溯本，討論其所以然。足跡半天下，所至交其賢豪長者，考其山川風俗，疾苦利病，如指諸掌；精力絕人，無他嗜好，自少至老，未嘗一日廢書，出必載書麓以隨，旅店少休，披尋搜討，曾無倦色。有一疑義，反覆參考，必歸於至當；有一獨見，援古證今，必暢其說而後止。當代文人才士甚多，然語學問，必斂衽推顧先生。凡制度典禮有不能明者，必質諸先生；墜文軼事有不知者，必征諸先生。先生手畫口誦，探原竟委，人人各

〔註18〕徐文珊：《原抄本顧炎武〈日知錄〉評介》，《原抄本日知錄》，臺灣明倫書局1979年版，第1004頁。

得其意而去。天下無賢不肖，皆知先生爲通儒也。先生著書不一種，此《日知錄》則其稽古有得，隨時札記，久而類次成書者。……嗚呼！先生非一世之人，此書非一世之書也。魏司馬朗復井田之議，至易代而後行；元虞集京東水利之策，至異世而見用。立言不爲一時，《錄》中固已言之矣。異日有整頓民物之責者，讀是書而憬然覺悟，採用其說，見諸施行，於世道人心實非小補。如第以考據之精詳，文辭之博辨，歎服而稱述焉，則非先生所以著此書之意也。〔註19〕

　　潘耒以「通儒」定位顧炎武，既得到當時學者的認同，也是後世學者的共識，而最能體現顧炎武「通儒之學」的便是這部《日知錄》。「綜貫百家，上下千載」是「通儒之學」的表現形式，而從上文對《日知錄》內容的分析，不難看出它是具有這樣的特點的。而「通儒之學」最重要的內涵則在於「明體適用」，即所謂「其術足以匡時，其言足以救世」。若徒具「綜貫百家，上下千載」之表，而無匡時、救世之用，這樣的學問也算不上「通儒之學」。所以，潘耒認爲顧炎武《日知錄》一書「立言不爲一時」，並非「一世之書」，雖然在清初未能發揮其作用，但日後若能採其說而施行，必能有益於世道人心，而這正是顧炎武撰《日知錄》之本心，可以說是對顧炎武「有王者起，將以見諸行事，以躋斯世於治古之隆」〔註20〕的期盼的進一步發揮，也奠定了《日知錄》這部著作的歷史基調。

　　但《日知錄》的行世，還是影響到了清代學者著述的體式，筆記、札記體的著作大量產生，且其內容以考據爲主，進而成爲清代考據學的重要表現形式。但這些模仿《日知錄》而成的著作能具「綜貫百家，上下千載」的形式已屬不易，能夠做到「明體適用」者則無之。

　　此後，程晉芳在乾隆三十七年（1772）讀完顧炎武的《日知錄》時，對其「明體適用」的追求給予了肯定，認爲：「由明以上，迄於秦漢，儒家者流，學博而精，所見者大，坐而言可起而行者，殆無幾人。惟亭林及黃子梨洲於書無所不通，而又能得古聖賢之用心，於修己治人之術，獨探其要，其所論述，實有可見諸行事者。」〔註21〕但他認爲《日知錄》的內容卻並非全盤接

〔註19〕 《日知錄集釋（外七種）》，上海古籍出版社1985年版，第23～26頁。
〔註20〕 《日知錄集釋（外七種）》，上海古籍出版社1985年版，第28～29頁。
〔註21〕 （清）程晉芳：《勉行堂詩文集》，黃山書社2012年版，第769頁。

受，而是採取批判地繼承的態度：「不患其書不傳，患在後之人以爲言言可信，將悉舉而行之，更易成憲，日趨於綜覈煩瑣而不覺，是又不可不辨也。亭林欲以米絹易銀，行均田，改選法，之數者有必不能行，有行之而必不能無弊；其可行者，惟學校、貢舉耳。雖然，豈易言哉！不徐徐有以易之，鮮有不潰敗決裂者。梨洲則必欲復封建、井田，此則童孺皆知其不可矣。眞儒不世出，而同時並生，言可爲後世法，猶或錯雜紕繆若是，後之人其何賴焉！」〔註22〕可見，顧炎武編撰《日知錄》雖有經世致用之意，但其主張並非完全適用於當下社會現實，所以並不能據此而任意更改成憲。雖然，程晉芳對顧炎武「眞儒」的評價不如潘耒的「通儒」高，但二人對顧炎武《日知錄》的關注點是一致的，即都集中討論《日知錄》在「明體適用」方面的成就，即儒家經世致用之學。程晉芳還特意批評了閻若璩駁正《日知錄》考據失誤的行爲，說：「太原閻伯詩有《補正日知錄》一卷，所見者猶小。」〔註23〕可見，在程晉芳看來，《日知錄》的主張是否有益世用是其大端，考證是否精密是其小節，眞儒當識其大者，而不必偏執於小者。

　　隨後，清廷開四庫館編修《四庫全書》，四庫館臣在爲《日知錄》所作提要中，卻極力表揚其考據之功，而批評其經世之用。程晉芳雖入四庫館編修《四庫全書》，但很顯然其主張並未得到採納。《日知錄》提要曰：

　　　炎武學有本原，博贍而能通貫，每一事必詳其始末，參以證佐而後筆之於書。故引據浩繁，而牴牾者少，非如楊愼、焦竑諸人偶然涉獵，得一義之異同，知其一而不知其二者。……惟炎武生於明末，喜談經世之務，激於時事，慨然以復古爲志，其說或迂而難行，或憤而過銳。觀所作《音學五書後序》，至謂聖人復起，必舉今日之音而還之淳古，是豈可行之事乎？潘耒作是書序，乃盛稱其經濟，而以考據精詳爲末務，殆非篤論矣。〔註24〕

四庫館臣的這一評價與《四庫全書總目》整體上的學術評價標準一致，即「重考據，輕義理」，也與引導當時逐漸興起的考據學風氣有關。而其直接點名批評潘耒在《日知錄序》中盛讚顧炎武經世之學的做法，也可以看作是清廷對

〔註22〕　（清）程晉芳：《勉行堂詩文集》，黃山書社 2012 年版，第 769 頁。
〔註23〕　（清）程晉芳：《勉行堂詩文集》，黃山書社 2012 年版，第 770 頁。
〔註24〕　（清）永瑢等：《四庫全書總目》，見《景印文淵閣四庫全書》第 3 冊，商務印書館 1983 年版，第 590 頁。

顧炎武代表的明遺民在經世之學的態度，換言之，清廷可以承認明遺民在學術上的成就，而無法肯定其在政治上的主張，甚至否定其欲在政治上有所作爲的想法。

嘉道以降，清廷政治高壓逐漸減弱，加之西方列強逐漸進入中國，經世之學再度興起，學界對顧炎武《日知錄》的評價又重新聚焦到其經世之學上來。黃汝成（1799〜1837，字庸玉，嘉定人）爲之編纂《日知錄集釋》，其敘曰：

> 自明體達用之學不修，俊生巨材，日事纂述，而鴻通瓌異之資，遂率隳敗於詞章訓詁、裒績破碎之中。……崑山顧亭林先生，質敏而學勤，誼醇而節峻，出處貞亮，固已合於大賢。雖遭明末喪亂，遷徙流離，而撰述不廢，先後成書二百餘卷，閎廓奧賾，咸職體要，而智力尤瘁者，此也。其言經史之微文大義、良法善政，務推禮樂德刑之本，以達質文否泰之遷嬗，錯綜其理，會通其旨。至於賦稅、田畝、職官、選舉、錢幣、權量、水利、河渠、漕運、鹽鐵、人材、軍旅，凡關家國之制，皆洞悉其所由盛衰利弊，而慨然著其化裁通變之道，詞尤切至明白。其餘考辨，亦極賅洽。……元、明諸儒，其流失喜空言心性，凡講說經世之事者，則又迂執寡要。先生因時立言，頗綜覈名實，意雖救偏，而議極峻正，直俟諸百世不惑，而使天下曉然於儒術之果可尊信者也。……先生著述閎通，是書理道尤博，學術政治，皆綜隆替，視彼窊言，奚啻瓶智。……先生負經世之志，著資治之書，舉措更張，言尤慨切。〔註25〕

黃汝成也稱讚顧炎武經世之學，《日知錄》兼學術與政治爲一體，屬於「明體達用」的「資治之書」；而對於顧炎武《日知錄》考據成就，僅曰「極賅洽」而已。這就重新將《日知錄》界定爲一部「經世致用」之書。

章學誠《文史通義·答客問中》認爲：「高明者多獨斷之學，沉潛者尙考索之功，天下之學術不能不具此二途。」他把顧炎武歸爲「沉潛者尙考索之功」一路，曾評斷《日知錄》只是「存爲功力，而不可以爲著作」，而把其獨斷之學的一面予以抹殺，這是一種極其簡單粗暴的誤讀與誤判。梁啓超起初亦認爲《日知錄》「本非著作，不過儲著作之資料」，但兩年後，梁啓超又斷定《日知錄》是由作者「精心結撰」而「含有意義」的「一部精製品」：

〔註25〕　《日知錄集釋（外七種）》，上海古籍出版社1985年版，第7〜11頁。

「亭林的《日知錄》，後人多拿來比黃東發的《黃氏日鈔》和王厚齋的《困學紀聞》。從表面上看來，體例像是差不多，細按他的內容，卻有大不同處。東發、厚齋之書，多半是單詞片義的隨手札記；《日知錄》則不然，每一條大率皆合數條或數十條之隨手札記而始能成，非經過一番『長編』工夫，決不能得有定稿。試觀卷九宗室、藩鎮、宦官各條，卷十蘇松二府田賦之重條，卷十一黃金、銀、銅各條，卷十二財用、俸祿、官樹各條，卷二十八押字、邸報、酒禁、賭博各條，卷二十九騎、驛、海師、少林僧兵、徙戎各條，卷三十古今神祠條，卷三十一長城條，則他每撰成一條，事前要多少準備工夫，可以想見。所以每年僅能成十數條即為此。不然，《日知錄》每條短者數字，最長亦不過一二千字，何至旬月才得一條呢？不但此也，《日知錄》各條多相銜接，含有意義。例如卷十三周末風俗、秦紀會稽山刻石、兩漢風俗、正始、宋世風俗、清議、名教、廉恥、流品、重厚、耿介、鄉原之十二條，實前後照應，共明一義，剪裁組織，煞費苦心。其他各卷各條，類此者也不少。所以我覺得，拿閻百詩的《潛丘箚記》和《黃氏日鈔》、《困學紀聞》相比，還有點像；顧亭林的《日知錄》卻與他們都不像。他們的隨手札記，性質屬□原料或粗製品，最多可以比綿紗或紡線；亭林精心結撰的《日知錄》，確是一種精製品，是籌燈底下纖纖女手親織出來的布，亭林作品的價值全在此。後來王伯申的《經傳釋詞》、《經義述聞》，陳蘭甫的《東塾讀書記》，都是模仿這種工作。這種工作，正是科學研究之第一步，無論做何種學問都該用他。」〔註26〕這就近乎是把《日知錄》當作一部「著作」來看待了。這表明梁氏對於《日知錄》性質的認識前後是有變化的，但這種變化不是愈來愈偏離事實，而是越來越切近事實了。周可真教授堅持認為，《日知錄》是顧炎武傾注其平生心力而精心製作的、系統論述其「經術」和「治道」思想的一部理論性著作，只是這部書是出於一個非常時代的一部非常著作，故比起通常的著作來便顯得其比較特殊，它粗看起來活像是一部札記性質的書，對於未加深究抑或由於時代圍限而對之抱有某種成見的人來說，的確是很難把它同一般的著作特別是思想性很強的著作聯繫到一起的。然而，是著作而不像著作，這恰是《日知錄》這部書的獨特之處，也是其奧妙所在。這種似非而是的「怪」現象，乃是由於作者獨出心裁的思想表述方式而造成的，這種讓他人來為自

〔註26〕梁啟超：《中國近三百年學術史》，中國書店據 1936 年中華書局版影印本，第61～62頁。

己代言的思想表述方式，不僅和他的史學方法論思想密不可分，更與其倡導「尊德性」與「道問學」的統一有著內在的關聯。〔註27〕周可眞教授的看法比較接近事實，我們大體贊同。顧炎武既是沉潛者，也是高明者；《日知錄》一書既尙考索之功，亦多獨斷之學。顧炎武既是有學問的思想家，也是有思想的學問家。他有自己獨特的思想表達方式——即集句的方式，大量採擷前人陳言，表達自己的思想。他的形式是傳統的，且是複合型的，他欲集義理、考據、辭章、經世於一爐。獨特的方式與傳統的形式，給後人閱讀理解造成了障礙，引發了種種誤解，這既有別人的原因，他自己也難辭其咎。假如他採用黃宗羲的方式，將《日知錄》改寫成《明夷待訪錄》那種樣式，即分爲《原君》、《原臣》、《原法》、《置相》、《學校》、《取士》、《建都》、《方鎭》、《田制》、《兵制》、《財計》、《胥吏》、《奄宦》等篇目（其實這些內容《日知錄》中也大都討論過，如果以後有機會，我們也想嘗試改編爲《日知錄經世類編》），請問有誰還敢說他不是哲學家？有誰還敢說他不是思想家？現代學問家錢鍾書先生也曾經遭遇類似的尷尬。相傳錢鍾書將《管錐編》送給一位老朋友，這位先生隨手翻閱之後竟然放言錢氏沒有經世思想，錢鍾書不服氣，連忙又寄一套過去，潛臺詞是：「你再好好讀讀！我裏面到底有沒有經世思想！」思想表述的正規方式是先秦子書，札記體的表述難免體裁不尊，容易遭人白眼。

　　顧炎武畢生精力編撰的《日知錄》，雖然因限於時勢，其主張既不能見用於當時，也不能完全適用於後世，但學者對其經世致用的主張則大都是贊同的，這也是後世學者理解這部著作的關鍵點。但由於《日知錄》在形式和內容上又與考據學相關，它在考據學史上也有重要地位，並且深深地影響了整個清代考據學的發展，也是後世將顧炎武界定爲「清代考據學開山之祖」的重要依據。所以，顧炎武的《日知錄》在清代經世學和考據學兩個方面都具有重要的歷史地位。「無公必無清學，有史定有斯人。」這是我們對顧炎武的總評價，也可能是最高評價。

　　從縱向來看，「《周禮》→《通典》→《日知錄》」的鏈條關係向來未見道破，其實三書之間存在高度的內在關聯，一脈相通，息息相關，於此尤其能夠窺探個中三昧。從橫向來看，《日知錄》、《讀通鑑論》、《明夷待訪錄》是同類性質的著作，與《資治通鑑》一樣，皆具資治功能。

〔註27〕周可眞：《顧炎武哲學思想研究・導論》，當代中國出版社1999年版。

縱觀中華古代著作史，筆者擬提出「新九通」說，具體又分爲：「上三通」
——《周易》、《尚書》、《周禮》，「中三通」——《通典》、《資治通鑑》、《文
獻通考》，「下三通」——《日知錄》、《讀通鑑論》、《明夷待訪錄》。「上三通」
屬於經，「中三通」屬於史，「下三通」屬於子。「新九通」是中華古代著作史
上最具代表性的不朽之作。如果增加三部帶有會通性質的著作，如《史記》、
《史通》、《文心雕龍》，可謂之「外二通」，不妨作爲「新九通」的輔佐之作。
於此也可大體窺見《日知錄》在中華文化史上的重要地位。

五、《日知錄》的當代價值

《日知錄》一書的價值，雖然未能如顧炎武原本預期的那樣，在之後達
到「明學術，正人心，撥亂世，以興太平之事」〔註28〕的作用，但它對於當
代社會仍有著極其重要的價值。

（一）學術層面

在學術層面，《日知錄》的價值是不言而喻的。首先，顧炎武撰寫《日知
錄》這一過程本身便對當代學術研究具有重要啓示意義。顧炎武對自己撰寫
《日知錄》，有「採銅於山而鑄錢」的比喻，即重視從原始文獻出發，從中發
掘有用材料進行撰述的行爲，而不是像其他人那樣「買廢銅充鑄」，依據他人
著作中的二手材料，拼湊出新的著作，所以「自別來一載，早夜誦讀，反覆
尋究，僅得十餘條」，〔註29〕於此可見顧炎武撰寫《日知錄》過程之艱辛。顧
炎武對《日知錄》的內容選取也非常苛刻，「或古人先我而有者，則遂削之」，
〔註30〕努力使《日知錄》的內容都是自己獨特思考所得而來，即使是與古人
暗合之處，一旦發現也要淘汰。這與現代學術強調學術創新、學術創造的主
張是一致的，顧炎武在撰寫《日知錄》過程中展現的這種學術精神也正是當
下學者應該繼承和發揚的，對建立完善學術體系、促進學術創新發展具有重
大意義。

其次，顧炎武撰寫《日知錄》過程中所用的學術方法對當代學術研究仍
有借鑒價值。《日知錄》在主旨上雖以經世致用爲主，卻以經史考據爲主要形
式，這也是它被後世學者看作是考據學著作的原因。在《日知錄》中，顧炎

〔註28〕《日知錄集釋（外七種）》，上海古籍出版社1985年版，第27頁。
〔註29〕《日知錄集釋（外七種）》，上海古籍出版社1985年版，第28頁。
〔註30〕《日知錄集釋（外七種）》，上海古籍出版社1985年版，第2625頁。

武對考據學方法的系統運用，爲清代考據學奠定了方法論基礎，而這些考據學方法在當代學術的發展中仍具有重要借鑒價值。如在進行考證時，顧炎武注重對例證的大量搜集，並按時間、類別等安排證據，使考據過程雖引證浩繁而井然有序，也使結論更加具有可信性，《總目》稱讚顧炎武「引據浩繁而牴牾者少，非如楊慎、焦竑諸人偶然涉獵，得一義之異同，知其一而不知其二者」，〔註31〕就是指明了顧炎武考據學與之前考據學的區別。顧炎武這種通過大量例證來進行歸納的考據學方法也成爲清代考據學最主要的方法，以致有不少學者批評清代考據學有過於繁瑣之弊端。但在現代學術研究的實證方面，顧炎武這種講求大量例證進行歸納結論的考據學方法，仍是值得提倡的方法，並不會因爲時代的發展而被淘汰。此外，顧炎武在論證過程中對材料的眞僞、來源等也極爲重視，對於金石碑刻等文獻講求實地目驗，而不人云亦云，也與現代學術的實證精神相一致。而他強調注明引證材料的出處，而不能臆造文獻來證明觀點的做法，也符合當代學術規範的標準。

最後，顧炎武在《日知錄》一書中提出的許多問題仍值得當代學者繼續思考。顧炎武在《日知錄》裏討論了很多問題，有些是前人已經討論過的，顧炎武提出了新觀點；有些是顧炎武提出的問題，並嘗試給出解答，同時也成爲後來學者討論的問題。可以說，《日知錄》是一部具有「問題意識」的著作。雖然隨著時代的發展，現代人面臨的問題和要解決的問題已經發生了改變，但有些根本性的問題仍然存在，顧炎武《日知錄》中的觀點對當代學者的問題思考仍有價值。如《日知錄》「直言」條強調「政教風俗苟非盡善，即許庶人之議」，就是關於個人言論與國家政治之間關係的問題，是對儒家傳統中「天下有道，則庶人不議」這一命題的反思，使之重新具有批判意味，而不再淪爲專制統治者壓制政治言論的工具。

（二）社會層面

在社會層面，《日知錄》中某些價值觀念仍對當代社會仍有指導作用。

第一，天下興亡，匹夫有責。此語出自《日知錄》「正始」條：「保國者，其君其臣，肉食者謀之；保天下者，匹夫之賤，與有責焉耳矣。」顧炎武在這裡區分了普通人對國家與天下，也就是一家一姓的王朝與承載華夏文化的整個中華民族二者之間的責任差異，使人認清了專制王朝的本質，爲中華文

〔註31〕（清）永瑢等編：《四庫全書總目》，見《景印文淵閣四庫全書》第 3 冊，商務印書館 1983 年版，第 590 頁。

化的傳承提供了理論基礎，也必將繼續爲中華優秀傳統文化的復興起到凝聚人心的作用。有人認爲，顧炎武所說的「天下興亡，匹夫有責」實際上只是爲了維護封建道德。這是對《日知錄》的誤讀，沒有理解他所闡述的「亡國」與「亡天下」之辨。他說「易姓改號謂之亡國」，「仁義充塞，而至於率獸食人，人將相食，謂之亡天下」；又說「保國者，其君其臣，肉食者謀之」；而保天下，則是「匹夫之賤，與有責焉耳矣」。從表面上看，顧炎武認爲「亡國」與「亡天下」是兩回事，「保國」與「保天下」也是兩回事；但是，我們千萬不要忽略了以上引文中還有十分重要的一句話，即：「知保天下，然後知保其國。」這句話在顧炎武關於「天下興亡，匹夫有責」的論述中具有關鍵的意義，因爲它深刻闡明了「保天下」與「保國」的關係：「保國」決非與匹夫無關，而匹夫只有意識到「保天下」的重要性，才能更爲自覺地投身「保國」的民族保衛戰爭中去。謀劃如何「保國」固然主要是「肉食者」的責任，但知道了「保天下」的重要性，然後自覺投身「保國」的民族保衛戰爭，則是每一個普通民眾都應承擔的歷史責任。忽略了顧炎武所說的「知保天下，然後知保其國」這句話，就會得出如時下某些學者所說的「顧炎武認爲保國與普通民眾無關」的錯誤結論。我們不能因爲顧炎武把愛國與忠君相聯繫，就說他所提倡的「天下興亡，匹夫有責」只是爲了維護封建道德，因爲這不合乎歷史事實：在當時的歷史條件下，只有漢民族的敗類才「無父無君」，投靠滿清，爲虎作倀。明朝雖然滅亡了，但顧炎武堅信，只要「天下」不亡，即愛國之心不亡，民族氣節不亡，民族的復興就有希望。顧炎武強調「天下興亡，匹夫有責」，正是寄希望於廣大民眾的民族意識的覺醒。〔註32〕中華民族的偉大復興，匹夫有責，每一個中華兒女都責無旁貸。無論是到了最危險的時候，還是到了最輝煌的時刻，我們都要牢記顧炎武的教誨——「天下興亡，匹夫有責」。

第二，**博學於文，行己有恥**。顧炎武要求學者們要做到「博學於文，行己有恥」八個字。「博學於文」是學問上的要求，「行己有恥」是對學者人格的要求；但二者是有密切的內在聯繫的：「博學於文」要求「行己有恥」，一個熱衷於追求功名利祿，因而不可能做到「行己有恥」的人，是根本不可能做到「博學於文」，即在學術研究上作出實實在在的貢獻的；只有能夠耐得住寂寞，能夠以堅強的意志抵禦住各種外在的誘惑，把世俗所歆慕追求的一切

<hr>

〔註32〕許蘇民：《顧炎武評傳》，南京大學出版社2006年版，第435～441頁。

看得無足輕重，方能做到「行己有恥」，亦方能做到「博學於文」。這正體現著他所提倡的樸學學風與人格塑造的內在一致性。〔註33〕當今學者已經陷入功名利祿的魔咒之中，為完成各種指標、爭取各種名號而浮沉，既做不到「博學於文」，更做不到「行己有恥」。絕大多數的人圍繞學術 GDP 的指揮棒轉，爭取各種學術資源，跑項目，發論文，炮製學術垃圾，製造量化指標。學者早已喪失人格尊嚴，也失去了話語權。古人云：「事能知足心常泰，人到無求品自高。」現在的學界浮躁至極，學術權貴貪得無厭，永不知足，後進之士也盲目躁進，力爭上游，置人格於不顧，跑場子，拉關係，求上進，不亦樂乎。在我們看來，「博學於文，行己有恥」八個字正是解除魔咒的秘訣。

　　第三，端正人心，移風易俗。顧炎武認為，法制「本在正人心，厚風俗」。明朝後期政治黑暗，當朝大臣許國如是說：「大臣之義，在定國是，今黑白混淆，紀綱紊亂，國是如此，而臣不能定，一宜去。大臣之義，在正人心，今流言廣布，讒說肆行，人心如此，而臣不能正，二宜去。大臣之義，在保安善類，今用一人，朝賢暮佞，持一議，甲是乙非，大臣數見詆排，老成皆無固志，善類如此，而臣不能保安，三宜去。」顧炎武也目睹晚明法制之弊端，秦法密於凝脂，「法禁之多，乃所以為趣亡之具」，對症下藥，他想以簡馭繁，回到儒家，儒法並用，立法以救法是治標不治本，治本必須從正人心做起，「導之以德，齊之以禮」，從而達到移風易俗的目的。這也可以說是顧炎武的著述宗旨。顧炎武不是一個純粹的儒家，而是一個以儒家思想為主體，同時採擷百家菁華的雜家。並世大儒湯斌《蘇州府儒學碑記》亦云：「國家興治化在正人心，而正人心在崇經術。」可謂英雄所見略同。陶孟和《孟和文存·新青年之新道德》亦云：「吾人苟有所不滿於今之社會，移風易俗，化弊為良，其責任端在吾人之身。吾人之行為舉動，凡有影響於吾以外之人者，莫非多少有移化社會之勢力，故必慎必戒，謹恪將事，以期無負人，無害社會，然後更進而抉社會之弊害，除社會之積毒。」官方曾經倡導「徹底打破舊世界」，和傳統「決裂」以創造一個「新世界」，而當這個「新世界」的理想變得虛幻，出現了「三信（信心、信仰、信任）危機」。〔註34〕當今復興中華文化，也應當從正人心做起，凝聚人心，進而恢復文化自信與民族自豪感。

〔註33〕許蘇民：《顧炎武評傳》，南京大學出版社 2006 年版，第 422 頁。
〔註34〕何懷宏：《新綱常——探討中國社會的道德根基》，四川人民出版社 2013 年版，第 5 頁。

此外,《日知錄》中還集中論述了歷代風俗的演變,即中國古代社會道德風氣的變化,認爲「天下無不可變之風俗」,所以在現實政治生活中,應該時刻以人心風俗爲重,不能爲了眼前利益而敗壞社會風氣,而使風俗日漸沉淪。又如《日知錄》「國史秘書」條中通過考察歷代官方對宮廷檔案、藏書的不同態度,探究古今學術之興衰,批評明代「密於禁史而疏於作人,工於藏書而拙於敷教」的愚民政策,這對「信息大爆炸」時代國家處理保障信息公開與維護社會穩定之間的關係方面有一定的指導作用。

毋庸諱言,顧炎武有超乎尋常的批評意識,他對八股文的批評有其合理性,但否定過了頭,沒有掌握好「度」。眞理向前跨出一小步就變成了謬論。《日知錄》中有很多似是而非的觀點,與顧炎武的否定性思維方式有關。現代學術強調價值中立,而顧炎武身處神州陸沉之際,義憤填膺,無法做到價值中立,他的許多觀點往往氣衝斗牛,雖傳誦一時,轟動當代,但並非萬世之至論。

六、《日知錄》的主要傳世版本

現在《日知錄》的傳世版本主要有四個系統,分別如下:

(一) 符山堂刻本

符山堂刻本乃顧炎武生前所刻,共八卷,康熙九年刊刻,是《日知錄》的最早刻本。當時流傳較廣,而後世則流傳較少,學界一度以爲該本或已亡佚。晚清時,繆荃孫曾藏此書,後歸傅增湘。民國時,鄧之誠又藏有八卷本稿本,而未見刻本,其《桑園讀書記》載:「《日知錄》八卷稿本,其一卷《易》、《書》、《詩》,二卷《春秋》,三卷《論》、《孟》,四至七卷《考史》,八卷《地理》。……按《日知錄》八卷本,刻於康熙九年。昔年繆筱珊有其書,後歸傅增湘,予屢從傅借閱不得。據全祖望《經史問答》五,謂初刻《日知錄》有『七七本於《易》七日來復』一條。今此本附於『三年之喪』條,云:……末十四字塗去。八卷末『勞山』條,後附有《與李煥章辨地理書》,今《日知錄》不載,別刻入《譎觚》。今未見初刻本,不知與此本異同何若。」〔註35〕此後,潘景鄭又於書肆購得一刻本,後由上海古籍出版社於 1985 年影印出版,收入《日知錄集釋(外七種)》中,書前有潘氏識語。〔註36〕

〔註35〕鄧之誠:《桑園讀書記》,遼寧教育出版社 1998 年版,第 93〜94 頁。
〔註36〕《日知錄集釋(外七種)》,第 2621〜2622 頁。

（二）遂初堂刻本

遂初堂刻本是在顧炎武死後，於康熙三十四年由其弟子潘耒所刻，共三十二卷。這是在清中期比較流行的一個版本系統，乾隆年間曾多次重刊，四庫館編修《四庫全書》，其中所收《日知錄》即據此版本而來；阮元編修《皇清經解》，其中所收《日知錄》即據此本而來，而有所刪節，非全本。今人所編《清代學術筆記叢刊》（學苑出版社 2005 年版）所收《日知錄》即康熙三十四年遂初堂初刻本。

（三）黃氏集釋本

黃氏集釋本即黃汝成所編《日知錄集釋》三十二卷，初刊於道光初年，至道光十四年黃汝成又重刊訂爲定本（西溪草廬重刊定本），潘景鄭論道光初刻本曰：「是本與道光十四年復位本頗有出入，初刻《集釋》較略，如卷二『三江』條下，復位本增釋一頁，初刻無之。諸如此類甚多。」〔註37〕此後，《日知錄集釋》道光十四年復位本成爲《日知錄》最通行的版本，同治七年漢陽朝宗書室活字本、同治八年廣州述古堂重刻本、光緒十二年上海點石齋印書局石印本、光緒十三年上海同文書局石印本、民國元年武漢湖北官書處刻本、光緒及民國間上海錦章圖書局石印本、1928 及 1945 年上海掃葉山房石印本、1928 及 1936 上海中華書局石印本等，都是黃氏集釋本的重刊本。《日知錄集釋（外七種）》所收即道光十四年西溪草廬重刊定本，陳垣《日知錄校注》也是據黃氏集釋本批校而來，秦克誠、欒保群等人整理的也是黃氏集釋本。

（四）雍正原抄本

在以上三種刻本系統之外，又有一種雍正間抄本，民國間由張繼所得。黃侃曾據此撰《日知錄校記》，黃侃序曰：「滄縣張繼溥泉以所得舊抄本《日知錄》卷示，其題簽云『何義門批校精抄本』，書前有光熙、李慎、欠翠堂、殷樹柏諸家印跡，書中有朱筆、藍筆評校，書法頗拙，改字又多不當，評語時傷庸陋，必非何焯所爲。抄者避清諱至『胤』字而止，蓋雍正時人也。以黃汝成《集釋》及《刊誤》與抄本對校，則《刊誤》所云『原寫本作某』者，抄本類與之同。《集釋》中據原本及引沈彤校本補潘耒刻本者，抄本亦多完具。知抄本實自原本移寫，良可寶也。」〔註38〕此本後經徐文珊點校出版，題《原

〔註37〕潘景鄭：《日知錄版本考略》，《日知錄集釋（外七種）》，第 3446 頁。
〔註38〕黃侃：《日知錄校記序》，《日知錄集釋（外七種）》，第 3357～3358 頁。

抄本顧亭林日知錄》，有臺灣明倫出版社 1958 年版、平平出版社 1974 年版、文史哲出版社 1979 年版等。張京華《日知錄校釋》（嶽麓書社 2011 年版）即據徐文珊點校本爲底本整理而成，也屬於雍正原抄本系統。

關於《日知錄》文字校勘的著作有：黃汝成《日知錄刊誤》二卷、《續刊誤》二卷，李遇孫《日知錄續補正》三卷，丁晏《日知錄校正》一卷，俞樾《日知錄小箋》一卷，黃侃《日知錄校記》二卷，潘景鄭《日知錄補校》一卷，均已收入《日知錄集釋（外七種）》中，可以參考。

〔附錄〕有關《日知錄》題跋

陳先行、郭立暄編著的《上海圖書館善本題跋輯錄》（上海辭書出版社 2017 年版）收入有關《日知錄》題跋四則，前所未見，特爲錄出，以饗顧學之友。

日知錄八卷誦觚十事一卷　清顧炎武撰　清康熙九年自刻本　潘承弼跋（797107—8）

丁丑歲，余從事《日知錄補校》之業，羅致各本，勘其同異，求得符山堂原刻八卷之本，迄未一覯。旋讀傅氏《雙鑒樓藏書續記》著錄是本，云得自藝風散笈。擬乞藏園甌借，逡巡未果。國難驟作，移家滬上，笈中藏本，半付劫灰。丹黃舊夢，益不遑重理及之。滄桑迭更，大地重光，余復傭書來滬，賡理舊業。文學山房主人江君過滬，攜斯帙求售，爲之狂喜，廿年夢縈，一旦欣遇，翰墨因緣，又豈偶然哉！江君索值三十元，即如數付之。阮囊羞澀，室人交謫，不遑問矣。是書內容與後刻本異同誠如藏園所舉。惜卷八缺去首葉，致《九州》條下佚文，未窺全豹。所附《誦觚十事》，與今本間有出入。固知前賢功業無止境，隨得隨削，不護前失，尤足爲師法也。按：先生自序云「上章合茂之歲，刻此八卷。歷今六七年，老而益進，始悔向日學之不博，見之不卓，其中疏漏，往往而有，而其書已行於世不可掩。漸次增改，得二十餘卷，欲更刻之，而猶未敢自以爲定，故先以舊本質之同志」云云，據是則當日傳佈未必少，又何意三百年後，乃如景星慶雲，不獲一見乎？余服膺斯書逾二十年，幸遇合之有緣，開函莊誦，不禁爲之心開目朗焉。率書數語，以誌快事。一九五五年九月六日，潘景鄭識於滬上承裕邨寓廬。（第409頁）

日知錄三十二卷　清顧炎武撰　清乾隆五十八年刻本　清錢泰吉跋並過
錄清李富孫跋

〔過錄〕《日知錄》三十二卷，《三通》之精華也。從祖敬堂老人嘗出是
《錄》以示富孫曰：「熟此書，學術、經濟、文章具焉。蓋其於經史典禮無不
稽考詳覈，闡發精微，而其規畫時事、國計、民生，洞悉利弊，上下古今，
實能鑿鑿乎言其得失善敗之故。後有作者起而行之，直可追三代之盛治，豈
漢唐以下云乎哉？」吾里徐敬齋云：「《日知錄》一書，內聖外王之學，撫世
宰物，措之裕如，雖洪容齋《隨筆》、王伯厚《紀聞》皆不及也。」然即先生
當日亦自信其書必可用於世，有與人書云：「上篇經術，中篇治道，下篇博聞，
後王復起，當見諸施行也。」則是《錄》洵非一世之書矣。此本即依老人所
評點，且以先生所詒先微士公元刻張力臣弨所寫先微士懷先生詩「昨者《日
知錄》，寄我楚南峰」是也。勘其異同，分別標記，誠爲善本。富孫復讀數過，
稍窺崖略，間有訛字不合者輒請正之。後見金山汪君今韓有何義門學士勘本，
讎校頗精，因與轉假，一一校改，自此烏焉亥豕可差免矣。異日倘能熟復此
書，貫串通達，則體用兼賅，庶於讀書有成焉，因書之以自勉云。

右李香子明經跋，文在《校經廎文稿》卷十八。道光己酉，嗣君蒼雨見
贈遺集，得讀此跋，因從蒼雨借本，令炳森錄之。明經讀此書，自乾隆丙午
至嘉慶乙丑，閱二十年，凡七過，卷末標識歲月可見者如此。晚年與余相見，
談及《困學紀聞》及此書，必言其從祖敬堂老人所教若何，余蓋屢聞其緒論
云。前輩讀書謹守師傅，終身不倦，後學所當取法也。咸豐元年二月，炳森
重裝此冊，將攜之京師，因錄明經跋語而識於後。甘泉鄉人識於海昌學舍。

客夏獲讀吾師甘泉先生《深廬寱言》，知所藏《日知錄》有李敬堂太僕評
點本，爲其長君芝舫孝廉手錄者。孝廉時留都下，是書攜之行篋，欲從之假
錄未能也。今年四月，孝廉還至海昌，握手之餘，輒詢仁壽收藏舊籍幾何，
遂出是本假焉。會他事作輟，自夏徂秋，未遑卒業，冬仲始錄畢歸之。既以
因循悠忽深負先生期勉意，抑念孝廉於秋暮已作古人，循覽此帙，手筆宛然，
益不禁心怦怦動云。咸豐甲寅十一月，海昌唐仁壽識。

《日知錄》近有嘉定黃氏汝成《集釋》，所採自潘稼堂至左春谷凡九十餘
家之說，條比其下，異同賅備。後有《刊誤》二卷、《續刊誤》二卷，正訛補
脫不下千餘條。仁壽過錄是本之次，取以對勘，《朱子晚年定論》條後，《集
釋》本補《李贄》二條、《鍾惺》二條，是本卻未補；《內典》第一條、《心學》

第一條，是本並據元刻各補數十字，《集釋》本則無之；《朱子周易本義》第一條「爲費直、鄭元、王弼所亂」，是本據元刻乙去「鄭元」二字，《集釋》本則有之。香子明經跋稱亭林先生所詒秋錦徵士元刻本，惜不得一借核之。仁壽又識。

日知錄校記一卷 黃侃撰 民國二十二年國立中央大學文學 院排印本 陳世宜跋

清初文字之獄，殃及古書，「胡」「虜」諸字，多加竄改，甚至姜白石詞之「見說胡兒」竟改「吳兒」。改不可了，則次耕家攖奇禍，不敢不依世俗所爲，亦大可閔矣。抄本《日知錄》本相僅存，彌足珍貴，其刻本所芟之字句，具見亭林箸書之旨。黃君爲此校記，闡幽發微，尤有功顧氏也。《胡服》一條，關係夷夏之防尤鉅。今日何日，胡冠胡服，淆然雜陳，並日用所需，亦非我有，伊川之感，百倍於昔，讀竟爲之泫然。民國第一癸酉九月二十三日，命芸兒購歸，即夕閱畢並記。匿石。

《素夷狄行乎夷狄》一條，顧氏慨乎言之，不堪令清初貳臣讀，宜刻本有錄無書也。今之在白山黑水間作臣僕者如見此文，亦顙泚顏赬否？又記。（第409～411頁）

黃侃經學論

一、黃侃的經學成就

　　黃侃畢生研習小學，堪稱專門。但他對於經學根底不深，1919 年才拜劉師培爲師，沒有幾個月，劉就去世了。黃侃本人此後雖然也溫習經學，但沒有升堂入室，仍然停留在章句之學的淺層次上，死守漢唐舊疏，對經學義理闡發得甚少。黃侃畢竟只是一個經生，還沒有成爲經學家。「章句小儒，破碎大道」，黃侃亦不能辭其咎。下面我們還是按照五經順序略加梳理。

（一）黃侃的《周易》研習

1912 年，病中讀王輔嗣《易略例》有作：

　　　　貞觀實諠已，樂道可忘年。伊人聖哲姿，妙齡撢太玄。神解會眾理，何爲絕韋編？兼資費馬術，遠過虞鄭賢。貞一有宗主，通變無拘牽。象類既以昭，情僞徒紛然。惜哉殆庶才，降年夭顏淵。天壽信不貳，彭殤豈相懸？外物固難必，積善宜無愆。自愧寡昧資，立志苦不堅。晚學迷徑路，窮居迫憂煎。寸陰苟可留，要道庶能研。悲來思復陽，抑慮觀前篇。

黃侃日記中溫習《周易》的條目不多，主要有：

　　　　1922 年 1 月 10 日：（所）〔取〕《易》王《注》、孔《疏》與李道平氏（字遠山，德安安陸人）《周易集解纂疏》互看，並得王《注》鈔於書眉。李書因惠〔棟〕、張〔惠言〕而成，已言於例中，雖疏中不細爲櫽括，亦不疑於剿襲也。惟引書不辨雜僞，又好爲駢語

華詞，是其一累。至不達《注》意而失《疏》，亦間有之。要之，吾鄉治漢《易》者，未有能過李君者也（長沙有刻本，則爲一湖南人肆意改竄矣）。李著作書，雖云「刊輔嗣之野文」，然又云其《略例》得失相參，故仍附經末（今《集解》本不載《略例》）。然則，注本於例，亦當得失相參，而著作取之過略，何也？王行來已久〔註1〕，其注《易》，誠爲過遺象數，並卦變、互卦而亦廢之（卦變尚未能盡廢，見昨記）。又好雜老、莊，好推論人事，此是可議。然其學本出馬融、劉表，非由杜撰。虞、荀並引老聃（鄭注《禮運》已引《老子》），令升泛傅往籍，既皆無戾，何以責王？故余全錄其文，以備參驗，非謂輔嗣必可專信，亦豈不勝於侯果、崔憬之爲乎？

1922 年 1 月 13 曰：夜，翻王伯厚輯《周易鄭注》，序稱輔嗣注《睽》六二曰：「始雖授困，終獲剛助。」《睽》自動至五成《困》，此用互體也。案：弼襲前儒之說至多，不必定須言互體。至王氏此條則甚誤。《睽》六二無此注，而九三有其文，一誤也。原文作「受困」，以釋經之「無動」，非作「授」，而以爲互《困》，二誤也。初自二至五有《節》象，非《困》象；即云《困》象，亦不可云互體，三誤也。率然信用以譏輔嗣，則誤而又誤矣。

夜校《易》，更佐以孫、袁二書，訖《蒙·象傳》。孫書至便翻尋，惜多錯訛，又《正義》所引前世疏家褚氏、莊氏、張氏之倫，並從搴採。然則，何不並載孔《疏》也（李著作書，則王、孔並在，所採故無可議）。

1922 年 4 月 13 曰：於案上翻思賢講舍復位李遵王《周易集解纂疏》王先謙、陳寶彝〔註2〕序。余以爲遵王書自必傳。寶彝必以

〔註1〕江蘇教育本有程千帆案語：「來字疑誤。」今按：「行來」成詞，不誤。

〔註2〕陳寶彝，待考。關於《纂疏》之失，黃壽祺先生云：「《纂疏》未善處，陳氏（陳寶彝）條舉五事：曰擅改古書；曰勦所發明，復窮佐證；曰援引多誤；曰襲諸家之說以爲己見；曰用漢儒《易》義以釋王韓孔三家之說。其言皆切中李氏之弊。」《纂疏》未善處，非止如陳氏所指，其間疏義不了不協者亦尚多。如《乾》象『大明終始』，荀爽注：『乾起坎而終於離，坤起於離而終於坎，離坎者，乾坤之家，而陰陽之府。』案：此乃以十二月消息卦方位言之，消息乾起於坎方，而終於離方，坤起於離方，而終於坎方，故曰『坎離者乾坤之家而陰陽之府』。……而《疏》乃謂『坎本乾之氣，故乾起於坎之一陽，而終於離之

爲有疵纇，不妨別作糾繆，無勞因僛筆削，使李書失其本眞。實彝
事類操戈，名偏附驥，殊可忿也！至王君譏遵王不應以漢學解《兼
義》，不悟王、韓、孔固有陰用舊說者。遵王特爲疏通證明之，使人
知王學與僞圖臆說畢竟有別。良工心苦，王君非之，何乎？〔註3〕

　　1928 年 1 月 23 日：閲《易集解・困卦》，悟「迭困」之義。

　　1928 年 11 月 23 日：始寫《易經》。

　　1928 年 12 月 4 日：抄《易經》記卷一。恭讀先著《學易淺說
代問錄》。

　　1929 年 1 月 9 日：更定課：日讀《周易注疏》兩卷，讀《集解
纂疏》、孫氏《集解》，先公《易注》皆隨《注疏》爲程。

　　1935 年 7 月 30 日：臥看《周易經疑》〔註4〕。

　　根據上述材料，可見，我們很難判斷黃侃在《周易》方面的深淺程度。
易學文獻浩如煙海，多達三千種以上，而黃侃閱讀的極爲有限，僅寥寥數種，
難以顯示其功力。要之，他比較重視家學與鄉學，但尚未形成一己之見。

（二）黃侃的《尚書》研究

黃侃對《尚書》下過較多的苦功：

　　1922 年 1 月 26 日：令華兒借得《尚書孔傳參正》（凡卅六卷，
光緒卅年盧受堂刊）六冊來。閲《尚書孔傳參正》序目，自《史》、
《漢》、《論衡》、《白虎通》諸書，迄於熹平石經，可以揮發三家經
文者，採獲略備；兼輯馬、鄭傳注，旁征諸家義訓，間下己意，仍
用《僞孔古文經傳》元文（此最得法，與孫星衍之《周易集解》錄
王《注》同意）。末署甲辰八月，蓋益吾晚年之書。其書左袒今文，
又謂今文有序，又注中好定某者爲今文，某者爲古文，多不足據，

二陽；離本坤之氣，故坤起於離之一陰，而終於坎之二陰；乾寓坎中，坤寓離
中。』不實指消息卦方位，而徒以一陰二陰、一陽二陽爲說，義殊未了。……
若此之屬，皆襲舊說，而未能有所匡正。」迄今爲止，此書仍是學者入門漢易
乃至研習易學之鎖鑰。正如王先謙所言：「後之究心漢易者，其必以是編爲先
路之導。」爲《纂疏》之價值所在。潘雨廷亦云：「準其例以讀其注，確可迎
刃而解，故循此以讀《周易集解》，殊多便利。」
〔註3〕此段日記載《華國月刊》1924 第 2 卷第 5 期。
〔註4〕《周易經疑》，元涂溍生撰。溍生字自昭，宜黃人。邃於《易》，三上春官不第，
爲贛州濂溪書院山長。著有《四書斷疑》、《易義矜式》行世。《周易經疑》收
入《宛委別藏》、《續修四庫全書》。

蓋輯段、孫、江、王、陳諸家之說以成。益吾平生著作，皆是此類（引皮鹿門說甚多，皮固稱今文家者）。

1922 年 1 月 27 日：王書不唯強分今古，史公一人之說，忽今之、忽古之。此一蔽也。孔傳雖似王子雍所爲，而經文訓故必不敢爲大傀異，以啓世之疑，故今日考此經於古今文俱無徵、無說者，毋寧即用孔傳。乃不悟此，而用後人之說（如月正、元日、食哉、惟時、惠疇，皆別採清人之說）。豈王肅反不如後世無師之流乎？此二蔽也。又執單文而譏孔傳。以《說文》引「時惟懋哉」，而云孔用今文（《史記》亦非今文，王說殊固）……不知書籍流傳，自多岐互，何淺人之不憚煩而屢改古籍耶？此清世校勘家之大失也，王亦同之，三蔽也。若夫校勘不精，其責不在著者……此種書徒以繁稱博引嚇儉陋之夫，以榮今虐古，閉樸學之喙，則亦毋庸深贊矣。

1922 年 1 月 29 日：《尚書》曰：「毋曠庶官。」曠，空；庶，眾也。毋空庶官，眞非其人，與空無異，故言空也。閱《書》，訖《皋陶謨》。

1922 年 2 月 4 日：前儒有謂《古文尚書孔傳》出王肅，實有不盡然者。如前舉日月星辰孔義，及粉米黼黻孔義，皆不同王肅矣。《禹貢》：「徐州厥土赤埴墳。」孔曰：「土黏曰埴。」而王同鄭作戠，同讀爲熾（見《釋文》）。此傳不盡同王之明證，而皮錫瑞乃云孔《傳》多襲今文，由王肅兼通今文，惟此則不可解。疑皇甫謐輩又間有竄亂，或肅故爲參差。侃以爲疑事無質。孔《傳》雖僞，毋爲蔽罪子雍。……僅治《尚書》，已達丁夜。駑胎之姿〔註5〕，復避驅策，何年克達所屆耶？

1928 年 6 月 15 日：翻皮錫瑞《今文尚書考證》，頗有臆說，未爲良書也。

1928 年 10 月 6 日：點《魏文》二十三、四卷（王子雍文，不似僞造《尚書》手筆）。

〔註 5〕程千帆案：「胎當爲駘。」今按：「駑駘」即下乘劣馬，與「壯馬」相對。而「駑胎」亦見於載籍，如元劉因《靜修集》卷二《和雜詩》：「日食百馬芻，足有萬里塵。乃知一駿骨，可百駑胎身。」

黃侃認爲：「《書經》最難解釋。」他多次爲學生講授《尙書》。其《講尙書條例》曰：

今《尙書》，除二十八篇外，皆僞書，已無待論。然亦出自魏人；故就文、義而論，仍有可取。且其採摭豐富，語有根依，精理雅言，在在皆是。故今之講授，仍兼僞書。

《尙書》師說，至今皆殘闕不完，惟有孔《傳》獨在。孔《傳》僞託之人，或云王肅；假使眞出於肅，肅善賈、馬之學，其說必本於賈、馬者多。且作僞必有據。無據而作僞者，其書定僞，如明人之《子貢詩傳》、《古三墳》、《天祿閣外史》之流是也。有所傍而作僞者，其僞中勢必雜眞；以非此不足以欺世故也。今謂僞《書》自不可據，而僞《傳》則過半可從；與其信後人臆說，何如僞《傳》尙爲近古乎？今講授以僞《傳》爲主，參稽他說，定其從違。

《尙書》有今、古文之分，而甚膠葛難憭。今文無序，獨古文有之，古文說即從此出：而世之崇今文者，乃稱今文有序，並駁古文《書序》。此宜理董者，一也。史公從孔安國問故；遷書所載《堯典》諸篇，多古文說，此見於《儒林傳》者。然《史記》之說，實不盡同古文，而或者遂謂《史記》皆今文。此宜別白者，二也。鄭注《古文尙書》，號爲古文，而每用今文說；又今文自有說，鄭又廢之：以是考其依據，頗爲不易。此宜分析者，三也。王肅爲好駁鄭之人，而所操之術，則與鄭類；故常有陰主今文以駁鄭者；然孔《傳》亦不純爲古文。此宜核實者，四也。至如文字訓故，小有異同，既於大義無傷，不足齗齗爭說。

古人詞言之情，自與今異。觀《史記》以訓詁代經字，王莽《大誥》準的周《書》，驟讀之，往往有不詞者；豈漢世之儒獨不語文律哉？亦以古人之文非可以後世文法求之。且今釋經文專用魏以前舊說：語詞句度固自有例可尋，不必以後儒之說剖休文句也。說經分例，大抵可析爲事、制、文、義四端。今之所急，惟在文、義；至於事、制，詳言之，若文王之稱王，周公之攝政，《禹貢》山川，《洪範》災咎，一爲覼縷，更僕難終；止可粗誦師說，略表異同而已。

治《尙書》，可以三意求之：一、求其文字，以考四代之文章；二、求其義理，以考舜以來、孔子未生以前倫紀性道之說；三、求

其事制，以爲治古史之資糧。則二十八篇爲用弘矣。神州故籍唯此
最先，懷古之儒曷可不於此留意也？

他主張「求其文字，以考四代之文章；求其義理，以考舜以來、孔子未生以
前倫紀性道之說；求其事制，以爲治古史之資糧」，這是他研究《尙書》的經
驗之談，值得重視。

1930 年 10 月 6 日，黃侃從佚文角度論《古文尙書》：

> 《古文五子之歌》：「覆宗絕祀。」而張超《誚青衣賦》云：「有
> 夏取仍，覆宗絕祀。」豈四字本逸篇語如鄭志引《周官》之流耶（四
> 字他無所見）？又《胤征》：「玉石俱焚。」陳琳、鍾會兩有玉石俱
> 碎之文，未知出何古籍（劉琨、袁宏用古文）。威克厥愛二語，與《左
> 傳》吳公子光語同意。王氏謂《左傳》乃臨敵制勝之詞，非如僞《尚
> 書》所云。殆忘其書有承命徂徵之文矣。

同日，又撰《禹貢地名賾隱表》。後記云：「右表隨手編次，暇日當遍檢
《禹貢》、《漢志》、《水經注》諸家考訂之書，詳正之。」後來興趣轉移，也
就不了了之。

1930 年 10 月 12 日，黃侃與潘重規、黃念容書，論《古文尙書》作僞者
迄不能確定，函云：

> 長夏一心讀史，遂無餘暇……昨得甥書詢孔氏尚書源序，此書
> 作僞，迄不能定其爲誰，似言出於鄭沖者近之。近覽《武成》篇題
> 下疏，知昔儒非不疑古文之僞，特不敢訟言耳。〔註6〕

章太炎將《尙書》作僞者定爲鄭沖，1925 年 4 月 4 日《與吳承仕論尙書古今
文書》云：「昨覆書以僞古文爲鄭沖所作，似可決定。」其說詳見《華國月刊》
第二期第七冊。黃侃所謂「似言出於鄭沖者近之」，對於章說有所保留，並非
完全接受。

（三）黃侃的《詩經》研究

黃侃認爲：「《詩經》最難句讀。」他從小就熟讀《詩經》，後來多次講授
《詩經》，日記中涉及《詩經》的地方甚夥，例如：

> 1927 年 12 月 7 日：講《毛詩》，以牟廷相《詩切》中諸妄說錄
> 示學士，俾知今日新學小生率臆說經之不足爲奇，祇足爲戒。

〔註6〕《量守廬遺墨》。

1935 年 2 月 15 日，黃席群、閔孝吉記《量守廬請業記》，他由《詩經》談起，遍及治群經之法：

　　《毛詩》分經、傳、箋、疏四種。若單就本文任意解說，可人持一說，人生一意。如近人（指王國維——引者注）以「寢廟」爲「寢室」，是執今意以解古人之文字，未有不荒謬絕倫，令人噴飯者。詩所以可以言，蓋在立言有法，非任性言之也。毛《傳》之價值，的等於《左傳》、《公羊傳》。夾衣不可無裏，則經不可無傳也明矣。鄭《箋》亦不易明，有看似易知，而實不易知者。注之妙用，在不肯放過一字、放過一事；雖有紕謬，亦必究其致謬之原。陳碩甫《毛詩傳疏》，專用西漢之說，不主鄭《箋》，極謬！譬之猶講唐詩而薄宋詩，可乎？至若今古文雖同時，卻不可通，故治經必須篤守師說，雖文義了然，若無師說，亦必謬誤。先之以訓詁，繼之以文義，文義既清，而後比較其說，觀其會通。讀注疏，非貫通全疏，不能了然。北方學者不讀全經（見《日知錄》），故紀曉嵐講《穀梁》，致誤爲西漢人所作，蓋宗東原之說，以《公羊傳》比較而來，不知《穀梁》本係穀梁赤所自爲，范《注》已明言之。如董仲舒所講《公羊》，則得諸口授，未有傳書。紀氏又謂：至公觀魚於棠一條、葬桓王一條、杞伯來逆叔姬之喪以歸一條、曹伯盧卒於師一條、天王殺其弟佞夫一條，皆冠以「傳曰」字，惟《桓王》一條與《左傳》合，餘皆不知所引何傳。疑寧（按即范寧）以傳附經之時，每條皆冠以「傳曰」字，如鄭玄、王弼之《易》，有「象曰」、「象曰」之例，後傳寫者刪之。此五條其削除未盡者也。（見《四庫全書總目》卷廿六）不知凡「傳曰」皆穀梁赤自傳之辭，其說見隱公八年注，隱公只看九年之注，而未上及八年，乃成此謬。可知讀注疏不貫全文，不能發其蘊積也。

黃侃注意推求詩經義例，寫有專文，分析細緻入微，頗有功於斯學。後來黃焯「接著說」，更加完備周密。

1931 年 5 月 30 日，黃侃以詩經作爲古音學的研究材料，作《詩音上作平證》，次日脫稿。該文以《詩經》韻腳平上相押證明古無上聲。黃侃主張「古音兩聲說」，他在《聲韻略說》中說：「古有平入而已，其後而有上去。」此說源自段玉裁，段氏認爲：「古平與上一類，去與入一類。上與平，一也；

去與入，一也。上聲備於三百篇，去聲備於魏晉。」段氏認為《詩經》時代已有上聲，黃侃進而認為《詩經》時代就不存在上聲。《詩音上作平證》一文，實為其「古音兩聲說」的注腳。黃氏「古音兩聲說」，今人信從的比較少。

（四）黃侃的禮學研究

黃侃曾經論證《周禮》為周公手定，孔子復親見《周禮》：

> 《國語‧魯語》仲尼曰：「先王制土，籍田以力，而砥其遠邇，賦里以人，而量其有無，任力以夫，而議老幼。下云若子季孫，欲其法也，則有周公之籍矣。」案籍田以力，砥其遠邇，賦里以人，量其有無，與冢宰司會九賦及載師任地之法同符，任力以夫，議其老幼，與冢宰九職大府內府司會九功閭氏任民之法及卿大夫徵民之法同符。下文明云周公之籍，是仲尼以此諸法，制自周公，此一事也。又《左傳》哀公十一年季孫欲以田賦，使冉有訪諸仲尼。仲尼曰：「且子季孫，若欲行而法，則有周公之典在。」據此則《國語》所謂周公之籍，即周公之典，典籍一也，此周公之典，即《周禮》矣。〔註7〕

1931年7月20日，黃侃校《禮學略說》一通，以快信寄王獻唐。函云：

> ……以資鈍學遲，未敢言著述。《說文》、《爾雅》書眉間有批語，尚不能緝成一書。茲將《禮學略說》近稿呈覽……近日學風益趨新奇，侃之所為猶是學究舊法，世必笑之，或不見非於雅德君子耳。
> 〔註8〕

潘重規曾經闡發其經學要術：

> 侃經學著述雖未完成，而《禮學略說》中於治學方法則昭示無遺，其言曰：「治禮次第，竊謂當以辨字讀、析章句為先務；次則審名義，次則求條例，次則括綱要，庶幾於力鮮，於思寡，省竹帛之浮辭，免煩瑣之非誚。」此言兼苞治一切學術之通則也。至於禮學尤詭難治，由於古書殘缺、古制茫昧、古文簡奧、異說紛紜四事，故治禮經必嚴辨明文師說之異同，以判斷經義、事制之是非。其言

〔註7〕范文瀾：《范文瀾全集》第1卷，河北教育出版社，2002年，第140頁。
〔註8〕此書照片亦為殷孟倫所提供，刊於《中國歷史文獻研究集刊》第三集卷首，題為《黃季剛先生遺札之二》。

曰：「夫禮學奧博，益以四事，彌覺研核之難，此所以有講誦師言，至於百萬猶有不解也。說禮所據，有明文，有師說。明文者，禮之本經，則《周禮》、《儀禮》是也。師說有先後，先師說非無失違，後師說非無審諟，要其序不可亂也。固知師說短長，斷以經義；經義差牾，出以彌縫；師說紛歧，考其證左。」此乃治經之通法，非獨治禮爲然。則又兼苞治一切經義之要術也。

1930 年，黃侃在中央大學講《三禮通論》。錢玄曾經向他請教三禮之學，後述其要旨曰：

> 一九三○年，玄肄業於南京中央大學，得聆蘄春黃先生講《三禮通論》。先生提綱挈領，述三禮傳授源流，啓示治禮學之途徑及方法。先生論學禮之宗旨云：近人或以禮經名物繁縟，注疏龐雜，經傳所述，均爲當今不行之典，於時無用之儀，故不必空事鑽研，徒費勞神。此說良爲紕繆。蓋今之學三禮，決非爲復冕弁之服，鼎俎之設，而在於考究上古典章制度，明民族文化之發展。雖於時無用，但何害鑽研？而况制禮之義，亦有不可盡亡者，講信修睦，今日豈可盡屏乎？
> 先生論學三禮方法，多來自積年體會，極爲精闢扼要。前人每患禮經簡奧，古制茫昧，異說紛紜，三禮在諸經中最難學，所謂累世不能殫其學，當年不能究其禮。先生云，其實不然。如能得治學之道，則不苦其難矣。治禮之次第有三。先應辨字讀、章句。治經學必以小學爲始基。禮有今古文，有通假。辨音讀，除《爾雅》、《說文》外，不可不讀陸德明《經典釋文》。陸氏所見三禮異本多至二十餘家，六朝三禮之學，從《釋文》中可見梗概……〔註9〕

1930 年 10 月 24 日，黃侃寫信給潘重規、黃念容，談治經學之心得與苦樂，函云：

> 前得甥書，言近治詩疏極有佳趣，知靈源日溶，可謂披甲精進者。今日以詩教人，宜專用變風變雅。試抽繹《節南山》、《民勞》諸篇鄭箋，有不淒然感動，歎我生之靡樂者眞愚人也。《詩》既治畢，且先《春秋》而後三禮。《春秋》文簡義豐，尋玩有味；三禮紛紜，

〔註9〕《量守廬學記》，第152～154頁。按：錢玄先生所述與《禮學略說》大體相合，可信從。

實甚足以疲人。予日讀禮經數紙，展轉比勘，至夕每覺頭眩，是以知其苦也……閉門讀書，日飲醇酒，可心聊自樂，終不爲人移平生懷抱，守之皓首而已。秋晴宜時出登眺，以曠匈衿。〔註10〕

「今日以詩教人，宜專用變風變雅。」何也？時勢使然也。

（五）黃侃的《春秋》研究

黃侃撰有《三傳平議》，首先總論：

> 《漢書·藝文志》曰：「周室既微，載籍殘缺，仲尼思存前聖之業，以魯周公之國，禮文備物，史官有法，故與左丘明觀其史記，據行事，仍人道，因興以立功，就敗以成罰，假日月以定曆數，藉朝聘以正禮樂，有所褒諱貶損，不可書見。（案損謂不可見之於經也。）口授弟子，弟子退而異言：丘明恐弟子各安其意，以失其眞，故論本事而作傳，明夫子不以空言說經也。《春秋》所貶損大人，當世君臣有威權勢力，其事實皆形於傳。是以隱其事而不宣，所以免時難也。及末世口說流行，故有公羊、穀梁、鄒、夾之傳。」謹案：言《春秋》經傳原委者，以班氏此言爲最簡當。《史記·孔子世家》亦曰：「因史記作《春秋》，筆則筆，削則削。子夏之徒，不能贊一辭。」《十二諸侯年表》曰：「魯君子丘明懼弟子人人異端，各安其意，以失其眞，故因孔子史記具論其語，成《左氏春秋》。」此亦爲《春秋》、《左傳》互爲表裏之證。自漢以來，左氏與二傳互相非難，至今不已。茲爲簡其辭說，約分數科論之。其劉子玄《申左篇》所已詳者，不具贅也。

繼而分疏四條義例：

> 一曰《春秋》本策書成法，二傳亦有其證也。《公羊》莊八年引不修《春秋》，而曰君子修之。昭十二年傳以經伯於陽爲公子陽生，而引孔子曰：「我乃知之矣。」何注曰：「孔子年二十三，具知其事，後作《春秋》。案《史記》知公誤爲伯，子誤爲於，陽在，生刊滅闕。」如《公羊》言，是孔子於策書成文，有所不改更也。《穀梁》桓十四年傳：「夏五，傳疑也。」范注：「承闕文之疑，不書月，明皆實錄。」僖十九年傳：「梁亡鄭棄其師，我無加損焉，正名而已矣。」如《穀梁》言，是孔子於策書成文，有所不改更也。夫小事尚以闕文，況

〔註10〕《量守廬遺墨》。

於大事而可以意補闕乎？明知其誤，而有所不更，況於策書明白而任意刪改乎？故必如杜氏之説，以爲仲尼《春秋》上遵周公遺制，即用舊文者多，至於教之所存，文之所害，乃刊而正之。則知孔子《春秋》實欲使周公舊制昭明，其所奉以爲筆削之準則者，亦只史官舊章而已，非別有所謂義法也。

二曰《春秋》大義，已見於《左傳》，孔子秉筆之意，亦略有可尋；其餘變例，皆具於傳，捨此別求，皆非聖人之眞意也。案成十四年傳稱：「君子曰：《春秋》之稱，微而顯，志而晦，婉而成章，盡而不污，懲惡而勸善，非聖人誰能修之。」又昭三十一年傳曰：「《春秋》之稱，微而顯，婉而辨，上之人能使昭明，善人勸焉，淫人懼焉，是以君子貴之。」此二條爲全經大義。又河陽之狩，趙盾之弑，泄冶之罪，《左傳》皆特引仲尼之言，以斷危疑之理。其餘「書」、「不書」、「先書」、「故書」、「不言」、「不稱」、「書曰」之類，皆孔子據舊例而發新意。夫惟左氏親見聖人，同修國史，而後知襃諱貶損之所在；其未見國史，不親承聖訓者，不能悉也。

三曰《春秋》見諸行事，若捨事言義，則先自迷罔。二傳不明本事，即不能知聖人本意也。案《公羊》、《穀梁》説事，往往惝悅，又或兼存異説，不能自明。如《公羊》隱二年傳曰：「紀子伯者何？無聞焉爾。」又桓十四年傳云：「夏五者何？無聞焉爾。」何休以爲口授相傳，後乃記於竹帛，故有所失。此公羊於本事有所不知，而自言不諱也。又桓公九年傳曰：「《春秋》有父老子代從政者，則未知其在齊與曹與？」此公羊於經意所譏，不能確指其事也。又昭三十一年傳曰：「邾婁女有爲魯夫人者，則未知其爲武公與懿公歟？」此公羊自記其事，猶有所不審也。又桓六年傳曰：「何以書？蓋以罕書也。」莊三年傳曰：「何以書葬？蓋改葬也。」是公羊於經義不能明晰爲説，而爲疑詞也。又閔元年傳曰：「子女子曰：以《春秋》爲《春秋》，齊無仲孫，其諸吾仲孫與？」此公羊不見國史，而直以意説經也。又莊二十五年傳曰：「以朱絲營社，或曰爲暗，恐人犯之，故營之。」又閔二年傳曰：「或曰，自鹿門至於爭門者是也；或曰自爭門至於吏門者是也。」是公羊於自所傳義，已不能自定其是非也。又桓六年傳曰：「何言乎子同生？喜有正也。子公羊子曰：『其諸以

病桓歟？』」是公羊於自所持說，不能固執而游移不定也。《穀梁》雖與《公羊》謹肆小殊，而亦不能免上諸弊，然則《春秋》無《左傳》，則終古無昭明之望也。

四曰孔子非因丘明不能得魯史，《左傳》記事，即是釋經，經傳相合，不能或離也。孔子雖有聖德，而身非史官，縱復偶得觀書，無緣親加筆削，惟其與丘明同好惡，故丘明以筆削之權，奉之孔子而無所疑。及聖經勒成，又復躬搜載籍，以爲之傳，要之皆欲修明周公之制而已。孔子曰：「其事齊桓晉文」，謂其非王道也；「其文則史」，謂史官之記載，猶本王制也；「其義則某竊之矣」，謂身非史官，而欲明周公之遺法也。左氏之於經，明其例，記其事，表其微旨，所謂文緩旨遠，將令學者原始要終，與訓詁之傳，本非同類。而世遂以爲不傳《春秋》。至劉逢祿輩竟謂左氏義例爲劉歆所增竄，又或比年闕事，而劉歆傳其文；或本無年月，而劉歆爲之增傳；由是《左氏》與《春秋》竟渺不相涉，而後道聽途說之俗學，得以恣睢妄說，而莫敢正之。抑知《春秋》無《左傳》，則《春秋》之旨不見；《左氏》不附經，則《左傳》竟爲誰而發乎？

最後總結道：

凡此四端，皆有關大義最切者，至謂左氏或有人附益，其文非丘明自著，以悼之四年，及稱趙襄子爲疑。夫左氏年壽傳記無文，案《史記·六國表》魯悼公卒於周考王十二年，趙襄子卒於威烈王九年，明年始爲魏文侯元年，而威烈王十九年，《史記》書文侯受經子夏，假令左氏年同子夏，固可以書魯悼、趙襄之諡矣。〔註11〕

此文爲范文瀾課堂筆記，時間可能在黃侃拜劉師培爲師之前，還屬於率爾而作。

1930年4月4日，章太炎有《答黃季剛書》，論《春秋》義例。函云：

（所著《春秋疑義》）雖與舊說多異，然恐事實正是如此。項有人贈宋葉水心《習學記言序目》一書，其論《春秋》謂一切凡屬書法，皆是史官舊文，唯天王狩河陽、僑如逆女、齊豹三叛四事，爲孔子所書，傳有明文。又謂《春秋》因諸侯之史，錄史變，述霸政，所謂其事則齊桓、晉文者，此《春秋》之楨幹也。至於凡例條章，

〔註11〕 范文瀾：《群經概論》，上海書店，1990年。

或常或變，區區眾人之所事者，乃史家之常、《春秋》之細爾。其論與鄙見甚合。宋儒說《春秋》多務刻深，唯永嘉諸子頗爲平允，而水心特爲卓犖，乃知公道自在人心。唯天王狩河陽一事，據《史記》尚是舊史所書，孔子特因之而已，而趙鞅書叛，據《史記》乃是孔子特筆，則水心考之未盡。蓋水心非徒不信傳，並太史公亦不盡信，此則未知《春秋》大旨，全由太史公而傳，其間有羼雜《公羊》者，則芟薙未盡爾。宋儒終是粗疏，於劉、賈以前古文諸師傳授之事，絕未尋究。今之所作，則異於此矣。足下再審杜著，評其得失，何如？〔註12〕

1930 年 4 月 14 日，汪東又自滬持來章太炎書信四紙，述著《春秋疑義》之心得與宗旨。函云：

> 去冬示以《春秋疑義》，當有會心。鄙言於凡例雖取征南，而亦上推曾申、吳起、賈誼、史遷之說，以相規正，賈、服有善亦採焉。邇來二三月間又加修治，且增入向所未備者十餘事。
>
> 近說成公經立武宮事，據《傳》稱：「聽於人以救其難，不可以立武；立武由己，非由人也。」則武宮斷不得爲武公之宮。《公羊》以立煬宮辭例相比，始爲此說，而《左氏》不然。杜既採《公羊》，又知於傳文難通，故云兼築武軍。此則支離亦甚。今謂武宮直是講武之處，即成周宣謝之類。服氏說宣謝爲宣揚威武，則武宮亦其類也。
>
> 又僖公《經》：「夫人氏之喪至自齊。」《穀梁》、賈氏皆謂以殺子貶姜，杜則直謂闕文。據傳云：「君子以齊人殺哀姜也，爲已甚矣，女子從人者也。」此正釋經文去姜之義。哀姜之罪，當由魯討：今齊人討之，見其不容於父母之國，是以去姜。不於薨葬去姜者，彼但齊、魯一方之事。此則齊、魯相會之事也。《正義》以爲姜氏者夫人之姓，二字共爲一義，不得去姜存氏，去氏存姜。然《傳》有左師見夫人之步馬者，問之，對曰：「君夫人氏也。」《詩》有「母氏聖善」，則夫人氏原自成文，不得以爲闕文也。如此之類，駁杜者甚著，然亦不欲如前世拘守漢學者，沾沾以賈、服爲主。蓋上則尋求傳文，次或採之賈誼、史遷，是鄙人著書之旨也。

〔註12〕 《章太炎書札》，抄本，溫州圖書館藏。見《章太炎年譜長編》第 904 頁。又見《章太炎書信集》，河北人民出版社，2003 年，第 203～204 頁。

足下前說熟誦注疏，然於《左氏》則取疏而不取注，疏不破注，未知足下何以爲別也？前者作《三字經》，今求者甚多，此已無稿，有一本在足下處，望即迻寫寄來爲要。

1930年4月17日，章太炎有《與汪旭初書》〔註13〕，函云：

鄙人所說《左氏春秋》，近復加十餘條，自謂精審，惜乎士燮《長經》，今已不傳，未知比之何如也。覽彭尺木《二林居集》，有《答袁蕙纕書》，袁作《春秋論》，謂《春秋》不經孔子筆削，直是魯史之書。其言雖過，然向來素王制法之障蔀，可以一掃而空。原論未見。其人與尺木友，恐是蘇人，未知蘇州有袁文集否？願爲訪求，幸甚。

1930年4月19日，黃侃致章太炎信，論《春秋左傳》，函云：

旭初還自上海，因悉尊安隱勝常，下懷欣慰。蒙賜手書四紙，開示《春秋》疑義二條，誠足以匡杜、孔之違，又異於拘牽賈、服者。尊於《春秋》，獨尋孔、左簡書之微旨，下及曾、吳、張、賈之逸說，義苟有當，雖元凱不遺；例果不安，雖紅休亦捨。要之，簡去異端，錯綜盡變，可謂開門於千載之下，妙契乎善志之心者矣。

尊說成六年立武宮事，謂立武公之宮，傳豈得徒稱立武？至諦。侃疑武宮蓋即宣十二年之武軍，彼注說武軍云築軍營，明其有壁壘射堂，可以經久，是亦宮室之類，故得言宮。楚子不立武軍，但爲先君宮以告成事，如使武宮果爲武公之宮，即與楚子告成事何異？傳必無立武之譏。是知以武名宮，正如以楚名宮、以祇名宮，皆隨事取義，不得以煬宮爲比矣。

尊又說僖元年夫人氏去姜事，以傳文宋有夫人氏，明其可以去姓。此又搞當不易。侃謂哀姜稱夫人氏，正似聲子稱君氏。孔謂不可去姜稱氏既非，又云不可去氏存姜，並與逆婦姜於齊之經不照矣。

侃前爲尊言，熟誦注疏，推尋漢詁，正爲今之臆說穿鑿者太眾，思欲遏止其流。若夫深思廣證，符合遺經如我大師，侃豈有間然也。

去年謁師，蒙以《春秋疑義答問》稿本令讀，昭若發蒙。歸來伏念，自詫希聞，獨恨耳學不精，必須尋本。敢求屬世揚迻書一通見賜，俾得由此上窺經義，即受恩無極矣。

〔註13〕《章太炎書信集》，河北人民出版社，2003年，第815頁。

　　　　侃邇來溫尋古子，已及《呂氏春秋》，疑義猥多，不審尊於此書
　　　曾有札記在篋中否？如荷示以要最，尤爲忭樂也。

從此可以窺見黃侃治經學之旨趣：「熟誦注疏，推尋漢詁，正爲今之臆說穿鑿
者太衆，思欲遏止其流。」黃侃自從拜師劉申叔之門，曾經宣稱他的經學超
過了章太炎。

　　1931 年 4 月 11 日，黃侃改作《春秋左氏疑義答問後序》：

　　　　章公撰《春秋左氏疑義答問》五卷，侃幸先得受讀而繕寫之。
　　　謹演贊師言，書其後曰：孔子作《春秋》，因魯史舊文而有所治定。
　　　其治定未盡者，專付丘明，使爲之傳。傳雖撰自丘明，而作傳之旨
　　　皆本孔子。公書所詮明者，梗概如此。不知因舊史之說，則直以《春
　　　秋》爲素王之書，責之纖悉而蠭疑起。不知孔子有所治定，則云《春
　　　秋》不經筆削，純錄魯史原文，而修經之意泯。不知作傳之旨皆本
　　　孔子，是經違本事與褒諱挹損之文辭，屈於時君而不得申者，竟無
　　　匡救證明之道。其弊也，執傳則疑經，廢傳而經義彌晦矣。傳稱韓
　　　子見《魯春秋》，知周公之德。孟子言其事則齊桓、晉文，其文則
　　　史。即公羊亦有不修《春秋》之目，是以知《春秋》必因舊史也。
　　　傳言《春秋》非聖人孰能修之。故所記僑如逆女，齊豹三叛，皆明
　　　其爲孔子所書。《史記》稱趙execute書叛，亦爲孔子特筆，是以知孔子
　　　有所治定也。夫書因赴告，不能合於本事者，以魯史局於一方，無
　　　由廣爲考核也。故楚圍弒麇，《春秋》不錄，比之討圍，遂不得不
　　　蒙惡聲，此牽於文義也。它國之事，孰順孰逆，或天子方伯主之，
　　　或魯君主之，雖不合於義，而史官不敢駁異。故里克爲弒卓之罪人，
　　　周、齊罪之也。鄭突、衛朔爲魯史之所右，桓、莊右之也，此制於
　　　名義也。孔子與丘明西觀周室，見列國太史記注之文，乃以所可治
　　　定者箸之經，所未可治定者付之傳。經以存魯史之法，傳以示是非
　　　之眞。故經即有違於本事，屈於時君者，得傳而不患無匡救證明之
　　　道。是以知治定未盡，專付丘明，作傳之旨，悉本孔子也。觀孫卿
　　　子遺春申君書，引傳楚圍齊崔杼事，徑稱曰《春秋》，太史公吳太
　　　伯世家稱《左傳》爲《春秋》古文，明經、傳皆出聖人，故言之初
　　　無分別也。桓譚有言：「左氏傳於經，猶衣之表裏，相待而成。經
　　　而無傳，使聖人閉門，思之十年，不能知也。」善哉此言！信成學

治古文之埻臬矣。公書上甄曾、吳、孫、賈、太史之微義，下取賈、服、杜預之所長，要使因史修經，論事作傳之旨，由之昭晰，繽紛盡解，瑕適不存。鄭君贊《周禮》，先師謂其所變易，灼然如晦之見明，其所彌縫，奄然如合符復析。公於《春秋》，亦豈異是。蓋自左氏微以來，未有若斯之懿也。侃與聞眇論，誠不勝歡慶云。辛未四月，弟子蘄春黃侃。

黃侃以桓譚「左氏傳於經，猶衣之表裏，相待而成。經而無傳，使聖人閉門，思之十年，不能知也」〔註14〕之言爲治古文之埻臬。1931年4月16日，收到章太炎來信，謂改作《後序》辭義允愜，不須修改一字。又論劉君左氏之學，其言甚長。

二、黃侃的解經方法與特色

（一）黃侃的解經方法

第一，以古書說字，以字證古。

黃侃認爲：

> 經學爲小學之根據，故漢人多以經學解釋小學。段玉裁以經證字，以字證經，爲百世不易之法。（《文字學筆記》）
>
> 《段氏說文》主旨，在以經證字，以字證經。今則宜以古書說字，以字證古。所以研討文字者，其用在是。故凡不能用聲音、訓詁說明之形體，暫可存而勿論，以其如漢代之逸書，義多不可說也。
> （《文字學筆記》）

黃侃對段玉裁「以經證字，以字證經」的方法評價極高，推之爲「百世不易之法」。漢人多以經學解釋小學，往往是單行道的，而段玉裁已經發展爲雙向道，即經學與小學互證互闡。黃侃進一步擴展段玉裁的方法，將它提升爲「以古書說字，以字證古」，其實已經突破了經學的範圍，是文獻與文字、文化的互闡互證，可以形成詮釋之循環，可與當今「歷史文化語義學」相溝通。

〔註14〕桓譚《新論》曰：「《左氏》傳世後百餘年，魯穀梁赤爲《春秋》，殘略多所遺失。又有齊公羊高，緣經文作傳，彌離其本事矣。左氏經之與傳，猶衣之表裏，相持而成。經而無傳，使聖人閉門，思之十年，不能知也。」見宋李昉等《太平御覽》卷六百十。

第二，以經解經，詩雅互詮。

黃侃認為：

> 《詩經》中連言之字，《爾雅》《釋言》、《釋訓》即以爲釋（訓詁學筆記）

> 《爾雅》之作，多爲釋《詩》，故《詩》中連言之字，《釋言》、《釋訓》即以爲釋。如《釋言》「肇，敏也。」《詩·江漢》肇、敏連言，故以敏爲釋。舫，舟也。泳，遊也。《詩·谷風》「方之舟之，泳之遊之」連言，故以舟釋舫，以遊釋泳。「迨，及也。」《七月》「迨及公子同歸」連言，故以及釋迨。「裦，戴也。」《絲衣》「載（古載戴通用）弁裦裦」連言，故以戴釋裦。「惄，饑也。」《汝墳》「惄如朝饑」連言，故以饑釋惄。「土，田也。」《詩·崧高》「徹申伯土田」連言，故以田釋土。……此皆以詩中連言之字爲釋也。

第三，以音說義，以書證音。

黃侃認為：

> 《經籍纂詁》中異文最多，次則《經典釋文》中亦有之。翻《經籍纂詁》將聲訓、異文、連語、讀若、《字林》聲類反切五門標出。昔戴君舉「以字說經，以經證字」二語以示後學。余今欲以音說義，以書證音。其條例一曰本聲（如丕從不聲，吏從史聲）。二曰聲訓（如乾，健也，坤、順也）。三曰連語（如屯邅、班旋）。四曰古韻（如下普、道各）。五曰異文（如造作聚，復作覆）。六曰擬音（如需讀爲秀、履讀爲禮）。七曰直音（如厶音厶）。八曰反切。九曰體語（如溫休爲幽婚，清暑爲楚聲，以及金溝、清泄、郭冠軍家之類）。自《說文》、《玉篇》、《廣韻》、《集韻》、《類篇》外，凡宋以前書涉及音者無不採茸。雖一人之力成此爲難，積以歲年，或收駑馬十駕之效。（《訓詁學筆記下》「治《爾雅》之程序」條）

1935年2月15日《量守廬請業記·讀經之法》（黃席群、閔孝吉記）：

> 讀經次第，應先《詩》疏，次《禮記》疏。讀《詩》疏，一可以得名物訓詁，二可通文法（較讀近人《馬氏文通》高百倍矣）。《禮》疏以後，泛覽《左傳》、《尚書》、《周禮》、《儀禮》諸疏，而《穀》、《公》二疏爲最要，《易》疏則高頭講章而已。陸德明《經典釋文》宜時事翻閱。注疏之妙，在不放過經文一字。

（二）黃侃的解經特色

第一，區分經學訓詁與小學訓詁。

黃侃認為經學訓詁與小學訓詁有異，他說：「小學之訓詁貴圓，經學之訓詁貴專。」蓋一則可因文義之聯綴而曲暢旁通；一則宜依文立義而法有專守故爾。清世高郵王氏父子深於小學，以之說經，實多精辟之義，然亦有疏失處。陳蘭甫《東塾讀書記》云：「王氏好執《廣雅》以說經，如《詩·采蘩》：『被之僮僮』、『被之祁祁』，毛傳云：『僮僮，竦敬也。』『祁祁，舒遲也。』詩意言祭時竦敬，去時舒遲，而借被以言之，毛傳深得其意。王氏《經義述聞》據《廣雅》『童童，盛也』，因謂祁祁亦盛貌，則失詩意矣。由偏信《廣雅》故也。」黃焯謹案：毛傳於《豳風·七月》「采蘩祁祁」訓為眾多，於《大雅·韓奕》「祁祁如雲」訓盛貌，而於《采蘩》之「采蘩祁祁」訓舒遲，蓋皆曲顧經義為說也。

第二，反對強經就我。

黃侃認為「先儒之書不宜改字以牽就己說」，他說：

> 讀古書不宜改字以牽就己說。清世學術昌明，於乾、嘉時為極盛。而高郵王氏父子又其詮明古義之最精者，然其立義亦間有不可為訓之處。如《廣雅疏證·釋草》「益母，充蔚也」條云：「《詩·王風·中谷有蓷》首章云『暵其乾矣』，次章云『暵其修』，卒章云『暵其濕』，傳云：『蓷，鵻也。暵，煙貌。陸草生於谷中，傷於水，修且乾也。鵻遇水則濕。』案《說文》云：『暵，乾貌也。』則暵即是乾，乾之與濕正相反。既云『暵其乾』，而又云『暵其濕』，於義固不可通。草傷於水，先濕後乾。而《詩》乃先乾後濕，於文亦復不順。此由誤解濕為水濕，故致多所牴牾。《說文》云：『暵，水濡而乾也。』引《詩》『暵其乾矣』，蓋亦承毛公之誤而為說耳。今案：濕當讀為暵，暵亦且乾也。」云云。焯謂王說甚謬。此《詩》首章言「暵其」（暵其猶云暵然）。以為乾之副詞。次章、卒章言修、言濕，亦以「暵其」為言者，蓋《詩》雖三章分言，而其主題實在首章。總謂蓷之由濕且修而乾，實為一語耳。其意則側重言乾，故皆以暵其冠之。其初言乾，次言修、濕者，祇以趁韻之故，而反覆詠歎其事，非可平列觀之。乃王氏既改濕為暵，且訛《說文》為承毛公之誤，既誤改經文，妄訶前哲，且開後世鄙夫妄改舊文牽就己說之漸，其為失也大矣。

黃侃嘗云：「凡輕改古籍者，非愚則妄，即令著作等身，亦不足貴也。」基於此，他對清代經學與校讎學大加否定。

第三，注重展轉求通。

「讀古書如有所疑須展轉求通不可遽斷爲誤而輕加改易」，黃侃又云：「凡讀古書，遇有所疑，須展轉求通，勿輕改易。」故黃侃之於學，閎通嚴謹兼而有之。其於名物制度、文辭義理，靡不兼綜廣攬，人謂有戴氏之閎通而無其新奇；有惠氏之嚴謹，而無其支離破碎之病。可謂能得黃侃所學之大略。嘗記《尚書序》：「巢伯來朝。」《釋文》：「巢，仕交反；徐呂交反。」或以「呂」字爲疑。宋毛居正謂「呂」當作「石」。黃侃云：「勦、勞一語之變，故巢有來紐音。」又《詩·匏有苦葉》：「有鷕雉鳴。」《釋文》：「以小反。」《說文》：「以水反。」段玉裁云：「以小反者，字之誤，亦聲之訛。」王念孫則謂脂部字多與蕭部相轉，音以小反非誤。今謂王說是而段說非也。前此顧炎武《詩本音》所說亦與段氏同，顧、段皆清世大儒，尚有此誤，黃侃認爲「吾人治學益宜持矜愼之態度」。

第四，兼顧家法與事實。

黃侃認爲「訓詁之道須謹守家法，亦應兼顧事實」：

> 章先生云：《詩·商頌》：『受小球大球，受小共大共。』毛《傳》以球爲玉，以共爲法，深合古訓。《經義述聞》以爲解球爲玉，與共殊義，應依《廣雅》作訓，拱抹，法也。改字改經，尊信《廣雅》太過矣。要知訓詁之道，須謹守家法，亦應兼顧事實。按《呂氏春秋》：『夏之將亡，太史終古抱其圖法奔商。』湯之所受大共小共，即夏太史終古所抱之圖法也。

1921 年黃侃覆許友仁書亦云：

> 清師治經之劬勞，誠予吾儕以莫大之益，惟或則瑣碎而無精微，宏通而蔑棄師法，考據而只成肥說，辯駁而徒長浮詞，意者有漢人所譏章句之儒之病。然則吾儕所務，必在去繁求簡，去妄存眞，果能如此用心，則舊說有不可不存，而孔、賈、陸、楊之疏未可盡束於高閣。年來點校孫仲翁《周禮》新疏，見其攻駁鄭、賈，略無愧容，一簡之中詆訶雜出，由此見唐人之於王《易》、孔《書》愛護甚至，雖乏宏通之美，亦庶幾不違矩矱者已。足下有志經術，所宜先求注疏，進覽漢師之說，補其闕遺，而推其未備。縱令眾說岐互，

各令如其故常，譬諸奏樂，不以琴瑟而廢琵琶；譬諸製衣，不以深衣而賤常相，斯亦可矣。至於訓詁、聲音，在小學之家自為要業，若在專家治經之士，正以篤守師說為宜。與其創新說以正前文，不若守故聞而乏奇識。大抵少年銳氣，無往不形獨到，董理舊文，則無事乎此。侃六七年前，每事好為新說，自事儀徵而後，乃恍然於所尚之非，而已駟不及舌矣。因君懇摯，故不恤自露其情。若乃不守師承，多創新義，苟取盈卷，不顧複重，則禹域之大，何患無才，亦奚勞足下遠來相問耶？

此信極為重要，不可等閒視之。黃侃的一位師弟蒙文通亦云：「言漢學，必先明其家法，然後乃能明其學說，又必跳出家法，然後乃能批判其學說。如惠棟是懂家法的，張惠言之於《易》，莊存與之於《公羊》，都可說是明於漢學家法的。戴東原卻不懂家法，近世之崇戴者，也多不懂家法，故雖大講漢學，而實多夢囈。」〔註15〕

第五，說經須先通本經。

黃侃論說經方法：「說經有須先通本經，而後以他經佐之者，他經稱引不盡本義故也。」

黃侃經學總的特色是：重視漢唐家法，輕視清人經解；重視古文經學，輕視今文經學。

毋庸諱言，黃侃解經的也還存在不少缺失，概言之有下面三點：第一，溫經之功多，解經之功少。第二，以經證字多，以字證經少。第三，講習之功多，闡發新意少。

〔註15〕 蒙文通：《甄微別集》，《蒙文通全集》第六冊，巴蜀書社，2015年，第7頁。
今按：蒙文通與黃侃有過交往，因同為劉師培門人，黃侃對他頗為熱絡。

《黃侃年譜缺失的一頁》質疑

一、緣起

最近，趙燦鵬先生在《讀書》上發表了《黃侃年譜缺失的一頁》一文，對拙編《黃侃年譜》提出了公開批評。最初筆者在網絡上查到《黃侃年譜缺失的一頁》如此觸目驚心的標題，頗爲驚愕——難道眞是筆者考據功力欠深，致使重要史料漏收？後來讀到趙文，始知他以不誤爲誤，且在甄別史料方面存在諸多問題，故不憚煩瑣，一一爲之辨析。不當之處，敬請方家教正。

爲了討論的方便，我們先將趙氏的原文照錄如次：

> 一九二七年六月，暨南學校在上海擴充爲完全大學，校長鄭洪年很有魄力，延攬了一大批負有時望的學人來校授業，國學大師黃侃就是其中的一位。《黃侃日記》本年頗有闕佚，僅存十一、十二月，未記此事；司馬朝軍等著《黃侃年譜》（湖北人民 2005 年版）亦失載。

> 一九二七年底暨南大學編印的《國立暨南大學改組特刊》，一九二八年一月出版的《暨南週刊》寒假特刊載黃振漢《改組後的國立暨南大學》文，都可見到黃侃的姓名、履歷以及講授課程。當時的暨大教員曹聚仁及馬來西亞僑生溫梓川，都有眞切的回憶文字，記述黃侃在暨南的事蹟，當非杜撰（見曹聚仁著《我與我的世界·暨南中頁》，人民文學出版社 1983 年版；溫梓川著《文人的另一面·名師風采》，廣西師範大學出版社 2004 年版）。章太炎一九二七年十一月二日與吳承仕書說：「季剛……欲來上海，就暨南學校教員。適諸校黨爭激烈，有暗殺校長教員者。友人或告以畏途，遂止不來。」此說不確。

　　據《國立暨南大學改組特刊・中國文學系課程表》，黃侃開設的
課程有詩選、詞選、曲選、文學學、經學研究、史學研究、諸子研
究、校讎學、考古學、中國文學史、西洋文學史等十一種，爲全校
之冠，囊括經、史、子、集，範圍涉及古今中外，眞是大師氣象！

　　曹聚仁說黃侃在暨南大學教了半年，但是據金毓黻《靜晤室日
記》，一九二七年十一月初，黃侃已在東北大學任教，暨大開學在九
月五日，可知黃侃的暨南教授生涯不足三個月，他計劃講授的十一
門課程應該沒有全部開出。〔註1〕

二、駁證

　　《黃侃年譜》缺失的是哪一頁？趙燦鵬先生在其文中的答案似乎是指
1927 年 9、10 月。黃侃果眞在暨南大學任教過嗎？趙燦鵬先生的立論根據靠
得住嗎？我們的回答是否定的。趙燦鵬先生舉了五條證據，肯定了四條，否
定了一條。令人遺憾地是，他沒有一條證據能夠站住腳。下面我們逐條予以
反駁。

　　第一，《國立暨南大學改組特刊・中國文學系課程表》不足爲據。《國立
暨南大學改組特刊・中國文學系課程表》是在暨南大學成立之初出臺的，只
是一種招生廣告性質的東西，計劃是否落實，教授是否到位，都是很值得懷
疑的。傳單性質的東西豈能作爲史料？黃侃雖然號稱國學大師，他所講課程
可能囊括經、史、子、集，但其範圍不可能涉及古今中外。從他在南北各大
高校所開設的課程來看，他能夠開詩選、詞選、文字學、經學研究、校讎學、
中國文學史等課程，但曲選、史學研究、諸子研究對黃侃來說已經很勉強了，
特別是他在考古學、西洋文學史方面毫無建樹，甚至連常識都不具備，打死
他也不可能開此類課程。該課程表虛列其目，史學研究、諸子研究、考古學
等課程一般不會出現在中國文學系課程表中。趙燦鵬先生以此課程表爲立論
根據，出發點就錯了。黃侃所謂的「大師氣象」，絕不在他能開設多少課程
上。如果他眞的開設如此多的課程，甚至連他無法開設的考古學、西洋文學
史也要講授，那他豈不也像當下某些學術名星那樣淪爲忽悠學生的超級騙
子！

〔註 1〕趙燦鵬：《黃侃年譜缺失的一頁》，《讀書》2008 年第 7 期。

　　第二，黃振漢《改組後的國立暨南大學》不足爲據。此文雖被收入一九二七年底暨南大學編印的《國立暨南大學改組特刊》和一九二八年一月出版的《暨南週刊》寒假特刊，但其性質與《國立暨南大學改組特刊‧中國文學系課程表》相近。該文記載黃侃的姓名、履歷以及講授課程，也不能證明黃侃就眞的到過暨南大學。

　　第三，曹聚仁的回憶文字不足爲據。曹聚仁所述黃侃在暨南的「事蹟」，我們早已注意到了。曹聚仁《我與我的世界‧暨南中頁》如是說：

　　　　鄭校長把暨大擴充爲完全大學，便攬延了一大批負有時望的學人：這批學人，眞是齊足而並驅，各以所長相輕所短的。其中就有許多怪人，上演了許多怪事。一位便是黃侃（季剛），他是章太炎的大弟子，他是目空一切，誰都不放在眼裏的。（他在南京，有一天，碰到戴季陶，季陶問他有什麼著作，他說：「正在編次『漆黑文選』，你那篇大作，已經編進去了！」他用漆黑文選來對《昭明文選》，幽了季陶一默，季陶聽了十分尷尬，不知所答。）暨大教務長黃建中，原是季剛的弟子，在暨大擔任哲學教課。有一回，恰巧季剛下了課，在教室門口碰到了建中：建中當然向老師問候，老師轉問他：「你教什麼課？」建中說是「哲學」，季剛大聲道：「我問你，你自己懂不懂？不要胡吹亂說。」建中爲之愕然久之。這便是第一等怪人的言行。其實，暨大是用不著這樣的學人的，因此，他在暨大只教了半年，一點影響也不曾留下來，同學也不知道他是怎樣一個人。（他長於音韻學，也精於《文心雕龍》研究，曾任北京大學教授。）〔註2〕

　　曹聚仁當年因爲報考武昌高等師範學校，碰巧是黃侃出題，未被錄取，曹對此始終耿耿於懷，對黃侃常以微詞相譏。以上所述「事蹟」並非是黃侃在暨南的事情，取笑戴季陶一事已經注明是在南京，教訓黃建中也是莫須有之事，不足爲據，故捨棄不用。趙燦鵬先生信以爲眞，引以爲據，未免上當受騙。曹聚仁所謂「他在暨大只教了半年」的說法，又被趙燦鵬先生據金毓黻《靜晤室日記》改爲「黃侃的暨南教授生涯不足三個月」，前後自相矛盾，難以自圓其說，根本原因還是過於迷信曹聚仁的一面之詞。不管何種回憶錄都有其局限性，至少所述黃侃在暨南的「事蹟」就不能作爲史料加以利用。無奈《我與我的世界》一書早已收入到「新文學史料叢書」第一輯中，因此，

──────────────

〔註2〕曹聚仁：《我與我的世界》第265～266頁，人民文學出版社1983年版。

曹聚仁的文章具有較大的影響，更容易迷惑人。新文學史料學的研究雖然已經起步，但任重道遠，史料的甄別與辨偽還得花大力氣。

第四，溫梓川的回憶文章不足爲據。溫梓川《文人的另一面》分爲名師風采、暨南往事、文壇回想三輯，並沒有專篇記黃侃，而是在《李石岑談人生哲學》一篇中附驥而行，所記黃侃在暨南的「事蹟」節錄如下：

> 二十多年前，我負笈上海暨大，適值鄭洪年先生長校暨南，碩學通儒，雲集眞茹，盛極一時。譬如黃季剛、李石岑輩，都是在學術界有著崇高地位的名教授。黃季剛先生講國學，李石岑先生講《人生哲學》。……黃季剛先生的《說文》和李石岑先生的《人生哲學》在課表上是同一時間上課的，選讀《說文》就不能選修《人生哲學》，甚至連旁聽也不可能。魚與熊掌，二者不可得兼，我也就只好退而求其次，捨魚取熊掌，選擇了李石岑先生的《人生哲學》。……

> 像李石岑先生那樣的一位學者，平日師友間相處得如朋友那麼不拘形跡，與當年另一位不修邊幅、生性狂放的目無餘子的了不得的學者黃季剛先生，在暨南簡直成了很強烈的對照。黃先生在暨南教《說文》，對中國的文字學講得非常精審，但在同學心目中這麼了不得的學者，其實也沒有什麼；自然心得是更其談不到了。黃先生在暨南就有過不少的趣事。暨大教授人人都佩掛一枚徽章，以資門警識別，獨黃先生不肯佩掛。他初到暨大上課，剛入校門，校警看到他胸前沒掛校徽，以爲是閒人白撞，便阻止他入內。他說：「我是黃侃，只有你不認識我！」門警卻不通融，說：「你既是教授，應該有一枚校章的！」

> 他悻悻然地說：「我硬是不掛那種東西，你不給我進去，我就不進去！」說著掉頭便走。幸而給認識他的同學看見，關照校警，才冰釋這一場誤會。可是黃教授自始至終在暨大是唯一不佩校章進出校門的教授。

> 有一次，黃建中先生從教室下課出來，碰見黃季剛先生。他一見便老氣橫秋劈頭便問：「你教什麼？」

> 「哲學概論。」黃建中教授恭恭敬敬地說。

> 「你自己懂不懂？不要在教室裏向學生瞎吹！」季剛毫不客氣地說。

當時弄得黃建中先生十分尷尬，在學生面前幾乎下不了臺。

他的三「不」故事，也最有趣。有一次他對同學說，他有三個原因不來上課。一、生病不來。二、天氣不好不來，所謂天氣不好，是：下雨天，他不來，落雪天他又不來，天氣熱他也不來！三、便是不高興不來。他就是那麼狂放，可是他在我們狂放的同學的心目中，也不過像黃建中先生在他的心目中一樣。世事說起來，往往就是那麼令人哭笑不得的！〔註3〕

黃建中，文中訛作「黃健中」。這些被趙燦鵬先生視為「真切的回憶文字」，不過是道聽途說而已。「不佩校章」之事是從別人回憶黃侃在中央大學時的故事移植過去的。教訓黃建中事與曹聚仁所述如出一轍，不知誰抄誰的。黃侃喜歡訓學生，特別喜歡教訓黃建中，因為黃建中口沒遮攔，黃侃教訓他的事確實載入《黃侃日記》，不過不是在暨南大學，而是在中央大學。至於黃侃的「三不故事」，曾在學林廣為流傳，人們喜歡茶餘飯後談論如此「世說新語」，傳播其狂放的一面。但誰能證明「三不故事」是發生在暨南大學呢？溫梓川自己都承認沒有聽過黃侃的課，其事無不是得自傳聞。須知傳聞之詞，不足為據！趙燦鵬先生卻信以為真，顯然失之不考。

第五，章太炎一九二七年十一月二日（12月6日）與吳承仕書並非不確。趙燦鵬先生節錄此信時出現引用不足的毛病，容易引起誤解。章太炎原信說：「季剛性情乖戾，人所素諗。去歲曾以『忠信篤敬』勉之，彼甚不服。來書所說事狀，先已從季剛弟子某君聞其概略，彼亦云吳先生是，而先生非也。在都與諸交遊斷絕，欲來上海，就暨南學校教員。適諸校黨爭激烈，有暗殺校長教員者。友人或告以畏途，遂止不來。來書云，季剛已去，是否往關東耶？……季剛性行，恐難免於亂世，是則深可憂耳。」〔註4〕章太炎為黃侃之恩師，「先已從季剛弟子某君聞其概略」，又與吳承仕「來書所說事狀」相佐證，可以稱得上是「文」（即書證）與「獻」（即人證）的二重證據。章太炎稱黃侃「欲來上海，就暨南學校教員」，「友人或告以畏途，遂止不來」，可以肯定黃侃沒有來上海，因為當時太炎先生本人就居在上海。趙燦鵬先生也不想想，如果黃侃1927年9、10月在上海任教，怎麼能連章太炎都不知道呢？另外，吳承仕與黃侃木是同門密友。1926年10月，正是應吳承仕之邀，黃侃

〔註3〕溫梓川：《文人的另一面》第67～70頁，廣西師範大學出版社2004年版。
〔註4〕馬勇編：《章太炎書信集》第351頁，河北人民出版社2003年版。

才出任北京師範大學教授。在當時的學術界,黃侃與吳承仕齊名,有「南黃北吳」之稱,章太炎將他們二人分別封爲天王、北王。他們商榷學問,詩酒唱和,編有《丁丁集》。直到1927年5月初,黃侃與吳承仕關係緊張〔註5〕,責任在黃侃,就連黃侃的弟子也承認「吳先生是,而先生非」。吳承仕寫信報告黃侃在北京的情況,並明確告訴太炎先生黃侃已經離開了北京。這樣,太炎先生才在覆信中追問黃侃是否前往關東。如果黃侃當時已經在上海,還用得著問吳承仕嗎?

三、旁證

上面我們已經從五個方面進行了有理有據地反駁,將趙燦鵬先生的根據一一證僞。最後,我們還是梳理一下黃侃在1927年9、10月的行蹤。此前,黃家剛剛發生了兩件大事。一是1927年8月15日(農曆七月十八日)長子念華病故。念華性行和厚,能讀父書。這對黃侃無疑是晴天霹靂。1928年正月,在離開瀋陽赴南京就任中央大學教授之前,他特地給侄子黃焯寫了一封信,信中說:「音息不通,亦已久矣。吾以萍浮亂世,百苦備嘗,何意叢禍所鍾,不於其躬而於其子?自去年七月十八日加卯後,我便已自等入冥,念欲通書懿親,愬其哀苦,又奚能得?九月初挈眷出關,亦不知何由有此一行。今又將之白下,又不知何由復有此一行也。」〔註6〕黃侃說得再明白不過:「九月初挈眷出關。」九月初,具體說是九九重陽那天。二是1927年8月30日次女念惠出生。次年11月5日,念惠夭折。11月7日,黃侃作《惠殤》二首,並親自加了注釋文字:「去年七月十八日,長子念華殤於醫院。八月四日生惠。重九挈之赴瀋陽。」〔註7〕上述兩件大事對黃侃影響甚巨,他沉浸在巨大的悲傷之中,「自等入冥」,無法排遣哀苦之情。就在黃侃準備前往東北大學之際,友人陳映璜來送行,並持扇索書,黃侃即於扇面書五言排律一首以見意:

> 故里成荒楚,微生任轉蓬。無心來冀北,何意適遼東。豺構王
> 猶歎,麟傷孔亦窮。望思新恨結,行邁舊憂重。身世黃塵內,關山

〔註5〕詳參拙編《黃侃年譜》第224~225頁,湖北人民出版社2005年11月第2版。
〔註6〕黃焯:《黃季剛先生年譜》,《蘄春黃氏文存》第177~178頁,武漢大學出版社1993年版。
〔註7〕黃侃:《黃季剛詩文鈔》第237頁,湖北人民出版社1985年版。

夕照中。青山縈旅夢，華髮對西風。哭彼唐生拙，遙憐趙至工。雄心如未戢，且復問昭融。〔註8〕

　　據黃侃的弟子陸宗達回憶：「北京中國大學哲學系陳映璜先生拿來一幅扇面求季剛先生近作。當時我是知道季剛先生並無近作的。因為他的心情是很悽愴的。他在北京師範大學受到排擠，正準備辭別北京的朋友到東北去。加上那一年，他的長子念華因肺病夭亡，更使他無限哀傷。但朋友之請又不可卻，遂於行篋齊備即將登程之際，令我研墨，先生構思，墨成，先生即將扇鋪開，飛筆書成下面這首詩。」〔註9〕1927 年 10 月 4 日（即重九節），黃侃應邀赴瀋陽就東北大學聘，講授《詩經》、《易經》等課程，直到 1928 年 2 月 16 日才離開東北大學。可見，黃侃在 1927 年 9、10 月的行蹤是從北京到東北。因為痛失長子，他悲痛欲絕，遷地以塞悲。他既收到了暨南大學的邀請，也接到了東北大學的聘書。是南下，還是北上？他最後選擇了北上。黃侃的日記沒有記載此段時間的事情，但他在書信、詩歌腳注中作了清清楚楚明明白白的表述，毋庸置疑。難道還有比這更可靠的證據嗎？難道曹聚仁等人的無稽之談比黃侃本人的自述更為可信嗎？

四、結語

　　綜上所述，所謂「《黃侃年譜》缺失的一頁」，完全是趙燦鵬先生的主觀臆斷。黃侃根本就沒有在暨南大學任教過，所謂「黃侃的暨南教授生涯不足三個月」也就一點都不靠譜。見到一點材料，就不辨青紅皂白，無的放矢，考之未深，考之未審，未免發言太易！

　　那麼，黃侃與暨南大學毫無關係嗎？其實關係還比較多。當時暨南大學的要人中有他的學生黃建中、陳中凡等人。黃侃應邀之後未能成行，但他推薦了自己的大弟子劉賾與駱鴻凱。隨後，黃侃的另外一位高足龍榆生也到了暨南大學。因此，暨南大學一度也是章黃學派的重要基地。

〔註8〕陸宗達：《我所見到的黃季剛先生》，《量守廬學記》第 125 頁，生活‧讀書‧新知三聯書店 1985 年版。

〔註9〕參見拙編《黃侃年譜》第 227 頁，湖北人民出版社 2005 年 11 月第 2 版。

熊十力致黃侃黃焯書信考釋

摘　要：

　　1933 年至 1956 年間，熊十力先後與黃侃通信一封，與黃焯通信六通。心中内容或涉及掌故舊事，或涉及學術探討。通過對七通信件的考釋，分析其中蘊含的學術思想。

關鍵詞：熊十力；黃侃；黃焯；書信；考釋

一、熊十力致黃侃書信一通

《黃侃日記》1933 年 3 月 21 日載：

【二月】廿六日　丙戌（三月廿一號　禮拜二）　陰。　春分。

夜，高碉莊（山東人，宦審計院）從錢子厚來看，持熊子眞〔註 1〕書，並爲致《破〈破新唯識論〉》一冊（印刷甚工）。子眞書曰：

> 　　十七年別於南都，久不訊問，然未嘗不在念也。世事亦如此，吾儕亦孤且老矣，何得無念？敝著《新唯識論》昨出版，聞歐陽翁甚反對，其門下承旨作《破論》，歐翁序贊之，又定爲内院叢輯之一，其重視可想見。然其内容惡劣，實出意外，弟不得不答，以其爲内院出版，恐淆觀聽故也。茲請友人高碉莊先生便中代陳一部於左右，乞有以教之。

〔註 1〕熊子眞即熊十力。

侃案：子眞既知世事已如此，而猶「坐狙丘議稷下」〔註2〕，又恐觀聽或淆，起而應敵，將無所謂老婆心〔註3〕切哉！〔註4〕

信件通釋：

高毓嶟，號碉莊，山東郯城人，其子高贊非爲熊十力弟子。1938 年日寇入侵，家鄉淪陷，與夫人、子佩經投水死。

錢子厚，即錢堃新，字子厚，江蘇鎮江人。曾與熊十力同事於中央大學。其師王伯沆爲黃侃父親黃雲鵠弟子。

《破〈破新唯識論〉》，熊十力撰。此書出版於 1933 年。1950 年又出版《摧惑顯宗記》，二書是針對佛教界人士對於熊十力《新唯識論》的批評文章的反批評。論爭另一方的代表文章有劉定權《破新唯識論》、印順法師《評熊十力的〈新唯識論〉》。

內院：即支那內學院，歐陽竟無於南京創建的佛學院與研究機構，修習唯識宗經典。

此信涉及民國一段學術公案。唯識宗乃唐代玄奘法師西至印度取經返唐後創立。盛極一時，卻又於唐末式微。至近代方有歐陽竟無重振唯識宗。1932年 10 月，熊十力著作《新唯識論》出版。作爲熊十力哲學思想的代表作，《新唯識論》的出版象徵著熊十力的哲學體系正式確立。作者十年精思，在書中堅持「仁心」、「本心」爲本體的「體用不二」論，用儒家理論批評、改造唯識學，實際上已突破唯識論本義。這對於熊十力之前從學的支那內學院甚至整個佛教界來講，都是一次反叛。因此，此書面世以後，遭到包括老師歐陽竟無在內的佛教界強烈反對，師徒由此交惡。12 月，歐陽竟無門人劉定權（衡如）作《破新唯識論》，歐陽竟無爲其作序，斥熊十力「滅棄聖言量」，發表於南京內學院《內學》第六輯。由此引發了持續時間長達半個世紀的論戰。次年 2 月，北大出版部出版熊十力《破〈破新唯識論〉》，對劉文進行了反駁。

〔註2〕蕭統《昭明文選序》：「所謂坐狙丘議稷下。」注：「狙丘、稷下，皆齊地之丘山也。田巴置館於稷下，以延遊談之士。」明劉基《誠意伯文集》卷四《聽蛙》詩：「猶持堅白較同異，似坐狙丘談稷下。」李善注《文選·與楊德祖書》，引《魯連子》曰：「齊之辯者曰田巴，辯於狙丘而議於稷下，毀五帝，罪三王，一日而服千人。」後爲魯仲連辯折，田巴終身不復談。

〔註3〕【婆心】《景德傳燈錄·臨濟義玄禪師》：「黃蘗問云：『汝回太速生。』師云：『只爲老婆心切。』」後以「婆心」指仁慈之心。

〔註4〕黃侃：《黃侃日記》，北京：中華書局，2007 年，第 881 頁。

此次論戰的其他參與者還有呂澂、陳眞如、周書迦、太虛、印順、巨贊等。與佛學界的批評聲相反，蔡元培在爲《新唯識論》所作序中高度評價了熊的創舉：「當此之時，完全脫離宗教家窠臼，而以哲學家之立場提出新見解者，實爲熊十力先生之《新唯識論》。」〔註5〕馬一浮序稱：「爾乃盡廓枝辭，獨標懸解，破集聚名心之說，立翕闢成變之義，足使生、肇斂手而諮嗟，奘、基撟舌而不下。擬諸往哲，其猶輔嗣之幽贊《易》道，龍樹之弘闡中觀。自吾所遇，世之談者，未能或之先也。可謂深於知化，長於語變者矣！」〔註6〕

　　在這種毀譽參半的情況下，身在北平的熊十力給正在南京的黃侃寫信，並託人送去了自己的《破〈破新唯識論〉》，希望黃侃可以對此書提出自己的建議。熊十力與黃侃淵源頗深。兩人同爲湖北人（熊爲湖北黃岡人，黃爲湖北蘄春人）。早在 1925 年春，熊十力應國立武昌大學（武大前身）校長石瑛邀請，執教武昌大學，與黃侃爲同事。後黃侃因與石瑛不睦，離開武大。秋季因校長易人，熊十力亦返北大。之後，黃侃於 1928 年二月應國立第四中山大學聘，授小學、經術。熊十力應湯用彤邀請，至南京中央大學講學。得以在南京相聚。此即信中所說十七年（民國十七年）南都之聚。據日記所載，黃侃對熊挺身應戰是抱著一種贊許的態度。實際上，對於熊十力的思想內核，黃侃有著清楚的認識。他曾評價熊十力：「宋明儒陽儒陰釋，公乃陽釋陰儒。」〔註7〕此言對熊十力的評價是較爲準確的。

　　事實上，無論對於《新唯識論》的批判還是讚同，都是有道理的。佛教界的批評針對的是熊十力歪曲唯識論的本義的事實。正如《破新唯識論》中所言：「今熊君以參稽外論爲創作，以觀物會理爲實證；其果於自信，殊堪駭詫。熊君書中又雜引《易》、《老》、《莊》、宋明諸儒之語，雖未顯標爲宗，跡其義趣，於彼尤近。若誠如是，則熊君之過矣。彼蓋雜取中土儒道兩家之義，又旁採印度外道之談，懸揣佛法，臆當亦爾。遂摭拾唯識師義，用莊嚴其說，自如鑿枘之不相入。於是順者取之，違者棄之，匪唯棄之，又復詆之，遂使無著、世親、護法於千載之後，遭意外之謗，不亦過於！且淆亂是非，任意雌黃，令世之有志斯學者，莫別眞似，靡有依歸，是尤不可不辨。」〔註8〕而

〔註5〕熊十力：《熊十力全集》卷二，武漢：湖北教育出版社，2001 年，第 3～5 頁。
〔註6〕熊十力：《熊十力全集》卷二，武漢：湖北教育出版社，2001 年，第 6～7 頁。
〔註7〕燕大明：《熊十力大師傳》，石峻等編《中國佛教思想資料選編》第三卷第四冊，北京：中華書局，第 541 頁。
〔註8〕劉定權：《破新唯識論》，《熊十力全集》附卷（上），第 4～5 頁。

蔡、馬兩人的稱譽，則是對於熊十力可以破除舊說，開創新義而言。而熊十力參與論戰的本旨也並非爲了探討唯識論的本義，而是通過論戰進一步講明自己的理念，完善自己的哲學體系。

二、熊十力致黃焯書信六通

（一）覆黃焯
（一九四二年四月二十八日）

耀先先生：

承示記宋貞女事。於人道泯絕之日而有貞女，《剝》下一陽，天理果不盡泯也。〔註9〕大文原本經義，以正世儒之失，可謂有功世道之文。老夫不必再有所言。尤竊慰，令先德雖下世，而吾子足以世其學也。〔註10〕

夫道德之至，唯行其心之所安耳。女子既字，以心許人，奚必嫁而後爲夫婦耶？貞女之行，見於斯世，眞所謂爲天地立心者也。此心喪，即生生之理〔註11〕絕，乾坤毀而人道息矣。況復欲凝社會、建國家，其可得耶？吾子表彰貞節，此心何心，固亦眞心之不絕於天壤者也。

即詢

近祉

熊十力啓
四月二十八日

編者注：此函年代係我們判定。〔註12〕

信件通釋：

此信寫於 1942 年，當時熊十力在重慶北碚勉仁書院。

黃焯，字耀先，一字迪之，湖北蘄春人。語言文字學家，黃侃之族侄。

〔註9〕 依《周易》卦象，《剝》卦後爲《復》卦。《剝》卦之意爲小人得勢，君子困頓。《復卦》卦象爲一陽五陰，一陽來復，陰氣盡而陽氣生，代表萬物的復蘇。熊十力在此以《剝》卦後爲《復卦》一陽來表達對天理終將昭明的信心。

〔註10〕 令先德謂黃侃。

〔註11〕 生生：天地長養萬物。

〔註12〕 熊十力：《熊十力全集》卷八，武漢：湖北教育出版社，2001 年，第 419～420 頁。

　　宋貞女：據郭齊勇《熊十力傳論》以爲宋貞女於日寇入侵時死節。〔註13〕
惜其未詳言。

　　據陳紹儀《民國期間三修〈蘄春縣志〉未果佚事》記載：白水畈宋樹村
宋肯堂之妹，與黃大樟樹村黃某訂婚，臨嫁前黃某亡故，宋貞女先是「望門
守節」，誓不再嫁；後至黃家，立亡夫侄兒爲嗣子，不幸嗣子也死了，宋貞女
不久也亡故，一時鄉賢爲其賦詩、題輓聯編印成冊，歌頌烈女。陳南蓀撰聯：
「臨嫁夫亡，立嗣子亡，未亡人係與俱亡，十六年，淒苦倍償，贏得虛名歸
紫府；國不重節，世何欽節？貞節女偏要守節，百載後，誰人知道，空留遺
恨在紅塵。」〔註14〕

　　宋貞女守節而死，黃焯遍邀名流爲其撰聯作文以表彰。熊十力回信內容，
一方面讚揚了黃焯文章能正今儒之失，有功世道，另一方面，高度評價了宋
貞女守節的行爲。由此我們可以看出，熊十力仍是堅持儒家傳統倫理道德觀
念的，認爲守節之舉有益於社會國家，乃天地之正道。同時在信中，熊十力
屢次強調「心」的作用，認爲當「行其心之所安」，「爲天地立心」，體現了他
的道德至上論和「仁者本心」的哲學思想。所謂心，即本心、仁體，即王陽
明口中的良知。而外部世界皆爲「本心仁體」外化，因而向善求仁即爲常理。
但是忽視個人的欲望、與人的天性是相背離、脫離實際的道德，往往是對人
不對己，最終淪爲僵化的倫理教條。

　　關於宋貞女的文章，尚有馬一浮一九四二年二月二十八日所撰《宋貞女
贊》：

　　　　從一終，古之制；字不改，唯其志。繄宋女，命之窮；知貞勝，
　　　無吉凶。士二三，致寇至；覆邦家，絕胤嗣。見金夫，不有躬；唯
　　　苦節，義可風。蘄之水，清且駛；流斯文，屬人紀。

　　　　《宋貞女贊》爲耀先先生徵題。壬午孟春，湛翁。〔註15〕

〔註13〕見郭齊勇《熊十力傳論》，北京：中國社會科學出版社，2013年，第225頁。
〔註14〕見陳紹儀《民國期間三修〈蘄春縣志〉未果佚事》，《蘄春文史資料》第八輯，
　　　　政協蘄春縣文史教文衛委員會編輯出版，1999年，第121～128頁。
〔註15〕馬一浮：《馬一浮全集》第二冊（上），杭州：浙江古籍出版社，2013年，第
　　　　283頁。

（二）答黃焯

（一九四七年五月一日）

耀先有道：

漢上別後，於四月二十四日抵平，沿途安好。前勸留心義理之學，此須思辯與體認二種工夫並用。考據家方法，實未足恃也。賢者〔註16〕風神清逸，望發大心，以斯道自任。方今人失其性，願有志者能自振也。《讀經示要》務細看，字字反諸心而實體之，度有疑難，可通函。

小女王再光〔註17〕（從姨父姓王）。求借讀武大，不知可設法否？吾昨年來甚衰，經此番長途勞頓，更不了也。朱家求為碑文，吾本不工古文，辭之不獲。稍緩，當粗寫大概，希吾子一為潤色。切勿憚於費神，更不可疑余之文字不必更也。文章本精氣之表現，精神虧乏時，文不能佳。吾子入老境時，當知此意耳。賢者文辭，吾只見昔所寄為某孝女作者，嘗一臠肉而知一鼎之味〔註18〕，知於此道用功深，意更望能昌放耳。西漢人文字，質實而不甚修整於字句之間，其體度自博大。東京以後，辭雖整練，而體度便小。魏、晉人更卑弱，直如豔弱女子耳。族類自此衰也！後之古文，更不成話。

博平先生致念。

力啓

五月一日

編者注：此函未具年，年代係我們所考訂。黃焯、劉博平均武漢大學教授。〔註19〕

信件通釋

平即北平，此年仲春熊十力由重慶東下，後由武漢北上至北平，返回北京大學。

〔註16〕賢者，指黃焯。
〔註17〕即熊再光，熊十力次女，曾過繼給姨父王孟蓀，故改姓王。
〔註18〕《呂氏春秋‧察今》：「嘗一臠肉而知一鑊之味，一鼎之調。」《淮南子‧說林訓》：「嘗一臠肉知一鑊之味，懸羽與炭而知燥濕之氣。」比喻可從已知的部分推究全部。
〔註19〕熊十力：《熊十力全集》卷八，武漢：湖北教育出版社，2001年，第494～495頁。

《讀經示要》，熊十力於 1944 年著於北碚，此書以《新唯識論》的哲學思想疏解經學和中國思想史的專著，亦展示了作者的政治哲學和歷史哲學思想。

劉賾，字博平，湖北武穴人，著名小學家，武漢大學中文系「五老」之一，與黃焯同爲章黃學派重要傳人。著有《初文述誼》、《小學劄記》等。

（三）答黃焯

（一九四七年五月二十二日）

耀先有道：

五月十六日來信，二十一日到，吾即寫覆。前擬寄朱尊民〔註20〕墓表稿煩加潤色，而朱家催之過急，彼春初即欲急辦，吾延之迄今，只好早寄他。似是五月十日之譜〔註21〕寄去。朱係創辦紙廠之實業家，要詳敘其造紙事業，此等文字似不好用古文空靈語調，亦不好過用古文筆法，只求敘述詳明而止。他索之急，遂徑予之，不知彼可否緩刻，由吾子一爲核定也。此文祇求字句整練一點，無他也。寄來文字，吾覺皆好。昔滌生〔註22〕論文章之美，以陰陽分途，其說不可易。吾子之文猶與陰柔之美爲近，吾意可更著力於剛健方面，亦沉潛剛克〔註23〕之意。

義理之學，須反在身心理會，《讀經示要》確需留意一番。但吾所言，各有深遠來源，惜乎不得面論，則恐只在文句中看過也。此在細心。吾隨筆一例，如《大學》「明明德」，康成〔註24〕之訓，祇是空句子，全無著落，細研之自見。朱子反之此心，確有著落，陽明何故猶不滿足他？則《示要》已言明。而吾子向未從事斯學，恐難得吾意，難辨朱、王短長。又吾據哲學之諸大問題而闡明本心爲

〔註20〕朱尊民，民國實業家，國民政府軍政部次長朱綬光之子。其生平見熊十力發表於 1947 年《三民主義》半月刊第十卷第八期的《朱尊民先生事略》，《熊十力全集》第八卷第 305 頁。

〔註21〕「……之譜」，表估計。見郭齊勇《熊十力傳論》第 226 頁。中國社會科學出版社 2013 年。

〔註22〕曾國藩號滌生。

〔註23〕沉潛剛克：語出《尚書·洪範》。孔穎達解爲「沉潛謂地雖柔，亦有剛，能出金石」。形容深藏不露，內蘊剛強。

〔註24〕鄭玄，字康成。東漢經學大師。其學以古文爲主，兼及今文，號爲「鄭學」。遍注群經，尤精三禮。

萬物之源，於此見吾人確與天地萬物同體，確無二本。此皆面談較好，惜無此機。第一講中說道體處亦宜細研。九義〔註25〕更是貫穿群經，明內聖外王之大體，以救治西洋之弊而亦融西洋之長。第二講辨章數千年學術源流得失及今後應取之方向，皆不可忽也。三講中略明各經大義，都須細心。又講《大學》時於「致知」必詳引陽明，皆特別擇其精髓，原為便利學者計，此不可不深究也。談心性，陽明實優於宋儒，得此柄把，可免支離。

博平先生文字之學深有獨得，而外間多莫之知，但此不足措意。望於鄉邦後進，勤為開誘，此學亦自要緊。

三輔先生似以留武大為佳。大家都棄鄉邦，甚非計也。且北方之局大不安定，人人均在搖盪不安中過活，又各勾心鬥角，哪能談學問與教育？但三輔暑假能來小住，再回武漢教課，亦無不可，留平確不必也。

三月二十二日寫

編者注：此函首行右側，有作者用朱筆批的一段話：「學報自可辦，但吾恐少精力作文字也。」此函年代係我們所考訂。三輔即汪奠基教授。〔註26〕

信件通釋：

汪奠基，又名三輔，號芟蕪、山父等，邏輯學家，武漢大學教授，湖北師範學院（今湖北大學）首任校長。於 1944 年秋至 1947 年夏任教湖北師範學院。

信件（二）（三）相隔不遠，所言事多有關聯，可以聯合起來看。兩信所言內容一為勸黃焯留心細看《讀經示要》，體會義理之學，二為為朱家寫碑文事。

熊十力曾說：「蓋清代漢學家，純是考據風氣，治學與其作人無關係，其治史不過以考定故事自務博雅而已，於世務素漠不關心，故於歷史中不能得

〔註25〕作者闡述群經所言之「治」有如下九義：一曰仁以為體；二曰格物為用；三曰誠恕均平為經；四曰隨時更化為權；五曰利用厚生本之正德；六曰道政齊刑歸於禮讓；七曰始乎以人治人；八曰極於萬物各得其所；九曰終之以群龍無首。這是以仁為中心，以人各自由、人皆平等的太平大同境界為目的的德治理想。見郭齊勇《熊十力傳論》第 244 頁。中國社會科學出版社，2013 年。

〔註26〕熊十力：《熊十力全集》卷八，武漢：湖北教育出版社，2001 年，第 496～497 頁。

到政治經濟等知識。其本既虧，一切無感觸。清末志士無救於國、無救於其自身，此事彰明，追原作俑，不能不歸咎於考據學風之爲害烈也。」〔註27〕熊十力有感於考據派沉溺書本，不思經世，對改善社會與民生無益，熊十力推崇心學，鄙棄考據之學。「談心性，陽明實優於宋儒」可見其取向。信中言「本心爲萬物之源」，按照熊十力「一本」的理念，人之心可合萬物爲一體。即「人的精神生命與道德意識的運動或感通，人的生命與宇宙大生命能夠回復成一體」。〔註28〕故而人與萬物同體。「仁心」作爲宇宙的本體，要透識本體，即見體，所依賴的途徑就是體認與思辨。熊十力目睹當時「人失其性」的現實，懷著對人性喪失的失望之心，更加希望有人能夠深刻體會義理之學，「以斯道自任」，爲混亂的社會留一顆能夠發心任道的種子，所以才如此勉勵黃焯。

其稱「文章本精氣之表現」，與劉大櫆「文章者，人之精氣所融結」（《潘在澗時文序》）〔註29〕的觀點如出一轍。其論兩漢魏晉文學形式的流變，也是極爲得當。

附：曾國藩論文章陰陽之美。

余昔年嘗慕古文境之美者，約有八言：陽剛之美曰雄、直、怪、麗，陰柔之美曰茹、遠、潔、適。蓄之數年，而余未能發爲文章，略得八美之一以副斯志。是夜，將此八言者各作十六字贊之，至次日辰刻作畢。附錄如左：（乙丑正月廿二日）

雄：劃然軒昂，盡棄故常；跌宕頓挫，捫之有芒。

直：黃河千曲，其體仍直；山勢如龍，轉換無跡。

怪：奇趣橫生，人駭鬼眩；《易》、《玄》、《山經》，張、韓互見。

麗：青春大澤，萬卉初葩。《詩》《騷》之韻，班、揚之華。

茹：眾義輻湊，吞多吐少；幽獨咀含，不求共曉。

遠：九天俯視，下界聚蚊；寤寐周孔，落落寡群。

潔：冗意陳言，類字盡芟。慎爾褒貶，神人共監。

適：心境兩閒，無營無待；柳記歐跋，得大自在。〔註30〕

〔註27〕熊十力：《十力語要初續》，上海：上海書店出版社，2007年，第185頁。
〔註28〕郭齊勇：《熊十力傳論》，北京：中國社會科學出版社，2013年，第131頁。
〔註29〕劉大櫆：《劉大櫆集》卷三，上海：上海古籍出版社，2000年，第102頁。
〔註30〕曾國藩：《曾國藩全集》十八冊，長沙：嶽麓書社，2001年，第137頁。

（四）答黃焯

（一九五〇年一月三十日）

耀先有道：

《毛鄭平議》〔註31〕，吾因住處煩雜（三家人，小孩又多），來人亦時有之，未能看畢。然睹梧桐一葉落而知天下之秋，嘗一臠肉而知一鼎之味也。此書精審可貴，置之《清經解》中，當爲極有價值之書（《清解》多無聊者）。惜乎斯文將墜，無復請事於斯者，以此思哀，哀何容已！然學者求自得自樂而已。古義之悅心，猶芻豢〔註32〕之悅我口。吾與耀先、博平以此娛懷可也。

庚寅一月三十日〔註33〕

信件通釋

熊十力此年元月由應政府邀請自廣州至武漢，三月到北京。

《清經解》，即《皇清經解》，又名《學海堂經解》，由阮元主編。共收七十三家，一百八十三種著作，凡一千四百卷。集儒家經解之大成。後又有王先謙主編《皇清經解續編》。由李格非執筆的黃焯祭辭中有「毛傳箋疏，故訓通明。書廁經解，無遜有清」〔註34〕即言此事。

此信雖短，卻言兩事，一爲推重黃所著《毛鄭平議》，認爲其即使與《清經解》所收之書相比極有價值。二爲當下斯文掃地，無復究心古學者，但不可因此而退卻，當爲學以自樂。

前後數信，皆可見熊十力對社會現實的消極態度。但難能可貴的是，熊十力在對現實如此消極的態度下，仍沒有放棄傳承文化的使命感。熊十力將世界萬物的根源歸於本心，而這種本心並非僅僅是道德之心，此心永存於宇宙之間，不會因爲一時的逆境而消亡，故而熊十力堅信古學中的真理也不會因爲社會環境的不順而改變。這種觀念從他的思想構成上可以找到依據，他以《大易》爲五經之根本，所著《新唯識論》、《乾坤衍》、都與《周易》有著密切的聯繫。正是易道生生不息的精神，使熊十力在絕望的現實中仍然對古

〔註31〕 即《毛詩鄭箋平議》，黃焯所作，主要評論鄭玄《毛詩箋》，以毛傳爲主，三家爲輔，於《詩》義多有發明。

〔註32〕 芻豢，牲畜，泛指肉類。

〔註33〕 熊十力：《熊十力全集》卷八，武漢：湖北教育出版社，2001年，第642～643頁。

〔註34〕 丁忱編：《黃焯文集》，武漢：湖北教育出版社，1989年，第345頁。

學寄予希望。所謂「天道有常，不爲堯存，不爲桀亡」，熊十力之所以如此勉勵黃焯究心古學，正是有這樣的觀念作爲支撐。

（五）答黃焯

（一九五八年七月十二日）

耀先先生：

老五月二十三日信，今早起（老五月二十六，陽七月十二）收到，可謂快矣。你的病，免車水，想病不輕，望開拓胸次〔註35〕，並加營養，病不足患也。

你昔送我所著《詩》的一本書〔註36〕，我雖匆匆看過，然猶憶其精審，確是有價值的著作。但在今日，便非時代所需要，將來如有作考核工夫者，猶用得著，但未卜何年耳。停課，工資減否？生活不至影響否？令郎有幾，均長大否？各能自力生活否？便中見告。雖我聞之無益，然知其情況，心下免得一種懸揣耳。古學有可通之後世者，能溫故知新亦大佳。古學或不合於今，而其理有不因異時異地而或易者，此乃人道之貞常，則不可隨俗而失其守也。吾無妥人照料，以致日常生活太苦，時有歸歟〔註37〕之志。勉強完成一二小稿，當遂謁聖九霄之願耳。〔註38〕

博平先生均此。

漆園〔註39〕　七月十二日午後〔註40〕

信件通釋

1958年大躍進，全國大煉鋼鐵，學校停課。亂象已現。

此信中仍舊讚揚黃焯古學工夫，只是並不知何日再能被重新重視，但仍鼓勵黃不可隨俗失守。也反映出當時國家一片熱鬧的建設風潮中熊十力深深地擔憂與落寞。

〔註35〕胸次：胸間，即胸懷。
〔註36〕即前文提及的《毛詩鄭箋平議》。
〔註37〕歸歟：見陶淵明《歸去來兮辭》「眷然有歸歟之情」。
〔註38〕謁聖九霄：死亡的諱語。
〔註39〕熊十力晚年號漆園老人。
〔註40〕熊十力：《熊十力全集》卷八，武漢：湖北教育出版社，2001年，第763頁。

關於熊十力晚年的困境，他在《存齋隨筆》中感歎道：「余年七十，始來海上，孑然一老，小樓面壁。忽逾十祀，絕無問字之青年，亦鮮有客至。衰年之苦，莫大於孤。」熊擔憂的絕非僅僅是個人境遇，而是中華文化的困頓。

對時事的消極與對古學的信心，可以用他的「翕闢」理論來理解。「翕闢」出自《周易・繫辭上》「夫坤，其靜也翕，其動也闢，是以廣生焉」。他認為本體的運動一翕一闢。「翕是攝聚成物的能力，由於它的積極收凝而建立物質世界；闢是與翕同時而起的另一種勢用。剛健自勝，不肯物化，卻能化物能運用並主宰翕。實體正是依賴著一翕一闢的相反相成而流行不息的。翕勢凝斂而成物，因此翕即是物；闢勢恒開發而不失其本體之健，因此闢即是心。」〔註41〕在《周易》中，「翕闢」的地位是對等的，而根據熊十力的觀點，在這種本體運動中，佔據主導地位的是「闢」，在本心的主導作用下，宇宙萬物都向著光明的方向前進。具體到人類社會，發展與進步仍是它的方向，暫時的落後與倒退並不能改變它的最終方向。熊十力認識的即使當下面臨著諸多亂象，但古學的發展乃是必然，因此才會積極鼓勵黃焯究心古學。

（六）答黃焯
（一九六五年六月二十一日）

來信收到有日，係由淮寓〔註42〕轉來。淮寓現要修造，不能住，故暫移來青寓〔註43〕。移來已過了兩個多月。吾身體血氣俱虧，五臟都壞，不可久也。死生自然之理，聽之而已。博平先生勿太勞神著作。老而衰，大苦，吾飽嘗此味。楚珩老弟去世，吾不必哀，吾亦將去矣。目前，胃不能吃飯，有時飲食，胃和喉內作梗，食物不能下，有三次特凶，幾乎死矣。聯芳三月中到淮寓二次，身體不好。通信地址移家時不見，欲寫一信與她不能。聯璧侄以此片地址告芳。子寧先生身體猶健，甚慰！與他別久矣，來世有無不可知，今生殆難晤也。博平先生均此。

編者注：此片寄「武漢大學二區四十七號黃耀先先生收」，由「上海青雲路一六七弄九十一號熊寄」，「六月二十一日夏至節」。寄達地址前加一句為：

〔註41〕 郭齊勇：《郭齊勇哲學研究》，北京：人民出版社，2011年，第45頁。
〔註42〕 淮寓，即淮海中路2068號的熊十力宅，1954年熊十力自北京至上海，本與子世菩居於青雲路，由於臨街嘈雜，不便做學問，故上海市委為之覓得此宅。
〔註43〕 青寓，即後文「上海青雲路一六七弄九十一號」的熊十力住所。

「您的夫人健否？智老〔註44〕致念。」此片所提楚珩，即溫楚珩，熊先生朋友，黃侃先生妹夫，亦即信中所提聯璧、聯芳姐妹之父。溫聯璧適王維誠先生。子寧即劉子寧，黃岡故人。劉博平爲武漢大學中文系教授。〔註45〕

此信並未言及任何與學術相關內容，詳述自身身體情況，熊十力自感時日無多，全篇流露出遲暮之氣，三年後，熊十力與世長辭。

三、結論

通觀以上七通信函，可以看出，熊十力雖然醉心學術，卻並非「兩耳不聞天下事，一心只讀聖賢書」，相反，他對社會現實有著極度的敏感性，對於當時古學荒廢、人心不古的事實有清醒的認識，甚至對傳統文化何時可以復興也抱著一種消極的態度。然而他並沒有因此熄滅對傳統文化的熱情，反而積極鼓勵黃焯研習古學以自娛。可見傳統文化一時的困境並未使得熊十力絕望。在《周易》生生不息的觀念下，熊十力堅信古學之道有其恒久的價值，不會因一時的逆境而變易。正是這種九死未悔的信念支撐著中國文化走過無數絕境迎來了全面復興。

〔註44〕智老：熊十力原名繼智。
〔註45〕熊十力：《熊十力全集》卷八，武漢：湖北教育出版社，2001 年，第 859～860
　　　頁。

章太炎黃季剛是信古派嗎？

　　章太炎、黃季剛雖不以辨偽名家，但也決非一味信古。章太炎將辨偽作爲「研究國學的第一步」，公開反對疑古派，與王國維殊途同歸。黃季剛也非常重視文獻辨偽，但其治學方法既不同於王國維，也不同於胡適。王國維的「二重證據法」是對疑古派的藥石，並非是對章太炎、黃季剛的否定。黃永年所謂「靜安先生『二重證據法』的歷史作用，是對章太炎（炳麟）、黃季剛（侃）、柳翼謀（詒徵）等先生保守面的否定」的說法，既是對王國維歷史地位的錯誤估價，也是射向章、黃的一支暗箭。

一

　　陝西師範大學黃永年教授莫名其妙地將章太炎、黃季剛及柳翼謀視爲信古派的代表，他在《論王靜安先生「二重證據法」的歷史地位》一文中說：

> 　　我認爲靜安先生「二重證據法」的歷史作用，是對章太炎（炳麟）、黃季剛（侃）、柳翼謀（詒徵）等先生保守面的否定。這保守面就是他們不用甚至不相信地下材料甲骨文和金文，而一味信古，相信古書和傳統的古史。」〔註1〕

　　此論與事實相去甚遠，對王國維「二重證據法」的歷史地位下了一個完全錯誤的判斷。復旦大學中文系傅傑教授在《柳詒徵與甲骨文》一文中對其說法予以駁斥：

〔註1〕黃永年：《論王靜安先生「二重證據法」的歷史地位》，《王國維學術研究論集》第三輯，上海：華東師範大學出版社，1990年，第253頁。

關於柳氏，黃先生所舉的例證是柳文《論以說文證史必先知說文之誼例》中所說的「研究古代文字雖亦考史之一途術，不可專信文字，轉舉古今共信之史籍一概抹殺」諸語。按「不可專信」與「不用甚至不相信」之間顯然還是有距離的。事實上柳氏對甲骨文的史料價值，不僅未嘗否認，而且屢有闡發。〔註2〕

傅傑先生又舉五例予以駁斥，皆極中肯。黃永年教授將「不可專信」與「不用甚至不相信」劃上等號，未免自欺欺人。

王國維所提出的「二重證據法」，是針對以胡適、顧頡剛、錢玄同爲代表的疑古派而發。在疑古思潮甚囂塵上之時，王國維有感於疑古過勇，欲挽狂瀾於既倒，理智地提出了「二重證據法」。裘錫圭先生認爲：

就在顧頡剛等掀起疑古思潮的時候，以研究殷墟甲骨卜辭和敦煌漢簡等新出土的古代文字資料而馳名的王國維，在清華研究院1925年的「古史新證」課上，針對疑古派過分懷疑古史的偏向，提出了以「地下之新材料」「補正紙上之材料」的「二重證據法」。疑古派認爲周以後人所述古史多不可信。王氏根據甲骨卜辭中所見殷王世系，指出《史記·殷本紀》所記殷王世系「雖不免小有舛駁而大致不誤」。〔註3〕

李學勤先生也認爲：

在古史辨派最盛行的時候，王國維先生就有批評。這一點因爲過去大家不太清楚，不太清楚的原因，就是由於王國維先生在清華大學國學研究院的那個講義《古史新證》流傳太少了。……人們可以看到他對古史辨的批評，我們也可以印證他的幾位學生是怎樣轉述他對古史辨的批評。以我個人的妄斷，揣測王國維先生所以取名叫《古史新證》，也跟《古史辨》之名有關。這是我個人的揣測。因爲你叫《古史辨》，我就叫《新證》，正好是一個補充。〔註4〕

裘、李二位的說法幾乎不謀而合，可謂「英雄所見略同」。

〔註2〕傅傑：《聆嘉聲而響和》，上海：華東師範大學出版社，2001年，第9～13頁。
〔註3〕裘錫圭：《中國古典學重建中應該注意的問題》，《北京大學中國古文獻研究中心集刊》第2輯，北京：燕山出版社，2001年，第2頁。
〔註4〕李學勤：《疑古思潮與重構古史》，《中國文化研究》1999年春之卷，第3頁。

二

顧頡剛先生本人也承認：「章太炎也是一個敢於批評古人和古書的人，但膽量卻不如鄭、姚、崔三大家。章是古文學家，談到古史問題時，總想迴護古文學家的說法。」〔註5〕章太炎的膽量自然不如鄭、姚、崔三大家，因此在疑古方面也就沒有什麼「權威」可言，相反，還被黃永年教授委派為「信古派」的元首，作為「疑古派」的對立面而存在。難道真是如此嗎？

章太炎在談到治國學之方法時特地將「辨書籍的真偽」作為第一條方法，接著才是「通小學」、「明地理」等，他說：

> 對於古書沒有明白哪一部是真，哪一部是偽，容易使我們走入迷途，所以研究國學第一步要辨書籍的真偽。

> 四部的中間，除了集部很少假的，其餘經，史，子三部都包含著很多的偽書，而以子部為尤多。清代姚際恒《古今偽書考》，很指示我們一些途徑。先就經部講：《尚書》現代通行本共有五十八篇，其中只有三十二篇是漢代的「今文」所有，另二十五篇都是晉代梅頤所假造。這假造的《尚書》，宋代朱熹已經懷疑他，但沒曾尋出確證，直到清代，才明白地考出，卻已霧迷了一千多年。……不過《偽古文尚書》和《偽孔傳》，比較的有些價值，所以還引起一部分人一時間的信仰。

> 以史而論，正史沒人敢假造，別史中就有偽書。《越絕書》，漢代袁康所造，而託名子貢。宋人假造《飛燕外傳》、《漢武內傳》，而列入《漢魏叢書》。《竹書紀年》本是晉人所得，原已難辨真偽，而近代通行本，更非晉人原本，乃是明人偽造的了。

> 子部中偽書很多，現在舉其最著者六種，前三種尚有價值，後三種則全不足信。

> （一）《吳子》　此書中所載器具，多非當時所有，想是六朝產品。但從前科舉時代把他當作《武經》，可見受騙已久。

> （二）《文子》　《淮南子》為西漢知名作品，而《文子》裏面大部分抄自《淮南子》，可見本書係屬偽託，已有人證明他是兩晉六朝人做的。

〔註5〕顧頡剛：《我與古史辨》，上海：上海文藝出版社，2001年，第197～198頁。

（三）《列子》 信《列子》的人很多，這也因本書做得不壞，很可動人的原故。須知列子這個人雖見於《史記·老莊列傳》中，但書中所講，多取材於佛經，「佛教」在東漢時始入中國，那能在前說到？我們用時代證他，已可水落石出。並且列子這書，漢人從未有引用一句，這也是一個明證。造《列子》的也是晉人。

（四）《關尹子》 這書無足論。

（五）《孔叢子》 這部書是三國時王肅所造。《孔子家語》一書也是他所造。

（六）《黃石公三略》 唐人所造。又《太公陰符經》一書，出現在《黃石公三略》之後，係唐人李筌所造。

經、史、子，三部中的偽書很多，以上不過舉個大略。……總之，以假爲眞，我們就要陷入迷途，所以不可不辨別清楚。但反過來看，因爲極少部分的假，就懷疑全部分，也是要使我們徬徨無所歸宿的。如康有爲以爲漢以前的書都是偽的，都被王莽、劉歆改竄過，這話也只有他一個人這樣説。我們如果相信他，便沒有可讀的古書了。〔註6〕

從上可知，太炎先生對於文獻辨偽是極爲重視的，他把辨書籍的眞偽作爲「研究國學第一步」。「四部的中間，除了集部很少假的，其餘經，史，子三部都包含著很多的偽書，而以子部爲尤多。」這種判斷也大體符合實際情況。他區分「極少部分的假」（即附益）與「全部偽」，又認爲「經史實錄不應無故懷疑」，也比疑古派來得高明。

值得注意的是，太炎先生晚年曾對疑古派大加鞭笞。1933年3月15日，章太炎在無錫師範學校演講《歷史之重要》，認爲「講西洋科學，尙有一定之規範，決不能故爲荒謬之説。其足以亂中國者，乃在講哲學講史學，而恣爲新奇之議論。」並斥疑古派爲「魔道」：

夫講學而入於魔道，不如不講。昔之講陰陽五行，今乃有空談之哲學、疑古之史學，皆魔道也。必須掃除此種魔道，而後可與言學。〔註7〕

〔註6〕章太炎：《國學概論》，成都：巴蜀書社，1987年，第14～17頁。

〔註7〕姚奠中、董國炎：《章太炎學術年譜》，太原：山西古籍出版社，1996年，第439頁。

太炎先生所言不免情緒激昂。「二重證據法」的歷史作用正是在於掃除疑古之道。也正是在此學術立場上，章太炎與王國維不謀而合，殊途同歸，又怎麼能夠說靜安先生「二重證據法」的歷史作用是對章太炎等先生保守面的否定呢？

三

黃季剛與太炎先生共同開創了「章黃學派」，但與新學兩派——以王國維爲代表的實證派和以顧頡剛爲代表的疑古派均大異其趣，仍然堅守乾嘉以來正統派的治學方法，成爲乾嘉學術之殿軍。

首先，黃季剛與王國維治學路徑不同。

雖同爲國學大師，但黃季剛對王國維頗有微詞，他在日記中有如下記載：

昨聞伯弢先生言：「王國維說《顧命》廟非殯宮路寢，而爲大廟。曾面糾其失。國維曰：『雖失而不欲改。』」其專己遂非有如此者。今閱劉盼遂所記國維說《尚書》語，果如伯弢言。國維少不好讀注疏，中年乃治經，倉皇立說，挾其辯給，以炫耀後生，非獨一事之誤而已。始西域出漢晉簡紙，鳴沙石室發得藏書，洹上掊獲龜甲有文字，清亡而內閣檔案散落於外，諸言小學、校勘、地理、近世史事者，以爲忽得異境，可陵前人，輻湊於斯，而國維幸得先見。羅振玉且著書且行賈，兼收浮譽利實，國維之助爲多焉。要之，經史正文忽焉不講，而希冀發現新知以掩前古儒先，自矜曰：「我不爲古人奴，六經注我。」此近日風氣所趨，世或以整理國故之名予之，懸牛頭，賣馬脯，舉秀才，不知書，信在於今矣。〔註8〕

黃季剛與王國維治學取向不同：黃氏力主發明之學，主張用傳統方法處理新、舊材料，善於從常見書中發掘出新的東西，對經史正文等舊材料的重視勝過新材料；王氏主發現之學，提倡「二重證據法」，主張用新方法處理新材料，不僅材料新，觀點更新，無疑對新材料的重視勝過舊材料。

黃季剛認爲：「發現之學行，而發明之學亡。」其說深得日本漢學鉅子吉川幸次郎的賞識，他到中國求學時曾兩次拜訪黃侃，從黃季剛那裡學到了治學方法，他說：

〔註8〕黃侃：《黃侃日記》，南京：江蘇教育出版社，2001年，第302頁。

我現在正作著的杜甫注，就是想移用從清朝那裡學來的方法……所謂考證學，在日本時，總認為在文獻對證之外，一完整要有實物的證據，否則，不能叫考證學。但到中國去一看，並非一定要如此。發掘文獻內存的證據，比什麼都強。這種態度在日本對考證學的理解時，是不明顯的。我懂得了這一點。

但是，真的具有能力去實踐這種考證學的人，我所接觸到的無疑都是了不起的學者。與黃侃見面時。我就想：只有這樣的人才能做這樣的考證學。我對黃侃佩服的理由也正是在這一點上。這並非是與他交談了什麼具體的問題，從氣象來看，他就是一位會思考、會讀書的人，不是注重於書之外的資料，而是在書本之內認真用功的人。這不正是真正的學問嗎？黃侃說過的話中有一句是：「中國學問的方法：不在於發現，而在於發明。」以這句來看，當時在日本作為權威看待的羅振玉、王國維兩人的學問，從哪個方面看看都是發現，換句話說是傾向資料主義的。而發明則是對重要的書踏踏實實地用功細讀，去發掘出其中的某種東西。我對這話有很深的印象。

……限於考證學來說，人們認為考證學是只用歸納法的，在日本事實上也是這樣的。但我知道實際上並不完全是這樣。不只是歸納，也用演繹。演繹是非常有難度的，必須對全體有通觀的把握。絕不是誰都有能力這樣做的，於是，就認識到中國學問確實是需要功底的。〔註9〕

吉川幸次郎對黃季剛治學方法的引申發揮比較符合黃氏的學術理念，也正好用來詮釋黃季剛與王國維的學術分野。

其次，黃季剛與胡適派治學路徑不同。

1925 年，胡適在《申報》上發表《五十年來中國之文學（七）──章炳麟》，其中批評黃侃說：「有一個黃侃學得他的一點形式，但沒有他那『先豫之以學』的內容，故終究只成了一種假古董。」〔註 10〕黃季剛在著名的《與鄭際旦書》中說：

昨示僕以胡適之在《申報》論近日文學涉及於僕之辭，怪僕何以遂默默。……少違嚴父之教，幸為慈母、因母、嫡兄、寡姊所哀，

〔註 9〕吉川幸次郎：《我的留學記》，北京：光明日報出版社，1999 年，第 94～95 頁。
〔註 10〕胡適：《五十年來中國之文學（七）──章炳麟》，《申報》，1925 年 12 月 2 日。

得至成立。性氣浮躁，不能潛心學問，徒恃靈明，弄筆騁辭，恭承
師說，無所裨益。授書橫序，尟有發明。斯不學之徵，胡君論僕，
自爲知之不謬耳。人固有晚命，而僕自失供養以來，心事淒苦，無
意問學。偶欲究聲音訓詁之條例，求漢世經師之家法，而聞見苦於
未廣，竊恐此生遂終廢棄，上負在三之恩，胡君雖欲刻屬僕，其如
駑蹇之乘，無志千里何哉。僕聞衙鬻叫呼，懸旌自表者，非隨和之
寶。僕之爲文，誠不豫之以學，何可諱言；抑胡君以文變天下之俗，
其自視學問果居何等耶？猥以假古董爲誚，蓋僞古僞新，其事均等，
僕與胡君分據兩塗，各事百年，不亦可乎？僕非不能以惡聲反諸胡
君，竊見今之學者，爲學窮乎詢罵，博物止於鬥爭，故恥之不爲也。
〔註 11〕

黃季剛與胡適之「僞古僞新」之爭，實爲新舊之爭、雅俗之爭。「究聲音
訓詁之條例，求漢世經師之家法」，正是黃季剛昌明中華固有之學術的具體體
現。他始終堅守這一治學立場，與新派分庭抗禮。他認爲學術有始變與獨殊
之分：

學術有始變，有獨殊。一世之所習，見其違而矯之，雖道未大
亨，而發露端題，以詒學者，令盡心力，始變之功如次。一時之所
尚，見其違而去之，雖物不我貴，而抱殘守缺，以報先民，不懲矩
蠖，獨殊者之功也。然非心有眞知，則二者皆無以爲。其爲始變，
或隳決藩維，以誤群類。其爲獨殊，又不過剿襲腐舊，而無從善服
義之心。是故眞能爲始變者，必其眞能爲獨殊者也。不慕往，不閔
來，虛心以求是，強力以持久，誨人無倦心，用世無矜心，見非無
悶，俟聖不惑。吾師乎！吾師乎！古之人哉！〔註 12〕

始變者暗指胡適等新派學人，而以獨殊者爲己任。量力守故轍，黃季剛
與新派早已分道揚鑣。寫於 1931 年的《金聲題辭》一文，再次申述其治學方
略：

近頃從事於國學者亦多途矣，總之不離捨舊謀新者近是。以言
乎小學，則六書之例，三百之韻，不足以窮文字聲音之變，而古器

〔註 11〕陳子展：《中國近代文學之變遷·最近三十年中國文學史》，上海：上海古籍
　　　　出版社，2000 年，第 204 頁。
〔註 12〕黃侃：《黃侃日記》，南京：江蘇教育出版社，2001 年，第 51 頁。

物文之學代興焉。以言乎經史，則《易》非性通之書，《書》、《春秋》非徵信之史，而《山經》、《穆傳》，視若祕典焉。以言乎文辭，則楊、馬不足扶轂，韓、柳不足驂乘，而野語童謠，反若有眞宰之存焉。予謂所謂惡夫舊者，惡其執一而不變也。漢一乎經，晉、魏、梁、隋一乎玄，唐一乎正義，宋一乎道學，明一乎制舉文，清一乎考證。其一也，其盛也；其盛也，其衰也。新之一果愈於舊之一乎？是未可知也。〔註13〕

黃季剛對新派「知新而不溫故」的做法大不以爲然，但他是不是就一定是「溫故而不知新」呢？難道黃季剛眞如黃永年教授所說「不用甚至不相信地下材料甲骨文和金文，而一味信古，相信古書和傳統的古史」嗎？回答是否定的。

其一，黃季剛「不用甚至不相信地下材料甲骨文和金文」不能成立。

黃季剛在與徐行可書信中說：

夫洨長之書，豈非要籍？棗木傳刻，蓋已失眞。是用勤探金石之書，冀獲壞流之助。近世洹上發得古龜，斷缺之餘，亦有瑰寶。惜搜尋未遍，難以詳言。倘於此追索變易之情，以正謬悠之說，實所願也。

近日閒居，深念平生雖好許書，而於數百年所出之古文字，所見未宏。夫山川鼎彝，洨長所信；今不信其所信，徒執木版傳刻之篆書，以爲足以羽翼《說文》，抑何隘耶！然處今日而爲此學，有較古爲易，亦有較古爲難者。石印法行，一日頓見無數眞跡，此易之說也。……侃居此每月差有所餘，盡以購書，數月以來，乃非有篆文之書不購。〔註14〕

黃季剛發願以甲骨文來正《說文解字》謬悠之說，這與王國維已經完全同調，怎麼可以說他「不用甚至不相信地下材料甲骨文和金文」呢？《黃侃日記》中也有大量搜求、研究甲骨文、金文等的原始記錄：

夜看孫氏《古籀拾遺》、《契文舉例》、《名原》。〔註15〕

早起，致書富晉及穎民，託求羅振玉《殷虛書契前編》、《殷虛

〔註13〕黃侃：《黃季剛詩文鈔》，武漢：湖北人民出版社，1985年，第43頁。

〔註14〕黃侃：《黃季剛詩文鈔》，第76～77頁。

〔註15〕黃侃：《黃侃日記》，南京：江蘇教育出版社，2001年，第577頁。

書契精華》、《鐵雲藏龜之餘》、《秦漢瓦當文字》、《秦金石刻辭》、《古
鏡圖錄》、《雪堂所藏吉金文字》精拓本、王緒祖《殷虛書契萃菁》、
劉鶚《鐵雲藏龜》、《藏匋》。〔註16〕

　　與黃離明書，令求中央研究院印董作賓《新獲卜辭寫本》。〔註17〕

　　在中央大學借得《殷虛書契前編》四冊，擬與石禪抄此，並抄
劉鶚《藏龜》，則龜甲之書於是乎全。〔註18〕

　　以敦煌出書及龜甲文字置之屋中架上，近世之所謂古學也。〔註19〕

　　《黃侃日記》中諸如此類的材料還有不少，不勝臚列。黃季剛始終關注
地下材料甲骨文和金文以及敦煌文獻，到處寫信購買、借閱，「兩年來辛苦所
得奉金，自日用外，悉用以購金石甲骨文字書籍」。

　　其二，黃季剛「一味信古，相信古書和傳統的古史」不能成立。

　　黃季剛論《尚書孔傳參正》時說：「王書不唯強分今古，史公一人之說，
忽今之、忽古之。此一蔽也；《孔傳》雖似王子雍所爲，而經文訓故必不敢
爲大傀異，以啓世之疑，故今日考此經於古今文俱無徵、無說者，毋寧即
用《孔傳》。乃不悟此，而用後人之說（如月正、元日、食哉、惟時、惠疇，
皆別採清人之說）。豈王肅反不如後世無師之流乎？此二蔽也；又執單文而
譏《孔傳》。以《說文》引「時惟懋哉」，而云孔用今文（《史記》亦非今文，
王說殊固）……不知書籍流傳，自多岐互，何淺人之不憚煩而屢改古籍耶？
此清世校勘家之大忌也，王亦同之，三蔽也。若夫校勘不精，其責不在著
者。……要之，此種書徒以繁稱博引嚇儉陋之夫，以榮今虐古，閉樸學之
喙，則亦毋庸深贊矣。」〔註20〕黃季剛所不信者乃今文經學，絕非「一味
信古」。

　　黃季剛不但不「一味信古」，他對辨僞還頗具心得：

　　　書籍有眞僞，學術但論是非。今之檢核僞書者，往往並其中藏
　　而一概末殺之，甚無謂也。論吾土中世玄學之書，以三僞書爲最懿。
　　其思想突駕前人，而啓闢後來之途徑者，不可忽也。魏、晉間，著
　　作最大者，無如《列子》、僞《古文尚書》、《孔叢子》三書。《列子》

〔註16〕黃侃：《黃侃日記》，南京：江蘇教育出版社，2001年，第580頁。
〔註17〕黃侃：《黃侃日記》，南京：江蘇教育出版社，2001年，第582頁。
〔註18〕黃侃：《黃侃日記》，南京：江蘇教育出版社，2001年，第583頁。
〔註19〕黃侃：《黃侃日記》，南京：江蘇教育出版社，2001年，第667頁。
〔註20〕黃侃：《黃侃日記》，南京：江蘇教育出版社，2001年，第61頁。

之言，從不見漢人稱道，而忽見於金行之世：雖未必即爲處度所造，然其言皇子不信火浣布，乃依約魏文帝故事；知成書必在正始後矣。其書建理立論，乃以融通佛、老之爲，陳義極其閎遠。然亦言大易，言神仙，與王、何之倫又異。相其論旨，可稱爲中國之婆羅門。而依託重言，眞名不顯，惜夫！僞《古文尚書》，行之垂二千年，直至清儒惠、閻二君，始確斷爲僞作。然其中精理名言，紛紜揮霍，未可庋置而不談也。作者迄不定其爲何人；或言王肅，而僞傳與肅齟齬者甚眾；師說以爲鄭沖爲之，亦難質言也。「人心惟危」四語，出僞《書・大禹謨》；宋世儒者，則以爲堯、舜相傳之心法；近人則以爲不過剽襲荀卿。要之，謂心法者，推之過隆；謂剽襲者，傷於太直；若以爲僞作者思想敏銳，直湊單微，亦非溢量之譽也。……《孔叢子》者，或疑爲子雍所造，較之《尚書》出自肅手者，略爲的當。其中最精一言云：「心之精神是謂聖。」蓋本之伏生《書傳》。宋世楊慈湖最重之，以此下開心學一派；其關係亦奇矣！借如論者之言，僞《書》、《孔叢子》皆出肅手，則子雍非塵經儒，又爲玄學鉅子：此足以對抗康成，平其宿忿者也。〔註21〕

這是黃季剛對於辨僞比較全面的論述，與太炎先生大體相近，但也不無微詞：「師說以爲鄭沖爲之，亦難質言也。」他堅持認爲《古文尚書》孔傳非王肅作僞：

前儒有謂古文《尚書》孔傳出王肅，實有不盡然者。如《益稷》篇之『日月星辰』孔義及『粉米黼黻』孔義，皆不同王肅。……疑皇甫謐輩又間有竄亂，或肅間爲參差。侃以爲疑事毋質，孔傳雖僞，毋爲蔽罪子雍。〔註22〕

所論甚諦。黃侃又云：「點《魏文》二十三、四卷（王肅文，不似僞造《尚書》手筆）。」〔註23〕從文筆判斷《尚書》不是王肅僞造，這是前人忽視的新觀點。

〔註21〕黃侃：《漢唐玄學論》，《中國現代學術經典・黃侃劉師培卷》，石家莊：河北教育出版社，1996年，第386～387頁。

〔註22〕黃侃：《黃侃日記》，南京：江蘇教育出版社，2001年，第76頁。

〔註23〕黃侃：《黃侃日記》，南京：江蘇教育出版社，2001年，第364頁。

黃季剛在致潘重規、黃念容信中指示辨僞門徑：

> 長夏一心讀史，遂無餘暇……昨得甥書詢孔氏尚書源序，此書作僞，迄不能定其爲誰，似言出於鄭沖者近之。近覽《武成篇》題下疏，知昔儒非不疑古文之僞，特不敢訟言耳……〔註24〕

他在《講尚書條例》一文中指出：

> 今《尚書》，除二十八篇外，皆僞書，已無待論。然亦出自魏人：故就文、義而論，仍有可取。且其採摭豐富，語有根依，精理雅言，在在皆是。故今之講授，仍兼僞書。
>
> 《尚書》師說，至今皆殘闕不完，惟有孔《傳》獨在。孔《傳》僞託之人，或云王肅：假使眞出於肅，肅善賈、馬之學，其說必本於賈、馬者多。且作僞必有據。無據而作僞者，其書定僞，如明人之《子貢詩傳》、《古三墳》、《天祿閣外史》之流是也。有所傍而作僞者，其僞中勢必雜眞：以非此不足以欺世故也。今謂僞《書》自不可據，而僞《傳》則過半可從；與其信後人臆說，何如僞《傳》尚爲近古乎？〔註25〕

黃季剛不僅將上述觀點傳授給弟子，還將辨僞心得教給外國留學生。日本學者倉石武四郎曾訪問過黃季剛，他在《倉石武四郎中國留學記》一書中有如下記載：

> 早赴中央大學……訪黃季剛先生於大石橋四號。先生引見，所說侃侃，眞國才也。小學一門特其專門。云：《古文尚書》作僞無疑矣，而其所用之字則眞。……又云：讀書不必自出新義，能解古人之意，於余足矣。叩其所業，則云黃以周氏之學也。〔註26〕

倉石武四郎所記相當可信。黃季剛對於黃以周的「凡學問文章皆宜以章句爲始基」一語極爲推重。小學一門雖爲黃氏專門之學，但他也念念不忘辨僞，可見他決非那種眞僞不分、一味信古的多烘先生。

四

錢穆《太炎論學述》云：

〔註24〕黃侃：《量守廬遺墨》（非買品）。

〔註25〕黃侃：《講尚書條例》，《中國現代學術經典・黃侃劉師培卷》，石家莊：河北教育出版社，1996年，第354頁。

〔註26〕倉石武四郎：《倉石武四郎中國留學記》，北京：中華書局2002年，第195頁。

　　太炎最先著作有《齊物論釋》，又有重定本，烏目山僧爲之序，有曰：

　　近人或言，自《世說》出，人心爲一變。自《華嚴》出，人心又爲一變。今太炎之書現世，將爲二千年來儒、墨九流破封執之局，引未來之的，新震旦眾生知見，必有一變以至道者。

　　此序，實可發揮太炎此書之宗旨。否則太炎傲視倫儕，決不許他人之序其書也。然則太炎意，中土惟莊生道家陳義，同於印度之佛教，其他如儒、墨九流，則皆等而下之。此書出，乃可使國人開其知見變而至道者也。

　　《齊物論釋》重定本成於辛亥，繼是乃有《國故論衡》，其及門弟子黃侃季剛爲之贊，有曰：

　　方今華夏凋瘁，國聞淪失。西來殊學，蕩滅舊貫。懷古君子，徒用盡傷。尋其瘠殘，豈誠無故？老聃有言，物壯則老，是謂不道。不道早已。然則持老不衰者，必復丁乎壯矣。於穆不已者，必自除其道矣。

　　黃侃乃太炎得意弟子，其贊《論衡》，猶烏目之序《釋》義，皆可謂得太炎著書宗旨者。太炎深不喜西學，然亦不滿於中學，故其時有《國粹學報》，而太炎此書特稱《國故》，此「國故」兩字，乃爲此下提倡新文化運動者所激賞。季剛之贊，亦僅曰「國聞」，則其於中國文化傳統之評價可知。「論衡」者，乃慕傚王充之書。太炎對中國已往二千年學術思想文化傳統，一以批評爲務。所謂「國故論衡」，猶云批評這些老東西而已。故太炎此書，實即是一種新文化運動，惟與此下新文化運動之一意西化有不同而已。

　　太炎既主批評中國二千年來一些老東西，自不免首及於孔子與儒家。太炎最先有《訄書》，其批評孔子，殆有甚於後起新文化運動及更後之所謂批孔運動。蓋後二者，皆不學，徒恣空論，而太炎則具甚深之學術立場。惟不久即自悔其書，不再刊布。繼《國故論衡》而成書者有《檢論》，其中亦仍有《訂孔》上下篇，較之《訄書》，遠爲平實。〔註27〕

〔註27〕錢穆：《中國學術思想史論叢》卷八，合肥：安徽教育出版社 2004 年，第 341 ～342 頁。

　　錢穆此論旨在考察清末民初學術思想，知人論世，頗具參考價值。世人皆知主持新文化運動者以「死老虎」、「昨日黃花」目章太炎，實則太炎爲新文化運動之先導。新文化運動的主將胡適本人即深受太炎之影響，不過胡適主張一意西化，全盤西化而已。

　　新文化運動的另一位主將傅斯年早年就讀北京大學時也深受黃侃的影響。據羅家倫《北京大學與五四運動》稱：

　　　　黃季剛則天天詩酒謾罵，在課堂裏面不教書，只是罵人，尤其是對於錢玄同，開口便說玄同是什麼東西，他那種講義不是抄著我的嗎？他對於胡適之文學革命的主張，見人便提出來罵，他有時在課堂中大聲地說：「胡適之說做白話文痛快，世界上那裡有痛快的事，金聖歎說過世界上最痛的事，莫過於砍頭，最快的事，莫過於飲酒。胡適之如果要痛快，可以去喝了酒再仰起頸子來給人砍掉。」這種村夫罵座的話，其中尖酸刻薄的地方很多，而一部分學生從而和之，以後遂成爲國故派。……從新青年出來以後，學生方面，也有不少受到影響的，像傅斯年、顧頡剛等一流人，本來中國詩做得很好的，黃季剛等當年也很器重他們，但是後來都變了，所以黃季剛等因爲他們倒舊派的戈，恨之入骨（最近朱家驊要請傅斯年做中央大學文學院長，黃季剛馬上要辭職）……傅孟眞是拋棄了黃季剛要傳他章太炎的道統給他的資格，叛了他的老師來談文學革命。他的中國文學，很有根柢，尤其是六朝時代的文學，他從前最喜歡讀李義山的詩，後來罵李義山是妖，我說：當時你自己也高興著李義山的時候呢？他回答說：那個時候我自己也是妖。〔註28〕

　　羅家倫只看到了傅斯年與黃侃衝突的一面，其實，傅斯年罵文言文也受黃侃的啓發。陸宗達先生口述沈尹默與黃侃交往始末時談到：

　　　　在北大時，桐城派占上風，林琴南、姚運甫都是桐城派。沈尹默是北大的秘書長，就請黃季剛先生講《文選》，來罵桐城派。黃罵林琴南「知交遍天下內外」不通，說：「天下外在哪？」又說「出意表之外」也不通，「意表」已是「外」，還要又「表」又「外」！……黃季剛先生來罵桐城派，是「桐城謬種」，桐城派罵黃季剛先生是「選

_____

〔註28〕王世儒，聞笛編：《我與北大》，北京：北京大學出版社，1998 年，第 301～307 頁。

學妖孽」，兩邊都罵對方的文章不通。便宜了《新青年》的傅斯年，
他取兩家的材料合起來罵文言文。〔註29〕

　　程千帆先生早在 1989 年 5 月與筆者的一次對話中談到，章、黃既是清代
學術的殿軍，也是現代學術的開山，他們承上啓下，繼往開來。此說確爲卓
見，惜乏解人。

五

　　綜上所述，所謂「靜安先生『二重證據法』的歷史作用，是對章太炎（炳
麟）、黃季剛（侃）、柳翼謀（詒徵）等先生保守面的否定」的說法，既是對
王國維歷史地位的錯誤估價，也是射向章、黃、柳的一支暗箭。是對歷史的
無知？還是有意混淆視聽？黃永年教授的用心究竟何在？口口聲聲以顧頡剛
先生弟子自居的黃永年教授想必頗有難言之隱吧？既想論述王靜安先生「二
重證據法」的歷史地位，又投鼠忌器，只好轉移視線，把目標引向章太炎、
黃季剛、柳翼謀等先生，眞是用心良苦！可是，我們已經清楚地看到，章太
炎、黃季剛都非常重視文獻辨僞工作，既非疑古派，也絕非信古派！

〔註29〕 王寧主編：《陸宗達先生百年誕辰紀念文集》，北京：中國廣播電視出版社，
　　　　2005 年，第 16 頁。

附錄二：《文始》箋

章太炎撰　駱鴻凱箋　王文暉、趙乾男整理

摘　要

　　現代國學大師章太炎受其弟子黃侃啓發，撰寫了一部探索漢語語源的千古奇書——《文始》，全書以聲音爲綱，按韻部對轉現象分爲歌泰寒、隊脂諄、至眞、支清、魚陽、侯東、幽冬侵緝、之蒸、宵談盍等九卷，自稱「一字千金」，但歷來通讀爲難。其再傳弟子駱鴻凱曾得黃侃眞傳，發願爲之做箋注，然草創未就，不爲世人所知。司馬朝軍在搜集整理章黃學派文獻過程中偶然從湖南圖書館發現此冊未刊稿，係民國間國立湖南大學石印本。

關鍵詞：章太炎；《文始》；箋注；章黃學派

　　駱鴻凱（1892～1955），著名語言文字學家，《楚辭》、《文選》研究權威。一名蒼霖，字紹賓，號彥均。1892 年農曆 10 月 28 日生於湖南省長沙市望城縣新康鄉沱市村。家世業商。少習四書五經及詩古文辭。1914 年考入北京高等師範學校英語部肄業。次年入北京大學中國文學門學習，1918 年畢業。他是黃侃的高足弟子，在學術思想、治學方法上深受黃侃的影響，博涉經、子，兼及文、史，尤邃於音韻、訓詁及《楚辭》、《文選》之學。平生著述頗多，已正式出版的專著有《文選學》、《爾雅論略》。尚未正式刊布的專著，現存尚有《楚辭通論》、《聲韻學》兩種，曾由北京師範大學、湖南大學及國立師範學院分別印行。抗戰勝利後，他特別致力於漢語語原的研究，並開始著《語原》一書，惜未完全定稿，他就病逝了。從《語原》遺稿中可以看出，此書繼承章太炎先生《文始》探索文字孳乳變異規律，對《說文》以來的傳統舊

說多有突破，對《文始》亦有補苴駁正。可惜遺稿大部分在「文化大革命」中被毀。

據張舜徽《湘賢親炙錄》載：

> 駱鴻凱先生，字紹賓，長沙靖港人。早歲畢業於北京大學，從黃侃受文字、聲韻之學，得其指授，奉爲本師。一生恪遵師說，以文字、聲韻施教於各大學。復博覽攻辭章，嘗著《文選學》一書，交中華書局出版。後乃專理小學，復尋繹群經注疏。年未四十，遽歸鄉邦，任湖南大學中文系主任教授。嘗以餘杭章氏《文始》授諸生，復爲《文始箋》以發明之。舜徽早歲北遊，即識先生於舊都；後同居長沙，往來尤密。舜徽以後進禮常從請益，而先生引爲忘年交，論學析疑，談輒移晷。先生平易近人，無所矜飾；復沖虛抑退，不恥下問。於書傳偶有遺忘，輒詢之舜徽。盛德謙光，令人感慕。迨《文始箋》成，復命舜徽序之，自惟疏陋，未敢辭也。值抗日軍興，先生乃離長沙，應國立師範學院之聘，移講席以至安化藍田。復招舜徽任教其間，余因徙家藍田，得與先生朝夕相見。先生爲防敵機空襲，不欲居近市廛，乃別賃屋於三甲，距學校稍遠。每到校授課畢，輒詣吾家暢談，或值風雨，便留宿焉。先生畏雷，聞隆隆之聲，即掩被而臥。隨身攜一布袋，凡常讀之書悉納其中。昧爽即起，取書誦覽不倦。舜徽偶取視之，皆石印小字本《說文》、《廣韻》、《毛詩注疏》也。嘗欲撰述《群經傳注語法錄》，又循聲求義，欲成《語原》以總會之，皆未完稿，論者惜焉。一九五四年卒於長沙，年六十二。

《文始箋》爲駱先生在湖南大學時編寫的講義，學界以爲失傳，筆者首次從湖南圖書館發現此冊未刊稿，藏諸書簏。特委託王文暉教授與其研究生趙乾男整理行世，以饗學界。

歌泰寒類　　文始一

陰聲歌部甲

1. 騎又孳乳爲駕，馬在軛中也。

凱曰：駕由加來。加，語相增加也，引申爲承載義。《廣疋‧釋詁》：「駕，乘也。」

2. **駕字籀文作𦙝。**注

凱曰：《周禮・典路》注：「路，王所乘車。」路即𦙝字，故後世通言車駕。《釋名・釋車》：「謂之路者，言行於道路也。」此望文爲訓。

3. **騎又孳乳爲𦋺，馬絡頭也。**從网從馽。馽，馬絆也。或體從革作羈。

黃君曰：「羈蓋由角來。」

凱曰：羈與丱一語。《穀梁・昭十九年傳》：「羈貫成童。」《釋文》：「交午翦髮爲飾曰羈貫。」貫即丱也。丱者，穿物持之。羈訓馬絡頭，亦謂穿馬鬣持之爲飾。羈、丱歌寒對轉。

4. **□奎之衣則曰褰，絝也。**自歌對轉入寒。

凱曰：褰又孳乳爲攐，摳衣也。

5. **泰部之越、跋，又孳乳爲蹶，一曰跳也。　蹶又孳乳爲𧿞，跖也。**

凱曰：蹶、跋皆由厥來。厥，勶也。勶故能躍。又曰：𧿞訓跖，跖訓跳躍，二字義同，此當言變易。

6. **寬又孳乳爲憪，愉也。**

凱曰：憪即由閒來。閒，隙也。愉悅因於閒隙。說見本篇㳡下。

凱又曰：寬由𡧻來。𡧻，奢𡧻也。憪亦𡧻之孳乳字。說見本篇𠀤下。

7. **《說文》：「戈，平頭戟也。從弋，一橫之。象形。」此合體象形也。**

凱曰：戈字許君明言象形，而又云「從弋，一橫之」者，與曰云「從口、一，象形」、田云「象形，從口從十」，同爲皮傅形似耳。鍾鼎文有作者，此本形也。章君遽仍爲合體象形，非。

8. **旁轉魚孳乳爲戟，有枝兵也。**

凱曰：戟由丮來。「丮，持也。象手有所丮據也，讀若戟。」丮字中從手，外一筆乃所據之兵杖。鬥下云「兵杖在後」，是。用江沅說。戟，有枝兵也，故從之以受聲義。說見五篇丮下。

9. **戟孳乳爲𢧵。**

凱曰：𢧵由各來。各，「異辭也。從口從夊。夊者，有行而止之，不相聽也。」由是孳乳，則樹枝分歧者爲𢧵。

10. **孳乳爲柯，斧柄也。**

凱曰：柯又孳乳爲斫，柯擊也。《唐韻》來可切。砢從可聲，讀音亦同。故知斫之語由柯生。

11. 柯對轉寒，則孳乳爲幹，蠡柄也。

凱曰：許引揚雄、杜林說，皆以爲「輻車輪幹」，則蠡柄乃取圓轉之義。《廣疋》亦曰：「幹，轉也。」《釋詁四》其語當自丸來。丸，圓傾側而轉者蠡柄字乃茲之借。說見本篇卯下。

凱又曰：戈刃橫出，可句可擊。《左傳》：「以戈擊之」。故戈又孳乳爲刞，「擊踝也，從刉從戈，讀若踝」。

12. 其屮直訓角者。

凱曰：變易爲觟，牝牂生角者也。《唐韻》下瓦切。

13. 孳乳爲枷，柫也。

凱曰：枷又孳乳爲迦。迦互，令不得行也。即梐枑行馬。枷、迦亦得繫於加下。

14. 又角可觸，故近轉泰，孳乳爲觿，角有所觸發也。言厥角者，以厥爲之，然厥本訓「發石」，即觸發之義，是亦由□孳乳也。

凱曰：觿、厥皆由亅來。鉤逆者謂之亅。引申爲厲勞義。故發石謂之厥，以角觸物，則力勞，故觿又從之孳乳。

15. 其佗在歌爲踝，足踝也。

黃君曰：又爲髁，髀骨也。

16. 對轉寒爲髖，髀上也。近轉泰爲髊，臀骨也。

凱曰：髖由寬來，說見前。髊由厲勞義孳乳，出於亅。臀骨於體，尤強實也。

17. 《說文》：「果，木實也。從木，象果形。」此合體象形也。孳乳爲蓏。在木曰果，在地曰蓏。

凱曰：木實有皮，故果孳乳爲裹，纏也；反裹爲臝，袒也。或體作裸。木實堅，故果又孳乳爲稞，穀之善者，謂穀庚庚有實也。稞一曰無皮穀，則與臝近。果、蓏形圓而長，則孳乳爲苦蔞、果蓏、苦蔞也；於蟲爲□蠃、□蠃、蒲蘆，細要土蠭也。天地之性，細要純雄無子。《詩》曰：「螟蛉有子，蜾蠃負之。」或體作蜾。又爲螺，蠞化飛蟲。或體作螺。蟲部重出螺，羅也。螺、羅形亦圓而長者。

18. 皆以乁爲初文。

凱曰：又有迤，衺行也。有睳，日行睳睳也。賈生《服鳥賦》「庚子日斜兮」，斜即睳字。皆流下義。有匜，似羹魁，柄中有道，可以注水。亦流意。此三皆以乁爲初文。

19. **變易爲羲，氣也。**

凱曰：此於戲字，猶伏羲之爲伏戲也。

20. **與穌反則爲何，誰也。**

凱曰：何，儋也。誰何者，借義，此不當舉。

21. **近轉泰爲曷，何也。**

凱曰：曷又孳乳爲謁，白也。

22. **又覬，屰惡驚詞也。亦𠃛、羲之變語。**

凱曰：《史記》：「夥頤！涉之爲王沉沉者。」夥本覬字，然覬下云「讀若楚人名多夥」，夥下云「齊謂多爲夥」，二字音同 並乎果切。夥即覬之變易。

23. **隊部有唯，諾也。**

凱曰：《老子》曰：「唯之與阿，相去幾何。」阿即𠃛也。唯又爲雖，雌雉鳴也。亦以人之發聲相擬。

24. **喟對轉諄爲歎，吟也。又爲歎，吞歎也。古音如堇如漢。**

凱曰：歎、歎旁轉眞，變易爲吞，咽也。吞又轉諄，爲涽，食已而復吐之。《爾雅》：「太歲在申曰涽灘。」涽灘猶吞歎也。此以反言成義。

25. **𠃛旁轉脂則聲變爲兮，語所稽也。**

凱曰：兮自禾來。禾，木曲頭止不能上也。語所稽稽，留止也。與木曲頭同義。

26. **𠃛聲慶則爲嗟，諾也。**

凱曰：諾嗟，美歎之聲，故嗟又孳乳爲鬖，髮好也。

27. **爲吹，噓也。轉至則爲叱，訶也。**

黃君曰：吹、叱並由出來。

凱曰：出，象艸木益滋，上出達。《欠部》重出吹，云「出氣也」。

28. **雚，雚爵也。段依《御覽》引訂。**

凱曰：雚由吅來，大徐本：「雚，小爵也。」引《詩》曰「雚鳴于垤」。小爵聲雚，故雚名由之取義。吅，驚呼也，讀若讙。

29. 爲之有瀗，孳乳爲儀，度也。轉寒爲援，履瀗也。

凱曰：儀由義生。義，己之威儀也。援亦得繫於下。

30.《說文》：「匕，變也。從到人。」

凱曰：到人者，人之初生，到垂而下也，此生化字。《記‧易本命》「男年十六而化、女年十四而化」，正用匕字本義。

今按：此非《易本命》篇，當化《大戴禮記‧本命》「故男以八月而生齒，八歲而齔，一陰一陽然後成道；二八十六，然後情通，然後其施行，女七月生齒，七歲而齔；二七十四然後化成」語。

31. 又孳乳爲赵，赵田，易居也。

凱曰：在本部孳乳爲媧，古之神聖女，化萬物者也。

32. 匕亦孳乳爲皮，剝取獸革者謂之皮。

黃君曰：皮由木來。木，分枲莖皮也。讀若髖。皮、木二義相近。

33. 換亦孳乳爲夐，柔革也。

凱曰：夐，讀若奐，即由奐來。奐，稍前大也。黃君以爲男子之陽道，故有柔奐義。夐訓柔革，柔者，治之使鞣也《革部》鞣，奐也。尸部有皮，柔皮也人善切。義與夐同，音亦雙聲相轉。

34. 其娿訓女師者，佲孳乳於化，師主教化也，與可相繫。

凱曰：娿下引杜林說「加教於女也」，則娿由加來。

35. 旁轉魚則孳乳爲抓，裂也。

凱曰：抓與劃今音同切。並呼麥切。錐刀曰劃。劃由畫生。抓亦與之同原。

36. 爲墟，墑也。

凱曰：又爲罅，裂也，缶燒善裂。墟、罅並近墑，由毛來。墑，裂也。毛，艸葉也，穗上貫，下有根。此《易‧象傳》所謂甲宅，鄭注「皮曰甲，根曰宅宅字正作毛」。言墑裂也。

37. 皮讀重唇則孳乳爲柀，析也，爲破石梨也。

凱曰：爲簸，揚米去糠也。糠，穀皮也。

38. 旁轉支則孳乳爲闢，開也。闢亦闔、闉之變易矣。

凱曰：闢重文作闢，引《虞書》曰「闢四門」，從門從屯，此古文闢，會意字也稱《書》者皆壁中古文。從屯者，屯，引也；引，開弓也。辟之語即由屯

來。屮、闢雙聲，支、寒旁對轉。（収爲竦手，竦手猶拱手。反収爲屮，故屮有開義。）

又曰：闢或由刔來八生。刔，分解也；八，別也。

39. 對轉寒則孳乳爲半，物中分也。從八、牛，牛爲物大，可以分也。

黃君曰：半由八來，或由片來。

凱曰：片，判木也，從半木。

40. 爲泮，諸侯饗躲之宮也。西南爲水，東北爲牆。從水、半。

凱曰：又爲料，量物分半也。

41. 賏旁轉隊則爲畀，相付與之，約在閣上也。

凱曰：畀由自來，自讀若鼻皇下說解。鼻，引氣自畀也謂所以引氣自畀者也。

42. 委復變易爲妥，《說文》不錄，爪即象禾穗，以爲禾字。

凱曰：《說文》有綏無妥，而綏下雲從系從妥，蓋遺奪也。《爾雅·釋詁》：「妥，止也。」「妥，坐也。」字從爪、從女，會意。飲食男女，人之大欲存焉。猶宆從皿，安、晏從女也用段君說。其語由夊、丨來。夊，行遲曳夊夊，象人兩脛有所躧。丨，引而下行，讀若退，引申爲止義、坐義。

43. 委又孳乳爲倭，順皃。

凱曰：爲儺，行有節義。《詩》曰：「佩玉之儺。」言行止嫻習，亦順意從委者有餧，《唐韻》奴罪切，與儺同聲。

44. 爲媫，媫妮也。

凱曰：媫下一曰讀若委。

45. 對轉寒爲娞、婉，皆順也。

凱曰：委隨之訓，又孳乳爲羬，羊相積也。隨從故相積。

46. 然禾訓嘉穀，故孳乳爲嘉，美也。

凱曰：嘉又變易爲誐，嘉善也。《詩·周頌》：「誐以謐我。」毛本作假。嘉善亦漢人語。

47. 禾可採食，故孳乳爲盉，調味也。

凱曰：旁轉支爲醝，酸也。作醝以鬻以酒，從鬻、酒並省。從皿，皿，器也。醝亦調味者。《記·內則》：「和用醝。」

48. 委積即此字。

凱曰：委積當作羴䕷。羴，羊相䕷也；䕷，羴䕷也。羊性好群，故字從羊作。

49. 又諸程品皆從禾。

凱曰：稱下云：「故諸程品皆從禾。」

50. 旁轉隊則爲采，禾成秀也。

黃君曰：采由秀來。

凱曰：秀從禾，象形，與朵同意朵下云：「此與采同意。」。小徐云：「禾，實也。有實之象下垂也。」禾有實，乃可收，故孳乳爲采，從爪、禾，會意。從采聲者有夒，讀似又切，是采、秀音又同矣。秀，息救切。

51. 采又爲穟，禾采之兒也。

凱曰：穟或從艸作蓫，小徐並以爲采之重文。

52. 此亦下垂，乃垂之孳乳字也。

凱曰：下垂者物之末，孳乳爲垂，遠邊也。垂又爲陲，危也。臨垂則危，下垂則重。孳乳爲錘，八銖也銖者，權十黍之重。下垂則縣，孳乳爲縋，以繩有所縣也。此皆以垂爲語原。

53. 垂或斂爲喉音，則孳乳爲我，或說「頃頓也」。從戈、手，手，古文垂也。我亦可作舌音。《說文》訓「施身自謂」，施本音如拕，然當以頃頓爲本義，施身無正字。

凱曰：我，古文作𢆶。我字當以施身自謂爲本義，頃頓爲引申義，字形當以古文爲正。從勿，勿，古垂字。垂下有古文作㕙，從乇，象形，勿則獨體象形也。戈聲，小篆小變其形爲我。左旁之 勿 ，即勿之變體，實與古文同。施身自謂者，施，旌旗旖施下垂。垂所以表謙，猶言自卑之稱也。頃頓之義，又別製「俄」字，即「我」之孳乳也。

54. 我又變易爲俄，頃也。

凱曰：俄下引《詩》曰：「側弁之俄。」此當言孳乳。

55. 轉支孳乳爲觤，角傾也。

凱曰：觤字又係《四篇·匸》下。匸，溪裹，有所俠藏也。傾與奇裹義會。

56. 孳乳爲義，己之威儀也。

凱曰：義又孳乳爲儀，度也。義亦威儀之形《說解》語。小徐曰：「度，法

度也。」《淮南書》：「設儀立表可以爲法則。」《脩務訓》故儀對轉寒又孳乳爲楥，履法也。今匠人削木置履中爲模範，猶曰楥頭。

57. 又孳乳爲阤，小崩也；爲陊，敗城自曰陊；爲陊，落也。此三義同。

凱曰：阤、陊、陊並由氏來。巴蜀名山岸脅之自旁箸欲落墑者曰氏，陊篆文又作墑。本書阤、陊、陊又係《四篇・氏》下。

58. 亦孳乳爲迤，衺行也。

凱曰：迤由乁來，見前。

59. 爲歧，敷也。

黃君曰：歧由屍來。

凱曰：屍，陳也。敷、陳義同。本書歧又係三篇申下。

60. 於人爲憜，不敬也。

凱曰：憜又爲褅，無袂衣，猶髮落謂之鬌也。此本當係四篇氏下，然與不敬義亦相會。

61. 上古艸居患它，故相問「無它乎」，引申爲稱彼之詞。

凱曰：此猶女之爲爾也。古者匹夫匹婦相爾女，己是男，對己者是女，故即以男女之女爲爾女之女，後人假用汝字，非也。

62. 孳乳爲沱，江別流也。

凱曰：沱由乁來。乁象水之衺流，別猶衺也。辰下云：「水之衺流，別也。」

63. 孳乳爲佗，負何也。

凱曰：佗出於加。加，語相增加也。增加、負何同義。佗又爲何，儋也。佗本可讀喉音如阿，與何爲旁紐雙聲也。佗讀舌音，對轉寒爲儃。儃，何也。段君曰：「或當作儃回。《九章》曰：『欲儃回以乾祭。』又曰：『入漵浦余儃回』。王注：『儃回，猶低個也。』」儃轉侵爲儋，何也。佗、何、儃、儋，此四同字。

64. 故又孳乳爲貤，重次弟物也。

凱曰：貤與賜，貱與髮、鬌同原。自乁、苜生。乁，流也；苜，批也。說見四篇苜下。

65. 貤旁轉支爲弟，韋束之次弟也。弟又孳乳爲䏔，爵之次弟也，則由支旁轉至矣。弟又孳乳爲程，程，品也，則由支對轉清矣。

黃君曰：䏔、程皆由弟來，苜屬。

凱曰：䏔又爲秩，積也，次弟則相積累。說亦見四篇苜下。

66. 由此孳乳爲垎，恃也。

黃君曰：垎自佫來。

凱曰：佫，掩脅也。

67. 孳乳爲儷，梣儷也。

凱曰：梣，木枝條梣儷皃，義爲靡麗，《說文》：「麗爾猶靡麗也。」亦爲麗廔。《說文》：「囧，窗牖麗廔闓明。」由靡麗之義，則陸離、流離、淋漓之語所自出。由麗廔之義，則俗靈利、伶俐之語由之生。蓋麗有二義，相附曰麗，相離亦曰麗。《小爾雅·廣言》：「麗，兩也。」《周禮·校人》「麗馬一圉」，注：「耦也。」《小司寇》「以八辟麗邦法」，注：「附也。」《易》「麗澤，兌」，注：「猶連也。」《左傳》「爲魚麗之陳」，亦相次比也。此相附之義也。《曲禮》「離坐離立」，鄭注：「離，兩也。」離即麗也。《釋名》「眸子明而不正曰通視」、「又謂之麗視，麗，離也」、「言一目視天，一目視地，目明分離，所視不同也」，此相離之義也。而《說文》「旅行」一訓得兼晐之。

68. 對轉寒，麗又孳乳爲連、輦、聯、孿。孿一乳兩子也。

凱曰：孿即由戀來。戀一日不絕也，即聯綿義，故雙生謂之孿。《字林》：「孿，雙生也。」

又曰：麗又孳乳爲遭，行遭遭也，亦連延意。《爾雅·釋丘》：「遭迤，沙丘。」郭注：「旁行連延。」

69. 聯則爲謰，謰謱也，謂語相牽聯也。

凱曰：謰者，連之孳乳字，此當云連則爲謰。

70. 爲攣，繫也。

凱曰：攣亦戀之孳乳字，不絕故爲攣繫。

71. 變易爲變，樊也。樊者，鷙不行也。

凱曰：變與攣同義，亦自戀來。

72. 諄部有淪，小波爲淪。

凱曰：淪即由侖來。侖，理也見侖下。《釋名》：「淪，倫也。水文相次有倫理也。」淪下「一日沒也」，字當作𨻳，𨻳，山阜陷。

73. 反麗之義當爲誃，離別也。

黃君曰：誃由列來。

凱曰：列，分解也列，泰部字。

74. 又孳乳爲縭，以絲介履也。

黃君曰：縭由列來。

凱曰：介，畫也。《爾雅》：「縭，介也。」《釋言》

凱曰：反麗之義孳乳爲醨，薄酒也，言離散酒爲水，令味薄。澆漓即此字。

75. 或曰離別之義對轉寒孳乳爲戀，慕也。

黃君曰：戀自絲來。

凱曰：慕習之無猒，亦不絕意。

76. 又孳乳爲漣，泣下也。

黃君曰：漣字聯來。

凱曰：漣下引《易》曰：「泣涕漣如。」言涕泛瀾也。今本作「泣血漣如」。

77. 旁轉眞，漣又孳乳爲憐，哀也。

黃君曰：憐自仁來。

凱曰：仁，親也，親則相憐。仁讀如秊，與憐旁紐雙聲。

78. 遴訓行難，吝訓恨惜，與憐善相引申。

黃君曰：遴自難。吝自恨，或自難。

凱曰：遴、吝並良刃切，故師說以爲同原。難者乃之轉。乃，曳詞之難也，象氣之出難。

79. 左即今佐字。

凱曰：ナ引申有不正之義。孳乳爲尣，尣尣，行不正也。《左傳》昭公四年「不亦左乎」，即此。杜注：「左，不便也。」不正則不便。

80. 故左對轉寒孳乳爲賤，賈少也。

黃君曰：賤由戔來。

凱曰：戔，賊也。語出於歺。「歺，列，骨之殘也。」殘餘與少義近。

81. 左爲左助。

黃君曰：左助之義。凡助、左也。鋤，商人七十而鋤。鋤，耤稅也。耤、帝耤千畝也。古者使民如借，故謂之耤。借、假。租、田賦也。扝、扶也。獎曒犬厲之也。皆由之出。

凱曰：又有責，求也；貲，小罰以財自贖也。亦ナ、左之孳乳字。

82. 對轉寒則孳乳爲贊。《說文》訓見，《士冠》、《士昏》二注皆云「贊，左也」。

黃君曰：贊自兟。

凱曰：贊，見也，從貝從兟，見必有贄，故從貝。兟者，進也，言進見也。玉帛、雉、羔、雁之屬，皆貝類。貝者，進見之具。

83. 瓚爲三玉二石；饡爲以羹澆飯；攢爲積竹杖爲叢木；欑爲最；酇爲百家，亦訓聚，皆有左助之義，此又由贊孳乳也。

凱曰：瓚三玉一石也。「《禮》天子用全，純玉也；上公用駹，四玉一石；侯用瓚；伯用埒，玉石半相埒也。」瓚者，三玉一石。引申爲厖雜義，故饡、攢、欑、酇諸字由之孳乳。又有籫，竹器也。亦積竹爲之。《廣雅・釋器》：「籫，筩也。」《急就篇》顏注：「盛匕箸籠也。」一曰叢也。有纘，繼也。繼者，續也。連續亦與厖雜義會。

84. 欑復旁轉諄，變易爲僔，聚也；孳乳爲噂，聚語也。

黃君曰：僔、噂並自冣、叢、丵。

凱曰：冣，會也。叢，聚也。丵，叢生艸也，象丵嶽相併出也。丵爲初文。

85. 攢以叢木之義，孳乳爲蓴，蒲叢也。

凱曰：蓴自團、摶來。團，圜也；摶，圜也。語出於叀，說見下。

86. 旁轉諄，孳乳爲蓴，叢艸也。

黃君曰：蓴亦自叢。

87. 近轉泰，變易爲撮，三指撮也。

凱曰：撮自冣。冣，積也。亦冣括也。見凡下。

88. 變易爲齹，齒參差也。

黃君曰：又有抯，挹也。拓，捨也，《唐韻》從石切。並由叉來。

凱曰：又有𠭥，叉取也。小徐本。齇，齰齒也。遣，交遣也。醋，客酌主人也。亦交遣義。此四亦由叉來。

89. 又有差可之義孳乳爲瘥，愈也。旁轉隊則爲㾯，減也。

凱曰：㾯即由衰來。衰，艸雨衣，從衣，象形，古文作，純象形。解衣著草，則有減損消退之義。

90. 一曰選擇也。

凱曰：差又有相摩之義，孳乳爲瑳，礦麥也。此切磋正字。

黃君曰：又又孳乳爲鈔，又取也。字變作撈。

凱曰：又變作抄。《左傳》所謂「取其室」，俗謂之抄家。

凱又曰：又又孳乳爲錯，金塗也。又本訓手指相錯。

91. 亦由鉤逆引申成言。

凱曰：欸變易爲瘆，氣不定也。」又孳乳爲厥，發石也；爲𩰍，角有所觸發也；爲蹶，僵也，一曰跳也；爲趬，跖也。並見前。又孳乳爲腏，挑取骨閒肉也，《唐韻》腏陟切，」讀若叕，亦舌音。由鉤義衍；爲撅，以手有所把也，由劈義衍。」又孳乳爲罬，捕鳥覆車也，或體從車作輟，《車部》重出輟，車小缺復合也，車即覆車。《爾雅》：「罬謂之罦，罦，覆車也。」《釋器》郭注：「今之翻車。有兩轅，中施胃以捕鳥。」胃之言纏縮也，網鳥者纏其足，此鉤」之義。小缺復合者，謂車先張，鳥來則合也。

92. 旁轉隊又孳乳爲詘，詰詘也。詰詘者，曲也。鉤、曲同義。

凱曰：詰詘連語，由孑孒來，說見下。

93. 對轉寒，孳乳爲卷、拳、觠、𧝑、𧞫至𧞫，弓曲也。

凱曰：拳又孳乳爲卷，氣勢也。《國語》曰：「有卷勇。」一曰卷，收也。案：拳手互訓，舒者曰手，握者曰拳，握則有力。《詩》傳：「拳，力也。」《巧言》。氣勢即謂力。引申又爲收義，凡權勢權衡字皆作此。一卷石字作拳。𧝑下或曰「拳勇字」，亦作此。

94. 在竹爲竿，竹梃也；在禾爲稈，莖也。

凱曰：竿、稈並由干來。干者上出，梃者挺生。莖訓枝柱，義亦同也。稈又變易爲稿，稈也。猶竿亦有俗字作篙，見《新坿》。

95. 爲稍，麥莖也。

凱曰：稍由冐來。冐，一曰空也，麥莖中空。

96. 用於器，在本部孳乳爲楬，桀也。

凱曰：楬同𣐈。𣐈，弋也。弋，象折木衺銳者形，從丿，象物掛之也。楬亦用𣐈，有所表識，故曰楬桀，楬字宜繫」下。

97. 《詩》言：「北流活活。」

凱曰：戛、戟義同，並讀若棘，疑爲一字變易，由刉生。

98. 孑又孳乳爲碣，特立之石也。近轉歌，亦與屮屬之奇、觭、踦相應。

凱曰：孑者，一臂獨伸，故又孳乳爲揭，高舉也；爲稽，禾舉出苗也；爲竭，負舉也。

99. 在本部又孳乳爲暨，日頗見也。頗見者，偏見也。

黃君曰：暨自既來。

凱曰：頗見者，略見也；既，小食也，義相近。既又出於旡，旡者多小意而止也。暨訓及、訓與，則㬊之借。㬊，眾詞與也。

100. 次對轉眞，亦孳乳爲矜，矛柄也，亦有獨義相承，以鰥字爲之，與乒屬之揭亦相應。

凱曰：矛柄斷木爲之，亦有積竹者。籚爲積竹矛戟矜，是也。矜相承亦讀古還切，音義皆與梡、棞近。梡、棞，木薪；棞，梡木未薪（「薪」疑有誤，《說文》作「析」），今日光棍，本矜梡字也。梡、棞、矜並以卵爲語原，卵有完全未析與梱致義。

101. 所孳乳與孑同。

凱曰：孑孑一語。無左右臂者，以子在襁褓中也。引申爲短小義。《廣韻·釋詁》：「孑孑，短也。」孳乳爲蛣蚰。蛣，蚰蠐也；蚰，蛣蚰也。《廣雅·釋蟲》：「孑孒，蛹也。」《爾雅·釋蟲》：「蜎，蠉。」郭注：「井中小蛣蟩赤蟲。」孑孑即蛣蚰。

102. 夅亦變易爲遏，微止也。

凱曰：遏自曷來。曷，何也，何之言乚。微止亦訶岠之詞，與旉同義。

又曰：夅孳乳爲害，傷也，從宀從口。宀、口，言從家起也。丯聲。害、割相通。《書·堯典》：「湯湯洪水方割。」《湯誓》：「率割夏邑。」《大誥》：「天降割於我家。」割猶害也。故害又孳乳爲割，剝也。割又孳乳爲揩，摳也。揩變易爲搲，刮也。割又孳乳爲犗，騬牛也。犗變易爲羯，羊羖犗也。近轉歌爲猗，犗犬也。犗、羯、猗皆去陰之名，分牛羊犬爲異耳。

害訓傷，又曰言從家起。

黃君曰：孳乳爲妎，妒也；爲，難也。

凱曰：從家起即自內作，故害又孳乳爲暍，傷熱暑也。小徐本。今通語以多衣受熱爲暍。爲饐，飯傷熱也。爲餲，飯餲也。爲餀，食臭也。此三同字，皆自內作也。害又近轉歌孳乳爲禍，害也，神不福也。

103. 蔡以齒音對轉寒則孳乳爲柀，分離也。在至及泰爲㯱，椴柀之也。柀又孳乳爲散，雜肉也。

黃君曰：柀自歺來，亦自山來。

凱曰：歺，列骨之殘也。山，宣也，宣氣散生萬物。如師說柀、㯱、椴、散並當繫於歺，或山下。

凱曰：從柀出者，又有歡，一曰飛歡也。有饊，熬稻粻程也。《急就篇》顏注：「饊之言散，熬稻米飯使發散也。」有霰，稷雪也。稷猶粟也。或從見作霓。《爾雅‧釋天》：「雨霓爲霄雪。」郭注：「水雪雜下。」

104. 對轉歌又孳乳爲沙，水散石也。

黃君曰：沙自歺，亦自山。

105. 孳乳爲礜，礜商，小凸也。

凱曰：礜當作礜，從皀。礜商之言凸土也。此漢人語。

106. 蓋本孳乳於屆。

凱曰：譴即自遣來，遣，縱也。讁問者正如流放竄殛之類。以罷遣爲誅責也。遣與逭音義並近，語出於丨。讀古本切。

107. 《說文》：「簣，艸器也。古文作㠯。」此初文也。

黃君曰：孳乳爲器，皿也，象器之口，犬所以守之。

凱曰：器又孳乳爲彝，宗廟常器也，從系。系，綦也。廾持米，器中寶也。彑聲。此與爵相似。案彝、爵皆酒器，爵從鬯，鬯之※即米也。從又，與廾皆手也，爵上半象雀形。《韻會》云：「彝，從彑，象鳥形。」

108. 故孳乳爲鍥，鎌也。

凱曰：鍥自契來，說見下。芟艸之義。

黃君曰：孳乳爲勢，穜也。從坴從丮。持而穜之。艸芟乃可穜。

109. 又孳乳爲割，爲劊，爲刖。割，剝也；劊，斷也；刖，絕也。

凱曰：割自害來。說見前。

又曰：又爲刉，劃傷也。一曰斷也，一曰刀不利，於瓦上刉之。今通語刀利曰刀刉，正讀古外切之音。爲劚，利傷也。爲殨，殺羊出其胎也。劊、刉、劚，此三同字。刉、殨音同，刉讀若殨。義亦近。

110. 又孳乳爲劊，治魚也。《廣雅‧釋詁》：「劊，割也。」

凱曰：劊讀若鍥。師說近鍥，則自契來，說見下。

111. 刖又孳乳爲抈，折也。爲跀，斷足也。

凱曰：又爲舠，船行不安也，從舟從刖省，與刖所孳之跀義相會。跀者不良於行也。又爲眀，墮耳也。墮，落也。從耳，月聲。師說：「月，闕也。語原於乂。」斯言甚精。刖、抈、跀、舠、眀諸字從月，皆有闕義，當直出於月，而月又自乂，說詳下。

112. 此皆割勢者也。

凱曰：犗、羯、猗並自害、割來，說見前。

113. 然聲轉固得通矣。

凱曰：《方言・一》：「虔，殺也。」此斤字之轉語。斤，斫木斧也。古者名、動同詞，故以斤爲殺字，假作虔。犍字見《說文・新附》，訓犗牛。

黃君曰：此笏之後出字。笏，筋之本，以謂陰器。陰器爲笏，去陰則曰犍，猶陰器爲豖、蜀、燭，去陰則曰斀矣。

凱曰：劇又犍之別字。

114. 舊訓只，云精氣閉臧，蓋失之矣。

凱曰：奄又見《七篇》㢴下、甲下。《說文》：「奄，覆也。」《詩・閟宮》：「奄有下國。」《箋》亦曰：「奄猶覆也。」引申乃爲奄人之稱。

鄭君曰：「精氣閉藏謂之奄人。」《周官・序官》「酒人奄十人」注。正與《說文》訓合。

115. 疑閹專訓閉門，無與於豎。

凱曰：閹又見《七篇》㢴下。《說文》：「閹，豎也。宮中奄閽閉門者。」

116. 又孳乳爲忞，懲也。

乂又有殘暴之義。

黃君曰：孳乳爲豙，豕怒毛豎。一曰殘艾也。從豕、辛。豙又爲毅，妄怒也；爲忍，怒也。大徐引李陽冰說「從刈省」；爲䖈，虎皃。

凱曰：䖈又變易爲虓，虎皃。乂又有相摩之義，孳乳爲檞，木相摩也。《爾雅・釋木》注：「樹枝相切摩。」

117. 孳乳爲泬，行流也。

凱曰：泬又變易爲汩，治水也，水治則流；又爲𣱦，水流也。

118. 泬又變易爲潰，漏也至。《春秋傳》「民逃其上曰潰」，以潰爲之。

凱曰：潰，小徐本亦泬也，義近湋、回也。湀，湀，闢流水處也。由回來。回，轉也，又淵水也。見回下。水回流則旁決。說見二篇回下。

119. **爲闕，門觀也。**

黃君曰：闕亦由觀來。

凱曰：《爾雅·釋宮》：「觀謂之闕。」孫炎曰：「宮門雙闕，舊章懸焉，使民觀之，因謂之觀。」

120. **又孳乳爲汩，治水也。**

凱曰：汩爲浚之變易字，說見上。

121. **旁轉至又孳乳爲穴，土室也。《詩箋》曰：「鑿地曰穴。」**

黃君曰：穴亦自乙來，同穵。

凱曰：穵，空大也。說見下。

122. **由是還泰有突，穿也。**

凱曰：有𨲠，阜突也。

123. **夬又孳乳爲㓞，巧㓞也，謂巧於雕刻也。**

黃君曰：㓞亦由克來。

凱曰：克，肩也，象屋下刻木之形。絜從㓞，訓刻。

124. **書契取諸夬蓋謂此也。**

凱曰：分決之義，又孳乳爲劊，治魚也，讀若鍥；爲鍥，鎌也。夬又有畫堅之義，孳乳爲挈，齘挈，刮也，一曰挈，畫堅也；爲齘，齒相切也；爲㓤，刮也；後出字作揩。爲刮，栝杷也。案劀、刷、挈諸字，許皆以刮說之，知刮以《考工記》「刮摩之工」義爲合。此二同字。絜、契、鍥、挈諸字並以㓞爲語原。㓞依師說亦出於克。

125. **又孳乳爲器，皿也。**

凱曰：彝器，並自臾來，說見前。

126. **孳乳爲齧，噬也。**

凱曰：齧亦自㓞，亦刻斷義。

127. **齕對轉諄變易爲齦，齧也。**

凱曰：齦者物堅，以齒固決之。語出見艮。艮，很也。今通語齦亦讀康很之音。

128. **夬有決絕之義，故孳乳爲棄，捐也。**

凱曰：棄從廾，推華棄之，從㐬。㐬，逆子也。小徐本㐬作𠫓。𠫓即㐬之

或體。厶者，不順忽出，又曰不容於內，故孽乳爲棄。棄音在喉，而厶以忽出未訓，忽亦喉音。

129. **叏爲分決，契爲約束**至《韓詩》說：「括，約束也。」

凱曰：括由舌來。舌，塞口也，故有約束義，說見卵下。

130. **次對轉諄變易爲綑，絭束也**至**爲紮，纏臂繩也**。

凱曰：綑從困。困，廩之圜者。絭從关，关，摶飯也。二皆即聲見義。困以囗爲初文。囗，回也，象回帀之形。說見二篇口下。

131. **爲棗，小束也。**

凱曰：棗，讀若繭，義亦受繭。自系來。野蠶吐絲亦成小束也。

132. **其桀訓磔，乂、叏通得孽乳。**

桀從舛在木上。

章君曰：即古剒腹之刑也，木指架言，舛則罪人之兩足也。舛在木上，謂剒磔之也。豪傑字亦作桀者，古以能殺人者爲桀也。

黃君曰：桀亦由久來。

凱曰：久，以後灸之，象人兩脛後有距也。距即距字。舛在木上，即脛後有距之義。

凱又曰：桀與槷、楬同原。槷、弋互訓。弋，象折木衺銳箸形，從厂，象物掛之也。楬，桀也，引《春秋傳》曰「楬而書之」。桀者，舛在木上，亦楬、槷示眾之義。故知三字同原。桀亦丿之孽乳字也。

133. **其害訓傷，近轉歌孽乳爲禍，害也，神不福也。乂、叏通得孽乳。**

凱曰：害由半、夆來，說見前。

134. **傑對轉寒變易爲卷，氣勢也。**

凱曰：卷者，拳之孽乳字。說見前。

黃君曰：凡氣**勢**、權**勢**，字皆臬之借。

135. 《說文》：「**賚，物不賤也。**」妻字說解，曰肖，古文貴，**此獨體之文。**

黃君曰：實非初文，乃巛部肖之異體，古文以爲貴字爾。

136. **纃訓織餘，當由貴孽乳。**

凱曰：纃由歺來。歺，骨之殘也。殘、餘義同。

137. 日、月則在未製字以前，用爲入兀也。

黃君曰：日實，月闕。實之爲字，本從至來原注室從至聲而云「室，實也」可證。至、止同義，是日當以止爲根也。月字依日之形而闕之，其造字當在日之後，其義爲闕，闕本從攴來，攴又受義於乂，是月字當以乂爲根也。

凱曰：此據《說解》以推日、月二字之源，其說視章君爲審。至、止同義者，屋下云：「至，所止也。」室從至，《說解》同。

138. 月又孳乳入寒爲閒，隙也，月光自隙入也。

黃君曰：閒自合來。

凱曰：合，山閒陷泥地。從口，從水敗皃。澗從閒，曰「山夾水」，知閒、合義近。閒所孳乳，又有瞯，戴目也；有驖，馬一目白也；有憪，愉也。說並見合下。

凱又曰：月訓闕，故孳乳爲刖，絕也；爲抈，折也；爲跀，斷足也；爲明，墮耳也。刖又孳乳爲舡，船行不安也，從舟從刖省。說並見上。

139. 語有陰陽，畫有疏密，遂若二文。

凱曰：燕、乙象一正一側之形。

140. 尋孔字從乙，訓通燕者，請子之俟，人道於是始通也。

《說文》孔下云：「通也。乙，請子之候鳥也。乙至而得子，嘉美之也。古人名嘉字子孔。」乳下云：「乙者，玄鳥也。《明堂月令》：『玄鳥至之日，祠於高禖，以請子。』故乳從乙。請子必以乙至之日者，乙，春分來，秋分去，開生之候鳥，帝少昊司分之官也。」

黃君曰：此皆文致之說。其實古人簡質，即以乙、燕爲陽道耳。由此得聲者，有穵、軋、安、晏、匽，皆義相近，足以明之。

凱曰：穵，空大也。從乙聲。《廣雅・釋詁》：「穵，深也。」軋，也，從乙聲。安，竫也，從女，在宀中。晏，安也，從女從日，日猶入也。凱考得《說文》從日之字如蟄、涅、昵、昵、馹等皆與入同。匽，匿也，從晏聲。匸，衺衺俠臧，夫婦之道也。師說又有穴，土室也，本與穵近。《易・需》「出自穴」，王注：「穴者，陰之路也。」

凱又曰：自燕出者，又有嬿，女字也。自安出者，又有案，棨禾也，與軋同義；有瞗，目相戲也，引《詩》曰「瞗婉之求」；有按，下也，與案義近。其直爲安竫義者，有案，幾屬；有鞌，馬鞍具也。此皆以乙、燕爲初文。

141. 又衍訓喜者，亦安之孳乳。

凱曰：衍亦見二篇回下，同愷、欣、忻，自豈來，出於月、於回。

142. 自爲初文，稍變作白。

凱曰：自字本作㠯，從口，上象鼻形，△與果上之田同意，從口者，詞言之氣從鼻出，與口相助也。稍變作白。作自。省作白。許以各有所從，故分二部。

143. 次對轉諄變易爲捆，門橜也。

黃君曰：捆、橜相繫，亦與壼闑相繫。

凱曰：㮇下一曰捆也。《爾雅·釋宮》：「橜謂之闑。」郭注：「門閫。」闑即捆之後出字也。橜爲豎木設於門中，其旁曰棖，其中曰闑。捆則橫木爲之，以爲門限。鄭注《曲禮》「闑，門限」是也闑即捆字。橫豎不同，其爲限則同。故師說捆、橜相繫。然限爲止義，亦爲圍義，故捆又與闑、壼相近。宮中之門謂之闑。鄭《詩箋》：「壼之言捆也。」壼爲初文，闑、捆皆由之孳乳。

144. 臬又有植立義，又孳乳爲㒸，穜也至。其義實有可引申者。

凱曰：㒸由又來，說見前。臬爲植立，故《小爾雅·廣詁》訓法，《廣言》訓極，《廣雅·釋詁》亦曰：「臬，法也，」六藝字即此。

145. 散在歌寒皆白之再孳乳字也。

凱曰：言又孳乳爲衒，行且賣也，從行、言。今人於市中行而䜲物者即是，䜲物者必自美其物，故引申爲自衒之義。爲彥，美士有彣，人所言也。從彣，苦聲。《爾雅·釋訓》：「美士爲彥。」郭注：「人所彥詠。」舍人注：「彥，國有美士，爲人所言道也。」彥又孳乳爲諺，傳言也，猶今云格言。

146. 孳乳爲簡，牒也。

凱曰：言孳乳爲簡，猶□孳乳爲笒。

147. 此並與歌部之乞相應。

凱曰：眉、鬴、鼾、呬、愾、憗、鎎諸字亦見二篇氣下。憗、鎎從氣得義，係氣下，是也。呬變易爲咦，南陽謂大呼曰咦，大呼猶大息也；又爲欯，歔也；又爲霼，見雨而止息小徐本，讀若欯，《唐韻》虛器切，則又與呬同音。愾亦變易爲慨，忼慨壯士不得志也，慨雙聲轉陽爲忼，慨也。忼慨連語。自所孳乳，又有愒，息也，今別作憩。有諿，膽氣滿，身在人上，謂氣逆不得舒也，與先同義。

黃君曰：詨讀若反目相睞，字當爲寄，詨讀寄也。

自爲諸出氣。黃君曰：亦孳乳爲息，喘也。凱曰：息從自聲，泰轉之也。息者呼吸，一呼一吸，生生不已，故息又孳乳爲瘜，寄肉也，與腥同義。腥下云：「星見食豕，令肉中生小息肉也。」此子息生息字。又孳乳爲熄，畜火也，亦曰滅火，滅與畜相反而相成。止息即滋息也，此消息字。

凱云：愾、慨亦淂由欠來，說見二篇欠下。

148. 壹、壺皆爲壺，中氣不得渫。壹在至，壺在諄，皆孳乳於𡗜也。

凱曰：壹爲壺，中氣不得渫，凡從壹得聲者，如噎，飯窒也；饐，飯傷濕也；瞕，会而風也；壇，天会塵起也；㽄，豕息也。此皆壹所孳乳。壹爲壺，中氣不得渫，凡與壹聲義近者，有盈，仁也；黃君曰：從囚者，使氣不渫。熅，鬱煙也；輼，臥車也；醖，釀也；薀，積也；緼，紼也。《廣雅・釋詁》：「緼，亂也。」謂亂麻。搵，沒也；殟，胎敗也；顳，係頭殟也；慍，怒也。怒亦勃鬱義。此皆壹所孳乳。

149. 𡗜在本部又孳乳爲舌，塞口也。

凱曰：舌亦見卵下，義爲長。

150.《說文》歹，列骨之殘也，從半冎。古文作𣦵，讀若檗岸之檗。

黃君曰：列爲歹之下注字，骨之殘也，又釋列字，《說文》多此例。歹字中一畫，乃隨之沾之以取茂密，義不應有業。檗岸字當作屵，或作户。

151. 讀如檗，則孳乳爲齾，缺齒也。

凱曰：此通語缺齾字。

152. 齒旁轉則孳乳爲齭，無齒也。

凱曰：歹讀如檗，又孳乳爲瓵，康瓠破罌也。《廣雅・釋詁》：「瓵，裂也。」

153. 列又孳乳爲劕，齒分骨聲也。

凱曰：又孳乳爲梨，黍穰也。穰，禾皮。

154. 引申爲殘餘義，孳乳爲裂，繒餘也。

凱曰：又孳乳爲績，纖餘也；爲劁，制也。劁亦謂裂帛，與劕字同切。

155. 爲迾，遮也。

凱曰：迾變易爲迣，迾也，迣讀若寶，則又與寶同，出於至。條例之義又孳乳爲栵，栭也，栭，屋枅上標；又爲駗，次弟馳也。次弟、條例同義。

156. **迥對轉寒變易爲闌，門遮也。**

凱曰：闌又變易爲閈，闌也。《廣雅・釋詁》：「閈，遮也。」孳乳爲籣，所以盛弩矢，人所負也，積竹爲之，故從竹。

殘餘之義。黃君曰：卢又孳乳爲肖，水流夗夗也。小徐本從川，肖省聲。近轉寒，爲賤，賈少也，少與殘餘義同；爲線，縷也。凱曰：縷以纖布帛，線以針紩衣，以線視縷則爲殘餘。旁轉清，爲霝，雨零也，從雨，皿象霝形。霝又孳乳爲零，餘雨也。

157. **穿還泰爲竅，穿地也。**

凱曰：又有竄，匿也。小徐本。從鼠在穴中，與竅同字，而製字先有竄。又曰，穿亦得由川來。

158. **《西都賦》稱璧釭，亦曰列錢，皆受義於叔。**

凱曰：殘穿之義。又有叡，叔（深）【大徐本作探】堅意也，從叔、從貝。貝，堅實也；有叡，深明也，通也，從叔、從目、從谷省，古文作睿；有膚，鬲屬；膚又爲甂，甌也，一曰穿也。《考工記・陶人》：「甗實二鬴，厚半寸，脣寸，七穿。」此四皆受義於叔、於歺。

159. **殈對轉歌，孳乳爲瑳，殘薉田也。**

凱曰：瑳由差來，差，不相值也，田不相值，則爲殘餘。當田相值也。大小徐本瑳下皆「殘田也」。薉字，段據《集韻》、《韻會》引補。

160. **又孳乳爲隋，裂肉也。**

凱曰：隋從隓聲，即取殘敗之義。隓出於氏，詳四篇氏下。

161. **祭祀之字亦本謂獸。《夏小正》及《月令》有獺祭魚，豺祭獸。**

凱曰：《夏小正》傳：「祭也者得多也，善其祭而後食之。」得多之義，正與殘餘會。《春秋繁露・祭義》曰：「祭之爲言際也，察也。」又：「祭者察也，以善待鬼神之謂也，善乃逮不可聞見者，故謂之察。」《廣雅・釋言》亦曰：「祭，際也。」故祭由殘餘義引申爲細微，孳乳爲際。壁，會也。《爾雅・釋詁》：「際，捷也。」捷之言接，兩壁相接，中會甚微，猶隙爲際見之白也。又孳乳爲察，覆審也。《賈子・道術》曰：「纖微皆審謂之察。」察又變易爲瞟，察也。孳乳爲督，言微親察也。又曰，殘與病同義。祭又孳乳爲瘵，病也，通言羸瘵。

162. 吞，咽也，則餐轉眞之變注。

凱曰：吞與歡爲一語之變，說見前。

163. 殈又次對轉脂，孳乳爲骴，禽獸殘骨曰骴，或曰歺之變易字也。

黃君曰：骴與柴同原，出於支、斯、析。

凱曰：柴，小木散材也。說見三篇屮下。

164. 殈還泰，又孳乳爲帗，殘帛也。

凱曰：帗，變易爲幨，一曰帗也，帗，一幅巾也。一曰婦人脅巾也，讀若末殺之殺。還寒又爲帗，幡幟也。幡，書兒拭觚布也。此皆裂帛爲之，與帗一語。

165. 近轉歌，變易爲癧，獸疫病也。

凱曰：癧由羸來。羸，瘦也。瘦與病相因。羸出於羸、于果。果剝皮則小，人羸袒則瘦，病者似之。

166. 疫疑是癧之轉語，歌支旁轉，舌音歸喉。疫者，民皆疾也。

凱曰：《字林》：「疫，病流行也。」即由役來。役，戍邊也。師旅行役，人聚則病易相染。見四篇同下。

167. 旁轉隊，孳乳爲殞，大夫死曰殞。

凱曰：又孳乳爲醉，一曰潰也。從酉從卒，卒猶殞也。潰，亂也。

168. 近轉歌，孳乳爲貨，貝聲也；爲瑣，玉聲也。

凱曰：貨、瑣皆出於惢。惢，心疑也，讀若《易》「旅瑣瑣」。惢從三心。《釋名》：「心，纖也。」惢訓疑，疑則心細，故惢引申爲小義。孳乳爲貨，貝聲也，從小、貝，會意。貨又孳乳爲瑣，玉聲也。《爾雅・釋訓》：「瑣瑣，小也。」爲麩，小麥屑之覈。

169. 其至部、泰部有糏粆，散之也至與屮屬之蔡相繫。

黃君曰：沙由歺來，亦由山來。

凱曰：糏粆連語，並出於屑切、於七。說見三篇七下。

170. 旁轉支，亦孳乳爲嘶，散聲也至《方言》：「嘶，盡也。」

凱曰：嘶、誓、澌並出於斯、析，於支。說見三篇屮下。

171. 澌次對轉眞，變易爲盡，器中空也。

凱曰：盡自聿來，聿出於戍，見下。

172.《五行志》亦以牙櫱說之。

黃君曰：□近轉寒，亦孳乳爲炭，燒木餘也。小徐本作燒木未灰。在本部又爲㜣，餅也，謂作餅之籈，今起酵所用也，義近櫱。

173. 旁轉隊，孳乳爲淬，滅火器也。

黃君曰：淬由滅來。

凱曰：滅又孳乳爲㵟，拭滅皃；爲泧，㵟泧也，讀若椒㰝之㰝。㵟泧連語，說解作末殺。倒文又爲揃摵。揃，摵也。摵，批也。爲戩滅。戩，滅也。《唐韻》即淺切。

174. 刪還泰，斂作舌音，變易爲剡，刊也。

凱曰：在本部，又變易爲刊，剡也；爲栞，槎識也，讀若刊。

175. 其歲訓木星，至戌而度天門，亦孳乳於戌，此則大橈，既作甲子，因有是名。後人孳乳爲之，無繫於戌之本義也。

凱曰：歲由越來，出於粵。或由宣來，出於亙。歲下《說解》曰：「越歷二十八宿，宣遍陰陽，十二月十二次。」

戌訓滅，滅訓盡。

黃君曰：戌孳乳爲悉，詳盡也。咸下說解亦曰：「戌，悉也。」

凱曰：戌又孳乳爲㶳，火餘也。火餘即薪盡。㶳又孳乳爲盡，器中空也。

176. 依小聲則反絕爲紹，繼也至蓋與釗、剽同矣。

凱曰：《管子》「紹昧」之語，自借釗字爲之。《說文》：「紹，一曰緊糾。」知紹之聲義本受於丩，相糾繚也，一曰瓜瓠結丩起。其訓繼者，《爾雅・釋艸》：「㼎瓞，其紹㼎。」注：「瓜蔓緒亦箸子。」斯其義也。

177.《說文》：「絕，斷絲也。」古文作𢇍，此初文也。

凱曰：古文𢇍下曰：「象不連體絕二絲。」

178. 又孳乳爲劓，切肉也。

凱曰：劓讀喉音。袁從虔省聲，雨元切。變易爲刉，劓也，一曰齊也。刉對轉歌，變易爲鉊，鉊圜也。《廣韻》訓去角，小徐以爲即刉弊之正字。

179. 然小篆絕從卩聲，則秦時已轉入至部，孳乳爲切，刊也。至次對轉諄，切變爲刊，切也。故《特牲》今文刊爲切矣。

凱曰：師說七即切之初文，則切直出於七，說見三篇七下。刊由寸來。寸，十分也，分則斷。

180. 絕又在泰，孳乳爲胞，小奊易斷也。胞變易爲臕，奊易破也。

凱曰：臕由毟來，胞又臕之變易字，說均見下。

181. 然則屮音如銳，孳乳爲銳，芒也。

凱曰：芒，艸耑，故銳，引申爲細小義。銳古籒文竝作劓。孳乳爲蘭，艸之小者；爲罭，魚網，謂小魚罜其目微也。蘭讀若芮，則孳乳爲芮，草生兒，爲小艸叢生也。罭亦孳乳爲繝，西胡毟布也。毟，細毛，又有褐毛布也，與繝音義竝近。

182. 孳乳爲觿，佩角，銳耑可以解結也。

凱曰：觿從巂，亦可讀齒音，孳乳爲觜，鴟舊頭上角觜也，一曰觜，觿也。又爲觢，羊名，皵皮可以割桼，謂其銳利也。

183.《記‧曲禮》注曰：「銳底曰鐏。」

凱曰：鄭注：「銳底曰鐏。」取其鐏地，則鐏取義於蹲竣，由舛來。

184. 鐏旁轉寒，孳乳爲瓚至又孳乳爲籑，引書也。

凱曰：瓚從籑省聲。此當言，鐏旁轉寒，孳乳爲籑，籑又孳乳爲瓚。

185. 彖旁轉諄，變易爲遯，逃也。

凱曰：遯在本部，變易爲遁，遷也。一曰逃也。

186. 爲糴，逃也，正篆作逃。

黃君曰：逃字一本作兆，不誤。兆即古逃字。

187. 踐復孳乳爲後、爲衛，皆跡也。

凱曰：屮訓蹈，故轉宵，孳乳爲叏，滑也，從又、屮。又爲夳，進趣也，從大從十，大、十猶兼十人也。叏又孳乳爲牧，牛徐行也；爲駤，馬行兒；爲袖，行袖袖也；爲跡，行平易也；爲蹈，踐也，夳爲進趣，許讀若滔，則孳乳爲滔，水漫漫大兒。

188. 對轉寒舒作齒音，爲纘，繼也。

凱曰：纘字贊來，見前。

189. 又孳乳爲輟，車小缺復合也。

凱曰：輟爲叕之或字，由亅來，見前。

190. 郭璞以爲施冒亦叕之孳乳字也。

凱曰：叕亦孳乳爲畷，田百間道也，廣六尺，《記‧郊特牲》疏：「畷謂

井畔相連畷。」爲餟,祭酹也,《史記・孝武紀》:「其下四方地爲餟食。」《漢書・郊祀志》:「爲脤食羣神從者。」義亦取綴聯也。脤爲借字。餟又變易爲餟,小餟也。爲酹,餟祭也,以食曰餟,以酒曰酹。然《字林》亦訓餟爲酒沃祭地。

191. 罪還泰爲罻,魚網也。罻從銳聲,本喉音,亦得如說稅。

凱曰:罻由剧來,見前。

192. 率作舌音,則近轉歌,孳乳爲羅,以絲罜鳥也。

凱曰:又孳乳爲罵,罵也,從網從言,網皋人。《釋名》:「罵亦言離,以此掛離之也。」然則罵與羅同意,罵之言掛離,羅之言羅絡也。《釋器》:「鳥罜謂之羅。」注:「謂羅絡之。」

193. 對轉寒,又孳乳爲戀、毄,皆兼治亂義。

《說文》:「戀,亂也。一曰治也。一曰不絕也。從言、絲。」「毄,治也。麼子相亂,受治之也。一曰理也。」戀古文作變。

黃君曰:此初文,當從受,從三麼,即 。與毄同意。

凱曰:變爲初文,一訓不絕,孳乳爲連,負車也。從段君訂。從辵從車。負車必數人牽挽以行,與不絕義近。連又變易爲輦,輓車也,從車夫,《周禮・鄉師》注:「故書輦爲連。」則連即古輦字。變又孳乳爲聯,連也,從耳,耳連於頰;從絲,絲連不絕也。正與變義合。連又孳乳爲謰,謰謱也。轉侵爲膽,連肝之府也,膽形如瓶,正坿肝短葉上。還寒又爲瀾,大波曰瀾。或從連作漣,此謂波文如連瑣也。爲漣,泣下也,此謂涕下如瀾翻也。聯亦孳乳爲齲,齒見兒,此謂齒相值成聯列也,與齺同義。連、聯旁轉眞,又孳乳爲鄰,五家爲鄰,《釋名》:「鄰,連也。相接連也。」爲鈴,蟲連行紆行者也。爲鱗,魚甲也,凡言魚鱗襍沓、鱗集仰流,皆謂其聯次也。此皆變之再孳乳字也,其直自變出者。又有孿,一乳兩子也;有戀,慕也;有攣,繫也;有變,樊也,樊者騺不行,此二同字。其斔爲欠兒,《廣雅》訓「迷惑不解理」,本自變亂義孳乳,亦與不絕義相因。

194. 纚本兼齒、舌二音,固率之近轉孳乳也。

黃君曰:轉魚爲索,艸有莖葉,可作繩索,從宋、系。杜林說:「宋亦朱市字。」亦率之孳乳字也。

195. 其綏訓車中把,亦大索,兼齒、舌二音,亦纚之變也。

凱曰:綏亦自妥來。升車執綏,所以爲安止也。

196. 爲𢡍，引縱曰𢡍。《釋訓》：「甹夆𢡍曳也。」

凱曰：𢡍由掔來，出於菩，說見四篇菩下。

197. 𢴶旁轉隊，變易爲隸，及也至爲隸，附箸也。

黃君曰：隸、逮、𨽿竝自乁來。

凱曰：乁，古文及。及，逮也。說見七篇及下。

198. 旁轉支孳乳爲舓，以舌取食也。

凱曰：取食之義。舌在本部，又孳乳爲噬，啗也，喙也。對轉寒爲喙，口也，彖聲本兼喉舌兩音。噬、喙同字。

199. 孳乳爲罽，西胡毳布也。本從籒文銳聲，由喉轉齒。褐音近罽，毛布也。

凱曰：罽、褐並自𠛱來，說見前。毳，《字林》：「細羊毛也。」今通語謂之底絨。毛細則耎而易斷。孳乳爲膬，耎易破也；膬又變易爲脃，小耎易斷也，從肉從絕省。俗誤作脆。細又引申爲煩數，孳乳爲𥢶，數祭也，讀若舂麥爲𥢶之𥢶。此引俗語以注音。舂麥字本作𣫼也。細又與精同義，孳乳爲毳，精戇也。毳又變易爲𢣀，謹也，讀若毳。𢣀從𣪠。楚人謂卜門吉凶曰𣪠，則謂𢣀出於𣪠，亦得。

200. 本大末小，故末有小義。

凱曰：孳乳爲餘，食馬以穀也字別作秣。對轉寒爲麪，麥末也。

201. 旁轉脂，孳乳爲𢼸，眇也。依段訂正。

大徐曰：「豈字從𢼸省。𢼸不應從豈省，疑從耑省。耑，物初生之題，尚𢼸也。」

凱曰：大徐說近是。

202.《詩》傳以微爲之。

凱曰：又爲𥌂，司也司俗作伺，謂微目相視也。𥌂又變易爲覹，注目視也。

203. 其枚字《詩》以爲微，本訓幹，《廣雅》訓木、訓條，訓條則佀末之孳乳也。

凱曰：《說文》：「枚，幹也。可爲杖，從木從攴。」即由木來，見六篇木下。

204. 尾亦訓𢼸，《方言》：「尾，梢也。」《釋名》：「尾，微也，承脊之末，稍微殺也。」亦末之孳乳。

《說文》：「尾，微也。從到毛，在尸後。古人或飾係尾，西南夷亦然。」

黃君曰：「從到毛」，惟陰器爲毛下巫也；「在尸後」，惟交接在尸後耳。此會意兼指事字。《史記・五帝紀》集解引《說文》「交接也」是也。交接之物曰尾，交接之事亦曰尾，當由宀、芇來。美、媚、迷、叟皆由是出。

凱曰：尾當由未來，說見二篇未下。

205.《說文》：「貝，海介蟲也。象形。古者貨貝而寶龜。」

凱曰：貝變易爲蟻，蚌屬，似蠊微大，出海中，今民食之。讀若賴。萬聲本兼唇、舌兩音也。

206. 對轉寒孳乳爲購，貨也。

錢沾曰：「此千萬字。」

黃君曰：以意訓滿例之，疑千萬字本爲蟎，購又萬之後出字也。

凱曰：師說甚精，購由蟎來，出於芇。

207. 旁轉隊孳乳爲賣，飾也。

凱曰：貨貝之義。貝又孳乳爲買，市也，從網、貝。小徐：「貝聲。」《孟子》曰：「登壟斷而網市利。」買旁轉幽，變易爲貿，易財也。《釋言》：「貿，市也。」又曰：「貿，買也。」二字訓同，猶一語矣。買在本部，又孳乳爲賣，出物貨也，從出從買小徐買聲。小徐曰：「貨精，故出則買之，會意。」賣與買出入有殊，義則同根。

208.《說文》：「宋，艸木盛宋宋然。象形，八聲。」

凱曰：宋字象形，是也。八聲，別一說。與日下乙聲同。《釋詁》：「浡，作也。」《廣雅・釋詁》：「浡，盛也。」浡即宋之後出字。《詩》「東門之楊，其葉肺肺」，亦即宋字。

209. 旁轉隊變易爲孛，彗字也。

凱曰：孛下又云：「從宋，人色也，從子。」《論語》：「色孛如也。」此是小徐本。宋爲艸木盛，孛爲人色盛，兩義微殊，此當言孳乳。孛又變易爲妭，婦人美也。美、盛義同。飲酒者顏色亦盛，故孛又孳乳爲酡，酒色也。酡亦變易爲配，酒色也，所謂朱顏酡，朱、赤同義。故酡、配又孳乳爲翡，赤羽雀也，出鬱林，此緋衣字。

210. 爲芇，艸多也。

凱曰：《穀梁傳》文公十四年：「孛之爲言猶芇也。」知字孛、芇義近。

211. 爲寠，艸多寠孛之皃。

黃君曰：寠由卉來。

凱曰：卉，艸之總名，從艸、屮，故有盛多義。

212. 然屄、旛、燹亦與勿相應。

凱曰：宋訓盛，字象枝葉四舒，故又孳乳爲勃，排也，《廣雅·釋詁》：「勃，展也。」《釋訓》：「勃勃，盛也。」爲肺，金藏也，《釋名》：「肺，勃也。」言其氣勃鬱也。勃、肺孳乳則又爲怫，恨怒也。怫變易爲悱，鬱也，氣盛則怒，猶滿孳乳爲懣，盈孳乳爲愠矣悱別作悖，《方言》：「悖，強也。」又：「悖，懟也。」。由是引申，於火爲煇，火皃；爲炦，火氣；爲炥，火，皃；於水爲渾沸，濫泉也，言水沸騰；爲濞，水暴至聲；爲鬻，吹釜溢也小徐本。鬻又變易爲濁，洭也；於風爲渾、浂，風寒也，風烈則寒。諸字惟煇、渾、潷在至韻，怫、濞、炥、沸、濁在隊韻，與宋旁轉餘皆在本部。

213. 爲帗，幏裂也。

凱曰：殘帛裂曰帗，正幅裂曰輸。《急就篇》：「帗敝囊橐不值錢。」

214.《說文》：「市，韠也，從巾，象連帶之形。」篆文作韍。

凱曰：市下又云：「上古衣蔽前而已，市以象之。天子朱市，諸侯赤市，大夫蔥衡。」鄭君注《禮》亦曰：「古者佃魚而食之，衣其皮，先知蔽前，後知蔽後，後王易之以布帛，而獨存其蔽前者，不忘本也。」然則市變易爲被，蠻夷衣，一曰蔽郄。

215. 市本象蔽前，故引申有蔽義，今字作蔽，本小艸皃，借爲市爾。

凱曰：蔽，小艸蔽蔽也，小艸掩地而生，與蔽前義近，故知蔽亦由市生。

216. 爲戝，盾也，盾所以扞身蔽目，《詩》以伐爲之。

凱曰：《詩·小戎》：「蒙伐有苑。」毛傳：「中，幹也。」《釋文》：「伐又作戝。」

217. 旁轉隊又孳乳爲簞，蔽也，所以蔽甌底。

凱曰：市在本部又孳乳爲瞥，過目也，一曰目翳。過目謂暫見即逝，故引申又訓目翳，此障蔽字。

218. 對轉寒又孳乳爲藩，屛也。

凱曰：藩由屮來，本篇亦係屮下，是也。

219. 藩旁轉清變易爲屏、屏，皆蔽也，與丏相繫。

凱曰：屏、屏亦見本篇屮下及《三篇》丏下，係丏是也。

220. 然市本韠也，故旁轉至孳乳爲韠，韨也。

凱曰：韠下又云：「所以蔽前者，以韋爲之。下廣二尺，上廣一尺，長三尺，其頸五寸。一命縕韠，再命赤韠。」《釋名》：「韠，蔽膝也，所以蔽膝前也。」鄭注《玉藻》曰：「韠之言蔽也，韨之言亦蔽也。」

221. 《說文》：「癶，足剌癶也。從此、屮。」

凱曰：此俗語潑婦字。章君曰：「字亦作己己，不見《說文》，己己爲兩己相背，與址從兩止同誼。」顏師古曰：「己己象兩弓相背。」不可信從。兩己者，己，手也。《說文》夔右從止，左從己，謂象手足之形，是也。

222. 跟，行步獵跋也。

凱曰：此狼狽字。

223. 孳乳爲拜，首至地也本隊部音，《詩》已誤入泰。拜必跪足剌址也。

凱曰：拜由㒸來。㒸，疾也。見二篇卉下。

224. 車欒牲亦剌癶也。

凱曰：又爲橃，海中大船，船行亦剌癶也，字亦作簿，筏舶；爲鮁，鱣鮪鮁鮁，毛本作發發，《釋文》引馬注：「魚著罔尾發發然。」言尾掉也。

225. 《說文》又有迷字，云蒜頓也，與址同音，賈侍中「讀若拾」疑誤。

黃君曰：迷當從小徐，從朮聲，亦受朮義，讀若拾、若郅，皆由齒變舌，若從朮得聲，不得有此讀，大徐音誤。

226. 友對轉寒則孳乳爲絆，馬縶也至。次對轉對孳乳爲轡，馬轡也。

凱曰：絆、轡亦見本篇屮下。絆與樊義近，係屮是也。轡則由乀、弗來。乀，左戾也。弗，撟也。說見《二篇》乀下。

227. 然則撥本除治艸也，亦癶之孳乳。

凱曰：癹訓夷艸，引申爲開發義，孳乳爲發，射發也。《釋名》亦曰：「發，撥也，撥使開也。」發又孳乳爲䩂，韕射收繳具也。撥爲除治艸，即今之耰字，亦孳乳爲茇，艸根也，春艸根枯，引之而發土爲撥，故謂之茇。又爲坺，治也，一曰舀土謂之坺，字亦作墢，《周語》「王耕一墢」即坺也。

228. 是以言伐。

凱曰：《攷工記・匠人》「一耦之伐」注：「𠇇上曰伐，伐之言發也。」此亦伐、發相同之證。

凱又曰：伐字韻書無兩切，而《公羊・莊二十八年》注「有長言短言之分」，知漢師讀伐，顯有二音。蒙謂長言短言，猶後人所稱平、入也。伐無平聲，而與伐音義同者有罰伐、罰並房越切，《史記・律書》：「罰者萬物可奪而伐也。」《廣雅・釋詁》：「罰，伐也。」《記・投壺篇》「若是者浮」，鄭注以罰爲訓，孔疏：「浮亦罰也。」此不僅假其字，兼擬其音。罰有浮音，比知伐亦同。所謂伐有長言短言者，短言如字，長言伐亦讀浮也。然浮之一音，後人竟昧其讀，故知考求古音，不得僅據韻書也。

陽聲寒部丙

229. 今俗言頂䯼丱甲亦得爲丑之變易字。

可以：丱讀若冠，訓穿物，故孳乳爲冠，絭也，所以絭髮，弁冕之緫名也。

230. 又孳乳爲環，璧肉好若一也，彝器或作聯歡形如⊖，此蓋丑字借爲環。

黃君曰：金文⊖字乃𠫓之變，借爲環字耳。

凱曰：肉好字孔之借。

231. 關旁轉入清爲扃，外閉之關也。

凱曰：扃由冋來，冋象遠界，故曰外閉之關。見《四篇》𦣞下。

232. 又孳乳爲關，以木橫持門戶也。

黃君曰：又爲彎，持弓關矢也。

233. 旁轉入眞孳乳爲鉉，舉鼎也。《禮》又有鼏字矣。

凱曰：鉉下又云：「《易》謂之鉉，《禮》謂之鼏。」案《鼎卦・六五》：「鼎黃耳金鉉。」《上九》：「鼎玉鉉。」疏：「鉉所以貫鼎之而舉之也。」《說文・鼎部》又出鼏字，云：「以木橫貫鼎耳而舉之，從鼎冖聲。《周禮》『廟門容大鼎七箇』，即《易》『玉鉉大吉』也。」《唐韻》莫狄切。王念孫曰：「《說文・鼎部》當別有鼏字，從鼎、𦣞聲。今徐本鼏下所解即鼏字義也。蓋鼏、鼏二字篆文相近，誤去其一耳。」嚴可均曰：「鼏篆體當作鼏，冂聲，故《禮經》古文借扃爲之，十七篇中扃鼏十餘見。古文作扃密，今文作鉉鼏。古文之扃即鼎部之鼏，今文之鼏，許所不收。」

234. 其為冊持則同，亦冊之孳乳也。

黃君曰：冊又孳乳為管，「如篪，六孔。十二月之音。物開地牙，故謂之管。」

凱曰：朱駿聲亦云：「開者，關字之誤，冊字之借。物冊地牙，以聲訓也。《風俗通》：『物貫地而牙故謂之管。』」

235. 肄又旁轉支為娍，閒體行娍娍也；為頠，頭閒習也。

凱曰：娍嬾連語《神女賦》：「既娍嬾於幽靜兮。」。嬾，靜好也。《釋詁》：「頠，靜也。」然則娍、頠、嬾同原，竝出於佳、於娿，由壬來，說見《四篇》壬下或曰娍、頠竝嫛之變易字。嫛，媞也。《廣雅‧釋詁》：「嫛，好也。」出於規、於圭。

236. 攟、遺又孳乳為嫺，雅也。嫺還泰變易為傆，嫺也。

凱曰：嫺自間來。雅之言寬假也，間暇故為寬假。傆者，倭之變易字。倭，順也，由委、禾來，見前。

237. 攟、遺又孳乳為宦，仕也。仕者，學也。學、習同意。

黃君曰：宦或自尹來，近官。

凱曰：尹，治也，從又，丿，握事者也。見三篇尹下。

238. 旁轉諄，孳乳為勤，勞也。

凱曰：勤亦見三篇臣下，由賢來。賢勞，猶勤勞也，斯義得之。

239. 勤次對轉泰，為勩，勞也。勩又孳乳愒，息也。

凱曰：勩近肄，當為肄之孳乳。愒由曷來，見前。

240. 旁轉諄，變易為慁，憂也。

凱曰：慁，一曰擾也，則由圂來，圂，廁也。

241. 主發謂之機。

凱曰：機與隟脂、諄對轉。機梧，隟梧一語。機亦由ㄣ來，說見二篇ㄣ下。

242. 關轉脂孳乳為闌，事已閉門也。

凱曰：闌由癸來。癸承壬，象人足，足，止也。《釋天》：「月在癸曰極。」皆與事已義近。

243. 變易為乾，上出也。

凱曰：乾從乙，物之達也，倝聲，即由倝來。倝，日始出光倝倝也。說見放下。

244. **對轉泰孳乳爲勻，氣也。**

凱曰：氣者，氣之借字。氣，饋客芻米也。古語施受同辭，故有求於人亦謂之氣。

245. **乾又孳乳爲趕，舉尾走也**即上出義。

黃君曰：尾義由筋來，出於臣。

凱曰：筋肉之力也。趕俗作趕。

246. **對轉泰孳乳爲竭，負舉也**至**竭又孳乳爲藹，臣盡力之美也。**

凱曰：竭、藹、楬、揭並自子來，何自加來，並見前。

凱又曰：上出義對轉泰又孳乳爲頌，鼻莖也，或體作䫲。在竹爲竿，竹挺也。在禾爲稈，莖也。此二竝見前。

247. **上出故燥，乾有燥義，故孳乳爲嘆、熯，皆乾也。**

凱曰：又爲灘，水濡而乾也。沙灘爲引申義。《釋水》「潬沙出」即灘之別字。

248. **對轉泰爲渴，盡也。**

凱曰：渴轉隊變易爲汔，水涸也。

249. **次對轉脂，爲塏，高燥也。**

凱曰：塏由啓開來，出於开。啓，開也。開，張也。开象二乾對構上平也。說見四篇开下。

250. **翰爲天雞赤羽，《詩》傳曰：「翰，高也。」**雞肥翰音之鶾又由翰孳乳。

凱曰：翰、鶾竝由倝來，見放下。

251. **顯爲明頭飾，亦上見者，皆由乾孳乳也。**

凱曰：顯從㬎聲，即由㬎來。㬎，眾微杪也。從日中視絲。古文以爲顯字。說見九篇高下。

252. **從乾燥義者在泰爲暍，傷暑也。**餲爲飯餲，饐爲飯傷熱，皆由餲孳乳。在寒爲汗，人液也，亦由暍孳乳。

凱曰：暍、餲、饐竝自害、夆來，見前。餲讀乙冀切，則與饐音亦近。

253. **奸者，犯淫也，竝孳乳於乾。**

凱曰：在物爲罕，網也，小網似畢，長柄。

254. 訏對轉歌，孳乳為加，語相增加也。誣訓加言，加為誣譖人也。

凱曰：加出於午。午，跨步也。跨，渡也。增加、過渡同義。由增加義，故加又孳乳為賀，以禮相奉慶也。為娿，女師也。杜林說：「加教於女也。」增加又與負何同義，故加又孳乳為何，儋也；為佗，負何也。佗旁轉侵，為儋，何也。此三同字。為駕，馬在軛中。增加又引申為架構義，故加又孳乳為枷，柫也。《釋名》：「枷，加也，加杖於柄頭，以撾穗而出其穀也。」枷又孳乳為迦，迦互，令不得行也，即椹柭行馬。枷與迦前繫艹下，今別為說。

255. 注釬為臂鎧，義亦近扞。

黃君曰：《廣雅》：「釬，侯旰切。釬金銀令相著。」《集韻》：「固金鐵藥。」亦作銲。此當以扞為正字。

凱曰：扞枝之義又為骭，骹也，《淮南》書注：「骭自膝以下，脛以上。」《俶真訓》謂其抗扞能支體行步也。為豻，獸豪也豪，豖，鬣如筆管者。為𪊻，馬毛長也。此二同字，亦言其扞枝也。骹止之義，亦為閈，門也，門所以為限也。此諸字並以乾為初文。

256. 《說文》：「犬，狗之有縣蹏者，象形。」

凱曰：孳乳為肰，犬肉也，古文作𤝫。

黃君曰：蓋從肉。𦮼，犬字。勿與古文□同，故殺字也。我之古文𣱂亦從此，但少一畫。

257. 肰音旁轉入諄，又孳乳為狠，吠鬥聲也。

凱曰：狠由艮來。艮，很也。說見三篇臣下。

258. 為狋，犬張斷怒也，對轉脂為狋，犬怒皃。

凱曰：狋、狋，許竝讀若銀，在諄又為狋，犬吠聲。肰音旁轉談，又孳乳為獫，犬吠不止也，一曰兩犬爭。為㹠，小犬吠。

259. 其在人相鬥爭，比埒其音義，在寒為奻，訟也。

凱曰：奻又孳乳為讕。詆，讕也，今言抵賴。

260. 在清、寒為訮，爭語訮訮也。

凱曰：訮由开來，开象二乾對構上平，對轉則有鬥爭義，說見四篇开下。

261. 在諄為誾，和說而諍也至。亦曰嚚訟。

凱曰：嚚由臣來，臣為俘虜。𡙇從二臣相違，訓乖，故引申為嚚訟義。誾訓諍，又嚚之孳乳字。說見三篇臣下。

262. 在諄爲虤，兩虎爭聲，讀若慭。

凱曰：又爲虓，虎聲也。

263. 然語言之孳乳悉本於狀，狀本於犬。

凱曰：犬在本部又孳乳爲狙，犬行也，與虔同義。

264. 次對轉支爲厓，山邊也；爲崖，高邊也。

凱曰：厓、崖竝自圭來，與门對轉，门象遠界，邊界同義。說見四篇门下。

265. 爲危，高而懼也。

凱曰：危從厃，自卪止之。由厃來。厃，仰也，從人在廠上。說見九篇廣下。

266. 從其魁岸之義孳乳，於人爲彥，美士也；於體爲顏，眉目之間也。

凱曰：彥自言來，顏又彥之孳乳字。說見前。

267. 從其屍屬之義孳乳，於馬爲駥，駥駊至注訓高大貌。

凱曰：駥訓馬搖頭，則義同俄，由我、垂來。

268. 於木植爲檥，幹也。

凱曰：檥、榦歌寒對轉。榦，築牆耑木《書·費誓》「峙乃楨榦」，馬注：「楨在前，榦在兩旁。」按謂植於兩耑者曰楨，植於兩邊者曰榦。段據《魏都賦》注、《贈劉琨詩》注引補「一曰本也」。檥者，《史記·項羽紀》「烏江亭長檥船待」，《集解》：「正也。附也。」《漢書》注：「整船向岸曰檥。」按以檥繫船，與樹榦爲牆事相類。檥與榦並由干來。

269. 然字實當作皆。

凱曰：皆轉隊，又孳乳爲圪，牆高皃，字亦作屹，《詩·皇矣》：「崇墉屹屹。」箋：「猶孽孽將壞貌。」《廣雅·釋訓》：「圪圪，高也。」《魯靈光殿賦》「圪山峙以紆鬱」，張載注亦曰：「屹猶孽也，高大皃。」

270. 以轉作鯤知之。注

凱曰：《記·內則》「濡魚卵醬」，鄭注：「卵讀爲鯤。鯤，魚子也。或作䲇。」

271. 絲從卝聲及《詩》「總角卝兮」至張唐誤引《說文》以爲即卵字爾。注
黃君曰：《五經文字》、《九經字樣》云：「卝，《說文》以爲古卵字。」卤受於卝，而與卵雙聲，然則卵亦只作卝，明甚。又曰：卵爲物樸，卝爲金樸，同文又何疑焉。

272. 孳乳爲丸，圓傾側而轉者也。

凱曰：丸讀舌音，則孳乳爲彈，行丸也，或從弓持丸，作弴。明人以彈爲雞卵字，今俗又作蛋，實即卵字之音來轉定，合變開耳。蜑又誤作蛋體。

273. 丸又對轉歌，孳乳爲骹，鷙鳥食已，吐其皮毛如丸也。

凱曰：此委棄字。

274. 此皆以圓命也。

凱曰：以圓命者，丸又孳乳爲肌，搔生創也。圓轉之義，又孳乳爲筊，筶也，俗謂之篗頭，列梃如柵而圓，所以縮絲於其上者。爲榦，揚雄、杜林說皆以爲輻車輪榦，《廣雅・釋詁》：「榦，轉也。」爲骹，骨耑骹臾也，《廣雅・釋詁》：「骹，曲也。」此委曲字。爲腘，丸之孰也。爲挼，推也，一曰兩手相切摩也。今猶謂手持物往來上下揗摩之曰挼正，讀奴禾之音。此二同字。爲掔，手掔也。楊雄曰：「掔，握也。」亦言其骹曲可屈伸也。

275. 卵對轉歌，孳乳爲裹，纏也至卵與裹猶勹，與包孚矣。

凱曰：裹由果來，見前，

276. 裹旁轉隊孳乳爲褱，俠也。褱又變易爲裵，一曰臧也，孳乳爲懷，念思也；爲惟，凡思也。

黃君曰：褱由亥來。

凱曰：亥從乙，象褱子咳咳之形。褱、懷、惟竝得繫於亥。說見八篇亥下。

277. 蚰又孳乳爲覶，外博衆多視也。注

凱曰：覶由員來。員，物數也。說見二篇靁下。

278. 此以小及衆命也。

凱曰：小義卵於人，亦孳乳爲顆，小頭也。亦與果相繫。

279. 楅旁轉寒變易爲梡，楅木薪也。

凱曰：楅、梡又孳乳爲矜，矛柄也，亦斷木爲之。說見前。

280. 此以完全未破命也。

凱曰：完全未破之義，又有脘，胃府也。

黃君曰：轉魚又爲臚，皮也。《釋名》：「腹前曰臚。」臚又孳乳爲籚，積竹矛榦矜也。

281. **然則完全也。俒，完也。**

凱曰：又有垸，一曰補垸。有院，堅也。

282. **昆、佸、會諸字在諄，孳乳爲宭，群居也。爲群，輩也。**

凱曰：宭、群竝由君來。《白虎通》：「君，群也。群下之所歸心也。」《周書．謚法》：「從之成群曰君。」《荀子．王制》：「君者，善群也。」此皆君字古義。許以尊訓君，但得一偏。

283. **《周書》有《雲門大卷》，注以卷爲族類**至**卷、權、圈、眷、權皆群宭之借**。注

凱曰：此皆吅之借。吅，驚呼也，從二口，故爲多義。《釋詁》：「觀，多也」其本字亦作吅。

284. **在寒孳乳爲官，吏事君也，從𠂤，衆也。**

黃君曰：官由尹來。

285. **於赤爲豋，豆飴也。亦黃黑色。**

凱曰：黗，許讀若飴豋字，知黗、豋義近。又曰：於羊爲羥，一曰黑羊，即黫黑字；於人爲奸，面黑氣也。此二亦焉之孳乳。

286. **讙對轉泰變易爲嚖，高氣多言也。**

凱曰：嚖讀訶介切，與眉、鶨同音。當由自來。

287. **吅又孳乳爲咺，兒泣不止也。**

凱曰：吅轉諄，又孳乳爲壎，樂器也，以土爲之，六孔，字亦作塤。《釋名》：「塤，喧也。聲濁喧喧然也。」喧即讙之別字。在本部又孳乳爲雚，小爵也。《詩》曰：「雚鳴于垤。」雚從吅，取驚呼義。雚又孳乳爲鸞，亦神靈之精也。赤色五采，雞形。鳴中五音，頌聲作則至。《通鑑．後漢紀》胡注：「鸞音雚。」案䜌聲有彎，烏關切；孿，俱願切。竝喉音，知胡注之音有本，而義亦從可知矣。鸞又孳乳爲鑾，人君乘車，四馬鑣，八鑾鈴，象鸞鳥之聲，和則敬也。

288. **譞次對轉爲譎，憰權詐也**並古穴切。**猶瓊亦作璚矣。**

凱曰：權詐猶諼詐也即諼字之借。走部趪，許「讀若繘」，亦敻、矞相通之證。

黃君曰：譎轉之變易爲諆，欺也去其切；爲欺，詐欺也去其切。

凱曰：又爲詒，相欺語也與之切。

289. 變易爲夐，營求也。

凱曰：亘象淵回，故淵孳乳爲垣，牆也雨元切。垣又孳乳爲寏，周垣也胡官切。爲韓，井垣也胡安切。爲隊，道邊卑垣也徒玩切，謂垣卑才有堳埒如緣也。《廣雅・釋室》：「室隊垣也。」亘又孳乳爲緣，衣純也以絹切。《釋器》：「緣謂之純。」郭注：「衣緣飾也。」引申爲佐助義，孳乳爲掾，緣也以絹切。《玉篇》：「掾，公府掾史也。」

黃君曰：亘又孳乳爲沿，緣水而下也。與專切。

凱又曰：亘象上下求物，周而復始。引申爲迭代義，孳乳爲趄。趄田，易居也羽元切。《左傳・僖公十五年》「晉於是乎作爰田」，以爰爲之，《公羊》何注：「爰作換。」然則趄又孳乳爲奐，取奐也；爲換，易也胡玩切。此二同字。

290. 旁轉眞，孳乳爲衒，行且賣也。自衒賣即求買也。

凱曰：衒由言來，宜繫於白，見前。

291. 塋爲墓，亦孳乳於營。

凱曰：禜爲設綿蕝爲營，以禳風雨、雪霜、水旱、癘疫於日月星辰山川也。一曰禜衛，使災不生爲命切。亦孳乳於營，小徐從營省聲。

292. 旬又孳乳爲徇，行示也。《釋言》亦訓遍。

凱曰：徇又變易爲巡，小徐視行兒詳遵切。《虞書》「五載一巡守」，鄭注：「行視所守也。」

293. 還寒則孳乳爲旋，周旋也。與雲相繫。

黃君曰：旋又孳乳爲船，舟也。船，從鉛省聲，食川切。

凱曰：旋又孳乳爲涎，回泉也。

294. 或作齒音，還寒爲專，紡專也。

凱曰：回回又引申爲寬大義，孳乳爲查，奢查也胡官切。爲宣，天子宣室也須緣切。猶《月令》：「大室。」《釋言》宣亦訓遍。查又孳乳爲愃，寬愃心腹兒況晚切。又爲寬，屋寬大也苦官切。寬又孳乳爲髖，髀上也苦官切，髀上骨寬厚。

295. 旃表猶言題表爾。

凱曰：旃由丹來，說見下。

又曰：耑亦孳乳爲腨，腓腸也市沇切。腓者脛腨，今言膝蓋骨。

296. 旁轉眞，孳乳爲脣，口耑也。脣又孳乳爲胗，脣瘍也，籀作疹。

凱曰：胗由珍、尸殄來，說見《二篇》尸殄下。

又曰：脣又孳乳爲漘，水厓也食倫切。爲陙，水㫶也食倫切。與漘義近。

297.《說文》：「旦，明也。從日見一上，一，地也。」此合體指事字也。

黃君曰：旦轉幽變易爲朝，旦也陟遙切。

凱曰：鼂從旦，讀若朝，杜林以爲朝旦。此二字聲通之證。

凱又曰：旦在本部孳乳爲鳴，渴鳴也得案切。渴爲鶡之借。，《記·月令》作
「渴旦」，《坊記》作「盍旦」。郭注：「夜鳴求旦之鳥也。」又孳乳爲炟，上
諱當割切，漢章帝名。《易·履》釋文引《倉頡》：「坦，著也。」又引《廣雅》：
「坦坦，明也。」坦皆炟之借。

298. 旁轉眞變易爲晨，早昧爽也至此舌音舒作齒音也。

凱曰：晨即由辰來。說見三篇申下。

299.《說文》：「丹，巴越之赤石也。象採丹井。」

凱曰：孳乳爲旃，旗曲柄也，所以旃表士眾。《周禮》曰：「通帛爲旃。」
諸延切。按旃之柄上曲，故《後漢書·田蚡傳》曰「曲旃」，《子虛賦》曰「橈
旃」，《周禮·司常》：「通帛爲旃。」注謂：「大赤，從周正色，無飾。」《釋
名》亦曰：「旃通以赤色爲之，無文采，三孤所建，象無事也。」

300. 次對轉支孳乳爲緹，帛丹黃色也。

凱曰：緹又變易爲紫，帛青赤色將此切。緹與紫舌、齒相變。紫又孳乳爲
茈，茈艸也將此切。《釋艸》：「藐茈艸。」郭注：「可以染紫。」

凱又曰：紫、茈亦可由青來。說見《四篇》生下。

301. 單次對支字變作系，繫也至提還寒變易爲撍，提持也。復如單音。

黃君曰：系、係、締、挈、攜、提、撍竝由苦、抴來。

凱曰：說見四篇苦下。

302. 單訓大者，於今字當爲軅，哆之借至據【最】初古文但爲大之借。

黃君曰：單由大來，非初文也。與夋相應。錢坫說：「從古文之形。」極是。

凱曰：單訓大，孳乳爲軅，富軅軅也丁可切。由寒入歌。

303. 單複之義《說文》作襌，衣不重也至此皆不箸，正服故，與襌義一也。

凱曰：襌、但、裼竝嬴之變易字。嬴，袒也，重文作裸，與裹相反成言，
兩語出于果。說互見前果下。

304. 但又孳乳爲膻，肉膻也。

凱曰：膻與顫近，由辰來。說見三篇申下。

305. 裼又對轉清，孳乳爲裎古音如壬，但也肉膻也。

凱曰：裎亦由羸來，語出于果。

306. 但對轉歌，裼旁轉歌，皆孳乳爲羸、但肉膻也，羸亦古音。

凱曰：羸與裹相反成言，出于果，見前果下。

307. 又今字以袒爲但，此誠借聲至。其與但非同字而同受義於單也。

凱曰：袒、組一語，縫解曰袒，補其縫則曰組。二字竝由叀來。說見下。前言袒爲羸之變易字，今改定別爲說。

308. 若夫繕訓爲補義，與組同至線爲縷，竝得爲單之孳乳。

凱曰：繕、氈、纏竝由叀來。說見下。線由歺、㕞來，見上。

309. 但則衣不重膻則見體至除地猶脫衣矣墠町之轉猶但裎之轉。

凱曰：墠訓野土，則近町田踐處曰町。由廛或田來，如《詩》傳訓則近禪，禪字師說由𢍏來，出於天。說見三篇囟下。

310. 墠又孳乳爲禪，祭天也。改墠曰禪神之。

黃君說見上。

311. 其以爲語詈者，次對轉支孳乳爲啻至，然言衹、言適皆啻之借。

黃君曰：啻由止來。

凱曰：說見《八篇》止下。

312. 鳥一枚曰只，當爲啻之孳乳，猶言禪也注。

黃君曰：只亦由止來。

313.《說文》:「𥈈，目圍也。」從䀠、𠂆，讀若書卷之卷至蓋𥈈者目裏好。

凱曰：目裏好之說非也。𥈈從𠂆，象目圍行，音讀若卷，義亦近卷，自[illegible]來。說見下。

314. 孳乳爲靦，《詩》傳曰：「姡也。」姡者，《說文》訓面靦今誤作醜。

凱曰：靦從見，見亦聲。此會意兼聲字，由見來。說見二篇示下。姡訓面醜，字不誤。

315. 其聲轉寒則爲嫚，好也。

凱曰：嫚由[illegible]來，義近婜婉。說見下。

316. 在泰亦有舌音者，則為娧，好也。

凱曰：娧由兌來。說見氽下。

317. 在寒復有喉音者，則為媗，體德好也。

凱曰：媗即嫚婉之變易字，由夗來，出於𣇲。說見𣇲下。

318. 在歌喉音復有媕、婐二字。《說文》訓弱，《廣雅》訓好，竝𠚤之孳乳也。

凱曰：媕、婐竝由委來，出於禾。見前。

319. 其倝為日始出，光倝倝，宜亦孳乳於氽，猶易字從勿矣。

凱曰：倝為日始出，孳乳為乾，上出也，從乙。乙，物之達也，倝聲。渠焉切，又古寒切。

320. 光倝倝，故又孳乳為翰，赤色也。

凱曰：光倝倝，故又孳乳為翰，天雞也，赤羽。《逸周書》曰：「文翰若翬雉，一名鷐風，周成王時蜀人獻之。」侯幹切又為鶾，雞肥翰音者也。魯郊以丹雞祝曰：「以斯翰音赤羽，去魯侯之咎。」侯幹切此二同字。倝又孳乳為熯，火色也五旱切。為澣，流散也呼貫切。謂光景流。為紈，素也，胡官切素白緻繒，今之細生絹也。《釋名》：「紈，煥也。細澤有光煥煥然也。」煥即澣之別字。

321. 《易》「兌為澤」，借為氽字，兌從氽聲也。

凱曰：氽下又云：「九州之渥地也，故以沇名焉。」則孳乳為沇，水出河東東垣王屋山，東為沛。

322. 蓋氽對轉為兌。

凱曰：氽象水敗，水敗則土解壞分，故引申為解說義。孳乳為兌，說也大外切。兌又孳乳為說，說釋也此悅懌之正字，一曰談說失熱切，又弋雪切。釋者解釋。故說又孳乳脫，消肉臒也徒活切。古或只作說。為挩，解挩也他括切。又孳乳為蛻，蟬蛻所解皮也輸芮切。蛻對轉寒變易為蟬，以旁鳴者市連切。蟬之與蛻本一語也。說釋義亦為悅懌，故兌又孳乳為娧，好也杜外切。《廣疋·釋詁》：「娧，可也。」《法言·君子篇》「荀卿非數家之書俀也」，今通語謂好曰對，猶存古言。說一曰談說，則又孳乳為閱，具數於門中也，從說省聲弋雪切。為稅，租也輸芮切，凡田賦丁稅皆具數以斂之也。

323. 又爲術，邑中道也。

凱曰：術義近述。述，循也，邑中道亦人所循也。述由達、率來。說見上率下。

324. 兌又孳乳爲達，行不相遇也，行無夅牾，故亦訓通。

凱曰：達由泰來。泰，滑也。滑利則通而無牾。泰之語又原於屮。屮，踏也，從反止，讀若撻，反止則足之踏之矣。

325. 爲戾，輻車旁推戶也。《老子》曰「閉其門，塞其兌」，兌者，戾也，謂戶。

凱曰：戶可旁推，亦滑利義，由泰來，出於屮。

黃君曰：合亦孳乳爲間，隙也，從門中見月古閒切。

凱曰：合者兩山之間，故孳乳得此。間又孳乳爲澗，山夾水也古莧切。爲瞷，戴目也戶間切，謂望羊視。瞷對轉泰變爲瞎，今通語也。間又孳乳爲騽，馬一目白曰騽戶間切，《釋畜》以瞷爲之，瞷、騽二義大同。人間則愉樂，故間又孳乳爲憪，愉也戶間切。間則寬假，孳乳爲嫺，雅也戶間切。

凱又曰：合爲陷泥滑利，亦孳乳爲沿，緣水而下也與專切，緣水下則滑利。

326. 然羨亦由合成語至。次又孳乳爲羨，貪欲也。

凱曰：次、羨亦見本篇泉下。案係泉是也。

327. 寁從叀云：「叀者，如叀馬之鼻。」

凱曰：叀象引馬之形，與牽一語。牽者引牛，叀者引馬也。牽從冂，象牛縻。叀從厶，象馬轡。

328. 《釋宮》「植謂之傳」，即叀字孳乳爲鑷，所以鉤門戶樞也。

凱曰：樞，門臼也，主轉運者，則鑷由旋來，宜繫上叀下。

329. 亦孳乳爲纏，繞也。與單相繫。

凱曰：又爲繕，補也。爲組，補縫也。爲氈，撚毛也今日毛織物。爲祖，衣縫解也，縫解曰袒，補其縫曰組，即一語之變。纏、繕、氈、組、袒此五同字，皆自叀爲初文，無與於丫。

330. 轉又孳乳爲傳，遽也。《釋名》曰：「傳，轉也。」

凱曰：傳變易爲嬗，一曰傳也時戰切。展又孳乳爲襢，摩展衣，《唐韻》古案切。然從乾聲者，有舌舒鳹之或體、矤諸字，亦舌音。則知展、襢音通北京語碾麪曰襢麪，讀古卑切，則與《廣雅》合。又爲碾，以石扦繒也尺戰切，襢、碾一語變易。

331. 在至依屮聲，孳乳爲疐，礙不行也。

凱曰：疐下又云：「從更，引而止之也。更者，如更馬之鼻。從此與牽同意。」疐又孳乳爲嚏，悟解氣也。《詩》曰：「願者則嚏。」都計切人氣礙則噴嚏。

332. 爲㨖，礙止也；爲桎，足械也。

凱曰：㨖、桎竝由至來。說見三篇至下。

333. 爲軔，礙車也；爲駗，馬載重難也。

凱曰：軔字義近訒，訒，頓也。竝由屯來。駗驙連語，亦由屯來。說見二篇屯下。

334. 爲沴，水不利也。

凱曰：沴由戾來。說見二篇屭下。

335. 爲佺，謹也。

凱曰：佺由夋來。夋，謹也。說見夋下。亦由全來，說見卪下。

336. 其延爲安步延延，宜亦孳乳於更。

凱曰：延由廴來。廴，長行也，從彳引之餘忍切。說見三篇廴下。

337. 爲詮，專教也。

凱曰：詮與詮近。詮之言善也，由全、卪來。說見卪下。

338. 爲嫥，專也。

凱曰：又爲惠，仁也，小徐曰：「爲惠者，心專也胡桂切。」更訓小謹，又孳乳爲專，六寸薄也職緣切。鄭君注《論語・序》引《鉤命決》云：「《春秋》二尺四寸書之，《孝經》一尺二寸書之，《論語》謙半之，謂六寸書之也。《論語》爲傳傳即專之借字，簡短於《春秋》者三倍。」此六寸薄爲小謹之義。小謹引申又爲憂懼義，則更又孳乳爲惴，憂懼也，《詩》曰：「惴惴其慄。」之瑞切爲怛，憯也，或從心在旦下，《詩》曰：「信誓旦旦。」得案切，又當割切。對轉泰，又爲惙，憂也，《詩》曰：「憂心惙惙。」陟劣切舌齒相變，惙又爲悴，憂也秦醉切。惴、怛、惙、悴此四同字。

339. 然更亦孳乳爲繯、羅。繯，落也。羅，網也，一曰縮也。

凱曰：羅讀齒音，變易爲翼，網也，或從足作躍。《逸周書》曰：「不卵不躍，以成鳥獸。」翼者，羅獸足也，故或從足思沈切。

340. 棬爲牛鼻上環，亦同繯義。

凱曰：叀者，如叀馬之鼻。又訓揉屈，引申則有摶結之義。讀舌音，孳乳爲團，圜也度官切；爲摶，圜也度官切。於器爲簙，圜竹器也度官切。於艸爲蓴，蒲叢也常倫切。於蟲爲蟺，夗蟺也常演切，謂曲折宛轉。於食爲饘，饘也諸延切；爲饘，糜也諸延切。此二同字。叀讀喉音，則孳乳爲睘，目圍也。讀若書卷之卷居倦切。又爲㩧，摶飯也。讀若書卷居券切。㩧又孳乳爲卷、眷、觠、齤、圈、豢、拳、卷、鞙、𥿟、鬈。卷，厀曲也居轉切，引申爲凡曲之偁。眷，顧也居倦切，顧視亦曲義。觠，曲角也巨員切。齤，一曰曲齒巨員切。圈，養畜之閑也渠眷切。豢，以谷圈養豕也胡慣切。此二同字。䋆，攘臂繩也居願切，所以約袖。拳，手也巨員切。申爲手，卷爲拳。卷，氣勢也，一曰收也巨員切，收猶卷也。拳、卷義大同。鞙，革中辨九萬切，《廣疋·釋詁》：「鞙，曲也。」𥿟，囊也。今鹽官三斛爲一𥿟居倦切，蓋漢時鹽法中語。𥿟猶卷也。鬈，髮好也巨員切，謂髮卷如雲也。又有𨏚，弓曲也九阮切。趯，一曰行曲脊皃巨員切。皆揉曲義，亦叀之孳乳。

凱又曰：叀有揉曲宛轉義，孳乳爲夗，轉臥也，從夕、從卪，臥有節也於阮切。《廣疋·釋言》：「夗，轉也。」爲冤，屈也，從兔在冂下，不得走益屈折也於袁切。夗又孳乳爲宛，屈艸自覆也於阮切。宛轉幽變易爲奧，宛也，室之東南隅烏到切。在本部孳乳爲婉，順也於阮切。爲㛃，婉也於阮切。此二同字。屈則順也，宛訓屈，故有宛中之義。《釋丘》：「宛中宛丘。」《詩》傳曰：「四方高中央下曰宛丘。」宛丘傳孳乳爲盌，小盂也烏管切。爲㼝，小盂也烏管切。此二同字。《釋丘》又曰：「丘上有丘爲宛丘，陳有宛丘。」郭注：「宛謂中央高。」則孳乳爲琬，圭首琬琬者於阮切，從段訂。《周禮·典瑞》：「琬圭以治德以結好。」司農注：「琬圭無鋒芒。」《考工·玉人》：「琬圭九寸而繅。」注：「琬猶圜也。」此中央高之義。夗者轉也，宛者屈也，故夗、宛又孳乳爲怨，恚也於願切。變易爲䩾，慰也於願切。爲悁，忿也於緣切。此三同字。夗、宛又孳乳爲帑，幡也於袁切，《廣韻》：「繙，帑亂取。」謂詘折無次弟也。奧亦孳乳爲燠，熱在中也烏到切，長沙方言讀如漚。奧、燠今皆入幽部。㛃、婉亦變易爲婠，體德好也，讀若楚卻宛一完切。爲變，順也。《詩》曰：「婉兮變兮。」力沇切然從亂聲者本有喉音。又爲嬿，好皃。㛃、婉、婠、變、嬿，此五同字。

凱又曰：叀引申爲摶結義，讀舌音，孳乳爲團、摶、蓴、簙，已見上文。其於器團又孳乳爲簞，判竹圜以盛穀者市緣切。簞旁轉諄，變易爲笔，簞也徒

損切。團又孳乳爲簞，笥也，《漢律令》：簞，小筐也。《傳》曰：「簞食壺漿。」
都寒切《記‧曲禮》注曰：「圓曰簞，方曰笥。」爲匵，宗廟盛主器也。《周禮》
曰：「祭食共匵主。」都寒切《廣疋‧釋器》：「匵，笥也。」則與簞同。其於酒
器，團又孳乳爲磚，小卮有耳蓋者市沈切。卮，圓器也。磚又變易爲碅，小卮
也旨沈切。爲觶，鄉飲食觶也之義切。爲柤，小觶也徒旱切。磚、碅、觶、柤，
此四同字。其於室材，團又孳乳爲椽，榱也直專切，方曰桷，圓曰椽。對轉歌
團又孳乳爲橢，車笭中橢橢器也徒果切。謂狹而長，爲隋，山之隋隋者徒果切。
隋還寒，變易爲巒，山小而銳者洛官切，《釋山》：「巒，山隋。」注：「謂山形
狹長者。」橢、墮、巒三字，亦可爲卵之孳乳，繫於卵下。

341. **在本部又孳乳爲揣，量也至。量本稱輕重。**

凱曰：揣、娷竝由錘來。錘，八銖也，銖者權十黍之重。量輕重與度高
下事同。又有揣，一曰度也徒果切。與揣同義。錘、娷在歌，揣、楁在寒對轉。
錘見上垂下。

342. **故娷還寒，復舒作齒音，孳乳爲銓，衡也。**

凱曰：銓由𠂤來。說見叱下。

343. **琞對泰舒作齒音，又孳乳爲際，察也至爲督，言微親察也。**

凱曰：際、察、督竝由祭來。說見上歺下。

344. **全訓完，詮訓具，亦叱之變易也。**

凱曰：又有譔，尊教也此緣切。與詮同字。《通俗文》：「釋言曰詮。」《論
語》鄭本「異乎三子者之撰」，注：「讀曰詮，詮之言善也。」《淮南‧詮言篇》
注：「詮言者，爲譬類人事相解喻也。」皆與專教義合。

345. **爲籌，籌長六寸，計歷數者也。**

凱曰：竝卩爲叱，事之制也，故叱又孳乳爲銓，衡也此緣切。銓所以稱物，
亦事之制。《釋言》：「坎，律銓也」樊光注：「銓亦平也。」訓平又與竝卩義
近。

346. **全之在牲者孳乳爲牷，牛純色也。**

凱曰：全之在車者，孳乳爲輇，藩車下庳輪也，一曰無輻也市緣切，無
輻者全木，所謂椎輪也。字亦作輲，《廣雅‧釋器》：「輲，輪也。」《說解》
又云：「全從玉，純玉曰全。」故全又變易爲譱，吉也，從誩從羊，與義、
美同意常衍切。篆文善從言，則與詮同意。鄭君亦曰：「詮之言善也。」譱從

詻，詻訓競言，故蓄又孳乳爲僆，小徐本作㤅，態也常演切。爲顩，倨視人也旨善切。爲嬈，好枝格人語也旨善切。全又孳乳爲㤅，謹也此緣切。純、謹同義。

347. 其陸隗、嵯峨、厜㕒、崝嶸，陸嵯、厜崝皆與山轉。

凱曰：陸隗、厜㕒竝自自、危來。自，小阜也。危，在高而懼也。說見二篇□下。

348. 爲駿馬之良材也，此竝取高材義。

凱曰：山下又云：「宣氣散生萬物。」則孳乳爲汕，魚游水皃。《詩》曰：「烝然汕汕。」所晏切魚游水，正所言宣氣散生也。又孳乳爲㭑，分離也。從林，從攴。林，分㭑之意也蘇旰切。㭑又孳乳爲散，襍肉也蘇旰切。爲歡，一曰飛歡也蘇旰切。爲䊀，熬稻粻程也蘇罕切。爲霰，櫻雪也蘇甸切。爲濟，涕流皃所奸切。言流散也，從散省聲。

349. 次對轉至孳乳爲汕至，音本如邺。

凱曰：汕由血來。說見《三篇》血下。

350. 孳乳爲孱，迮也，從孨在屍下屍屋也。

凱曰：孱引申訓小謹。《大戴記·曾子立事篇》：「博學而孱守之。」注：「孱，小皃。」《史記·陳餘傳》：「吾王孱王也。」韋昭注：「仁謹貌。」

351. 亦有盛義孳乳爲舂，盛皃至，存在諄部旁轉之音。

凱曰：從三子，故有盛義。此克岐克嶷字。

352. 《說文》：「羴，羊臭也。從三羊。」

凱曰：小徐本下又云：「相羵則臭。」《禮·月令》曰：「其臭羴。」會意。

353. 孳乳爲羼，羊相廁也。

凱曰：羴又孳乳爲脠，生肉醬也式連切。《釋名》曰：「生脠以一分膾，二分細切，合和脠攪之也。」此相羵之義。羴亦可讀齒音鮮從羴省聲。孳乳爲姍，小徐本：「一曰女臭也。」所晏切

354. 羼次對轉支變易爲䴠，羊相羝䴠也。

凱曰：䴠近積績，由□來。說見四篇垂下。

355. 對轉歌孳乳爲簁，揚米去糠也箕亦訓簁。

凱曰：簁由皮來。見前。

356. **糞，棄除也。糞，埽除也**《方言》有拌字，云：「棄也。」亦同。**皆孳乳於華。**

凱曰：糞下又云：「從廾推華。棄采也。官溥說：似米而非米者，矢字。」謂菌字省也。糞孳乳為瀵，水浸也。《爾雅·釋水》：「瀵，大出尾下。」方問切尾猶底也。瀵，泉湧出，亦推排義。

357. **諸擯除義亦皆由華孳乳。**

黃君曰：華對轉歌，亦孳乳為罷，遣有罪也。從網、能，言有賢能而入網，即貰遣之。《周禮》曰：「議能之辟。」是也薄解切。

凱曰：罷引申為罷息，孳乳為疲，勞也符羈切。疲勞則休息。古多借罷為疲，非聲假，實義通也。

358. **華次對轉脂孳乳為排，推也**《說文》排訓擠，推訓排。**排近轉隊，變易為勃，排也。**

凱曰：排由非來。說見二篇非下。勃由孛、宋來，見前。

359. **孳乳於至為趑，止行也至，皆趑之借，至、支對轉也。**

凱曰：趑由畢來，近篳藩絡也、縪止也。說見三篇畢下。

360. **其般字訓闢，亦由華、排、勃相轉，但取推義無棄意也。**

凱曰：般下云：「象舟之旋，從舟從殳。殳所以旋也。」亦係二篇殳下及五篇方下。

361. **孳乳為瀿，大波也至波揚起與浙米相似。**

凱曰：簸、瀿、波並由皮來。剝取獸革者謂之皮。孳乳為簸，揚米去糠也。糠，穀皮也。又孳乳為波，水湧流也，波揚起與揚米相似。波對轉寒變易為瀿，大波也。孳乳為灒，泉水也，泉水亦湧流。《淮南書》：「人莫鑒於流灒而鑒於澄水。」許君注：「楚人謂水暴溢為灒，灒即灒字。」

362. **為譬，諭也。**注

凱曰：譬由闢來。闢從口，用法者也。《墨翟書》「小取篇」、「闢也者」，舉他物以明之也。直以辟為之。說見三篇八下。

363. **孳乳為辯，治也**謂治獄。

凱曰：又孳乳為辨，駁文也，字別作斑、作徧。為辯，惡也，一曰急也。皋人相訟則情急。為辮，交也，變易為緶，交枲也，此二同字。

364. **為瓣，瓜中實也。**

黃君曰：又為蕃，大蒜也。

凱曰：蒜亦中瓣。瓣又讀廬遍反見《詩・豳風・七月》釋文。則孳乳為臠，一曰切肉也。嘗鼎一臠，謂一瓣、一片也。

365. **對轉支孳乳為䦧，灋也。䦧變易為辟，治也。**

黃君曰：䦧、辟並由八來。

凱曰：說見三篇八下。

366. **播穜者，分散穀實於地也。**

凱曰：釆又孳乳為譒，敷也。《商書》曰：「王譒告之。」補過切敷猶布也。

367. **變易為版，判也。**

黃君曰：孳乳為半，物中分也，從八從牛，牛為物大，可分也。

凱曰：凡從半者，如胖半體肉也、判分也、畔田界也、泮諸侯饗射之宮，西南為水，東北為牆，從水從半、料量物分半也等皆宜繫此。

368. **片又轉貞，孳乳為扁，署門戶之文也。**

凱曰：扁孳乳為編，次簡也。扁從戶冊。冊字二橫畫，象編之形。

369. **孳乳為冕，大夫以以上冠也。覍、冕之分猶巿、韠矣。**

黃君曰：新出《三體石經》免牲字，古文作𠒇，篆文作㝃，隸作免。知免本冠冕字，從冂、人，皆象形。從兒，與皃、兆、覍、兜從兒同。

370. **又孳乳為緐，馬髦飾也，此亦馬冠，故孳乳於覍。**

凱曰：緐或從弁作䋣。弁，籀文弁字。《獨斷》：「武冠或曰繁冠。」今謂之大冠。

黃君曰：從每，亦由冃來，取冃覆義，借為每字耳。冃下許讀如每。

371. **冕形寿俛孳乳為頫，低頭也**本亾辨切，今誤作俯。

黃君曰：由面來。

凱曰：頫下，從頁、逃省。《太史卜書》：「頫仰字如此。」揚雄曰：「人面頫，或從人免作俛。」

黃君曰：頫又即由兆來。

凱曰：大徐說：「頫首者，逃亾之皃，故從逃省。」小徐本：「逃省聲。」《類篇》：「頫又有他刀、他弔之音。」然則頫由兆來是也。說見《九篇》兆下。

372. **為滿，盈也。《廣疋・釋詁》曰：「滿，充也。」滿又孳乳為懣，煩也，轉諄為悶，滿也。**

凱曰：滿由㒼來，㒼，平也。㒼、滿、悶並見三篇巿下。

373. 旁轉諄為轐，以囊盛穀，大滿而裂也。

凱曰：轐由奮來。奮，翬也，從奞在田上。奞，鳥張毛羽自奮也。說見三篇飛下。

374. 次對轉隊為奆，壯大也。奆又孳乳為癏，滿也。

黃君曰：奆、癏並由宋來。<small>宋象艸木盛宋宋然。</small>

凱曰：奆下從三大、三目。二目為罒案當作。三目為奆，益大也，一曰迫也。讀若《易》「虙羲氏」。《詩》曰：「不醉而怒謂之奆。」奆、癏亦可由畐來。

375. 次對轉脂為腗，牛百葉也至。《方言》訓蔥，亦厚引申之義。

凱曰：腗由比來。說見二篇比下。毗者，䏠之變易字，由齊來。說見二篇齊下。

376. 轉隊孳乳為轡，馬轡也。與友相繫。

凱曰：轡由ㄟ、弗來。見二篇ㄟ下。

377. 㮤亦與藩相通屏也。

黃君曰：㮤亦孳乳為樊，燒田也，從犬㮤，㮤亦聲<small>附袁切</small>。樊又孳乳為燔，蓺也<small>附（表）〔袁〕切</small>。

凱曰：又為燔，宗廟火孰肉<small>附袁切</small>。

黃君曰：㮤又孳乳為煩，熱，頭痛也。從頁從火。一曰焚省聲<small>附袁切</small>。

378. 此對轉至變易為篳，藩落也。

凱曰：篳由畢來。見三篇畢下。

379. 篳亦與清部屏、屏相通，蔽也。

凱曰：屮為牽引。旁轉真，孳乳為翩，疾飛也<small>芳連切</small>。鳥飛張兩翼，亦似於屮。

380. 孳乳為變更也。

凱曰：變又孳乳為便，安也，人有不便，更之，故從人、更<small>房連切</small>。與變同義。

381. 為軬，車耳反出也。

凱曰：又為販，買賤賣貴者<small>方願切</small>。《周禮‧司市》：「夕市，夕時而市，販夫販婦為主。」注：「販夫販婦朝資夕賣。」《荀子》：「積反貨而為商賈。」直以反為之。反又孳乳為繙，繙冤也<small>附袁切</small>。言反覆也。《莊子‧天道》：「於是繙十二經以見老耼。」

382. **旁轉清變易爲䤤，相從也。**

凱曰：䤤從从，幵聲，由幵來。幵象二乾對構上平，即相從之義。並所屬者，如併、姘、駢、骿、絣、餅、鉼等，皆出於幵。說均見四篇幵下。

383. **紕爲𦂳，疑絣之聲轉。**注

凱曰：紕由比來。說見二篇匕下。

384. **於衣爲襞，𦅻衣也。**

凱曰：襞由辟來。說見三篇八下。

385. **支部之裨，接也，一曰益也。䩆，益也；埤，曾也。皆並之對轉孳乳。**

凱曰：裨、䩆、埤並自比來，說見二篇匕下。或由並來，說見四篇幵下。

386. **裨又孳乳爲稗，禾別也。爲䅺，黍屬也。**

凱曰：稗由𠂢來。𠂢，水之衺流別也。䅺猶稗之於禾，黍之別也。說並見四篇𠂢下。

387. **然諸字並得聲於卑。卑訓賤，而字從𠂢亦並之孳乳。**

黃君曰：卑由乏來，亦由品來。

凱曰：卑字從甲從𠂢，與若同意。卑從𠂢，猶若從右也右，手也，即又之借字。甲者孚甲，猶若從屮也早從日在甲上，甲亦指屮木言。若訓擇菜，即字爲釋。卑訓賤，訓執事，則由樵蘇義引申。

388. **並有相從之義，自清對轉支則爲俾至，侍人當聽使，故訓從、訓使。**

凱曰：俾訓從，訓使，由卑來。訓益，則䩆、埤之借字。

389. **對轉清孳乳爲錇，使也。《釋詁》使亦訓從，其義一也。**

凱曰：錇由並來。說見四篇幵下。

390. **錇旁轉眞爲命使也至。胥命爲命是也。**

凱曰：命由名來，出於芊。本書亦係四篇芊下，是也。

391. **在清孳乳爲聘，訪也。聘又孳乳爲娉，問也。**

凱曰：聘、娉並由問來。說見二篇門下。

文始一終

《文始》箋補遺

章太炎撰　駱鴻凱箋　趙乾男、王文暉整理

文始一　　歌泰寒類

陰聲歌部甲

1. **旁轉魚則爲跨，所以跨謂之胯，股也。**

凱曰：胯、跨並由剞來，出於朿。朿，兩刃臿也。從木、屮，象形互瓜切。字亦作銔，《釋名》：「銔，剞也，剞地爲坎也。」朿可剞，孳乳爲剞，判也。剞又孳乳爲胯，股也苦故切，謂兩髀之間也。旁轉侯變易爲股，髀也公戶切。胯又孳乳爲跨，渡也苦化切。其胯之衣則曰綺，脛衣也苦故切。《釋名》：「綺，跨也。兩股各跨別也。」變易爲襗，綺也徒各切。說亦見五篇朿下。

2. **旁轉支則爲趌，半步也，所以趌謂之奎，兩髀之間也。**

凱曰：奎、趌並出於刲。刲，刺也。《廣疋·釋言》：「刲，剞也。」孳乳爲奎，兩髀之間也苦圭切，猶剞衍爲胯。奎又孳乳爲趌，半步也丘弭切，字別作頍。亦猶胯衍爲跨。說亦見四篇圭下。

3. **干奎之衣則曰褰，綺也。自歌對轉入寒。**

凱曰：褰所以裹脛，義猶纏也。褰又孳乳爲攓，摳衣也，摳猶卷也。褰、攓並由𡊅來，宜繫本篇𡊅下。

4. **爲愆，過也，與乾相繫。**

黃君曰：跨步之義，干轉魚，又孳乳爲及，秦以市買多得爲及。從乃從又古乎切。

凱曰：大徐從乃，非也。及又孳乳爲酤，一曰買酒也。爲賈，市買也，一曰坐賣售。

黃君曰：過度之義。干又孳乳爲加，語相增加也，從力從口古牙切。

凱曰：加又孳乳爲彼，往有所加也。皮從爲省聲。爲、加皆喉音。加所孳乳又爲賀、爲契，又爲何、爲佗、爲儋、爲駕，又爲枷、迦。說見本篇乾下，當迻繫於此。

5. **魚部之跨對轉陽則孳乳爲斻，方舟也至，一曰以船渡也。**

凱曰：斻訓渡，橫訓以船渡，並方之孳乳，無與於干。說見《五篇》方下。

6. **對轉寒爲寬，屋寬大也**查訓奢查，亦相近。**又孳乳爲愃，寬間心腹皃。**

凱曰：查、愃並自互來。寬又查、愃之孳乳字。說見本篇互下。

7. **引申義爲不正，乖即其孳乳字矣。**

凱曰：不正之義，屮、芔轉陽又孳乳爲亞，乖也，從二臣相違，讀若誑北從二人相背，亦訓乖。亞又孳乳爲覾，一曰往來也，猶反覆。又孳乳爲誑，欺也，欺與乖近。

黃君曰：不正之義，屮、芔轉魚，孳乳爲各，異辭也，從口從夂。夂者，有行而止之，不相聽也。各又孳乳爲閣，所以止扉也。爲路，道也，從足從各。

凱曰：路又孳乳爲賂，遺也，本謂路費，引申凡餽遺。各又孳乳爲格，枝格也庾信《小園賦》「枝格相交」，格本𢓜字。爲詻，論訟也。各亦意，爲略，睧也，睧者衰視，目不相聽也。

8. **其奇訓異，一曰不偶，是與觭同意。**

凱曰：奇訓異，則孳乳爲猗，武牙也一本作虎牙。異於餘齒。《楚辭·大招》「靨輔奇牙，宜笑嫣只」直以奇爲之。奇訓不偶，則孳乳爲畸，殘田也，謂余田不整齊者，此奇零字。又孳乳爲剞，剞劂，曲刀也。爲掎，偏引也。《漢書·敘傳》「劉季逐而掎之」，注：「偏持其足也。」爲敧，敧區也。此崎嶇字。爲綺，文繪也。《釋名》：「綺，敧也。其文敧邪不順經緯之縱橫也。」爲齮，齧也。索隱《高紀》云：「許愼以爲側齒。」

9. **旁轉隊，孳乳爲骨肉之冎也。**

凱曰：骨又孳乳爲齳，齧骨聲戶八切。又孳乳爲麧，堅麥也乎沒切。爲籺，籺也居末切（大徐本作居氣切——引者注），籺舂粟不潰也。爲紇，絲下也下沒切，即絲節。骨轉宵，又孳乳爲覈，實也，攷事，西筶邀遮，其辭得實曰覈下革切。

10. **近轉泰爲骺，髀骨也。**

凱曰：骺由厥來，出於丨。見本篇丨下。

11. **在木曰果，在地曰蓏。**

凱曰：《廣韻》：「橄欖，果木名，即果蓏之語變。」

又曰：羸對轉甚變易爲禪，衣亻重也。爲但，裼也。但旁轉青爲裎，但也。裎對轉支爲裼，但也。羸、禪、但、裎、裼此五同字。木實去皮，則形消骨立，故羸對轉寒孳乳爲攣，尪也。還歌爲臝，瘦也。羸又孳乳爲癘，獸疫病也。

12. 皆以乀爲初文。

凱曰：又有逶，逶迤衺去之皃。有迻，遷徙也。亦自高漸下義，有阿，亦有曲阜也。有閜，門傾也。於蟲爲蠯，醯蠯，詹諸也。《詩》曰：「得此戚施。」言其行蠯蠯式支切。猶逶迤也。此皆以乀爲初文。

13. 近轉泰爲曷，何也。

凱曰：曷訓何，何猶己也。孳乳爲遏，微止也與奇同義。轉寒變易爲遰，遮遰也於線切。還歌，孳乳爲厦，屋迫也於歌切。曷又孳乳爲鶡，渴旦也，本即己旦，《坊記》注：「夜鳴求旦之鳥也。」鶡又孳乳爲鳭，鳥似鶡而青，出羌中。

14. 隊部有唯，諾也。

凱曰：唯又孳乳爲韙，是也。《春秋傳》曰：「犯五不韙。」此由諾義行。

15. 有喟，大息也。有嘒，小聲也。

凱曰：喟、嘒並由自來。說見本篇自下。

16. 脂部有唏，笑也，旁轉至爲咥，大笑也。

凱曰：唏由豈來。說見二篇豈下。咥由至來，亦係三篇至下。

17. 對轉諄爲听，笑皃也。

凱曰：听近訢、欣，出於昌、於回。說見《二篇》回下。

18. 對轉寒變易爲蝯，善援，禺屬禺，母猴屬也。

凱曰：蝯由爰來。說見三篇爰下。

19. 皆孳乳於匕，此人所知。

凱曰：吡爲動，變動一義，亦孳乳於匕。

20. 對轉寒則變易爲換，易也奐訓取奐，恐是故換字。又孳乳爲趲，趲田，易居也。

凱曰：奐、換、趲並自互來。說見本篇互下。

21. 閜又變易爲閛，大開也。

閛下又云：大柸亦爲閛。

黃君曰：《集韻》：「大盌謂之閛盌」，讀若海。

凱曰：今長沙有此語。

22. 旁轉支則孳乳爲闢，開也。闢亦閜、閛之變易矣。

凱曰：闢由闢、八來。闢從口，用法，八象分別相背之形。說見三篇八下。

23. 帔又孳乳爲詖，辯論也。

凱曰：又孳乳爲鈹，劍如刀裝者，言其能帔析也。

24. 皮有在外之義，故孳乳爲被寢衣也。爲帗，帬也。　被又有加被義，孳乳爲彼，往有所加也。

凱曰：被、帗、彼並自加來。加孳乳爲彼，彼又孳乳爲被、爲帗，被覆於身。帗加於肩。《廣疋・釋詁》：「被，加也。」

25. 爲髲，鬄也。□爲賦，逐予也。

凱曰：髲髢與賦貤、陂阤聲並相近。自乁、厂來。乁，流也。厂，抴也，厂象抴引之形。流亦自高漸下之狀，引申爲增益次弟義。《說文》髲、髢互訓。《詩・鄘風》疏引《說文》：「髲，益髮也。」《周官》：「追師掌王后之首服，爲副編次。」鄭注：「次者，次第髮長短爲之，所謂髲髢也。」《說文》：「賦，逐予也。」「貤，重次弟物也。」《廣疋》：「賦、貤，益也。物之次弟相重，則相附益也。」《說文》：「陂，一曰沱也。」「阤，小崩也。」此陂阤正字，以狀山阜下頹。則又與乁、厂之義會。貤又變易爲賜，予也。也、易聲通，猶髢重文作鬄，曷或體作阤矣。阤亦變易爲隓，敗城阜曰隓，篆文作墮。爲陊，落也。敗與落猶小崩也。

凱又曰：剝取獸革者謂之皮，引申則所剝之革亦謂之皮。孳乳爲鞁，車駕具也，所勺者眾，皆以皮爲之。

26. 委又孳乳爲倭，順皃。

凱曰：倭又變易婑，陰婑也烏何切。旁轉隊爲債，嫺也吐猥切，又魚罪切。倭、婑、債此三同字。

27. 對轉寒爲娿、婉，皆順也。

凱曰：娿、婉皆由夗來。夗，轉臥也。說見本篇夗下。

28. 對轉寒變易爲稬，禾垂皃。

凱曰：稬由常來，物題恒下垂。

29. 曳地而行則有解弛義。

凱曰：它象垂尾形，故孳乳爲駝，馬尾駝也。今之般緧，或謂之曲綯。又孳乳爲拕，曳也。

30. 隓亦孳乳爲隓，相毀也。然無與於解弛義注。

黃君曰：隓由毀來。

凱曰：毀出於危。說見《九篇》廣下。

31. 《詩》「委委佗佗」，傳曰：「德，平易也。」義亦相類。

凱曰：委佗之言逶迤也，亦言委隨也。

32. 然則它固通名也。

凱曰：它亦變易爲螣，神蛇也。孳乳爲鮀，鮎也。鮀形如它。

33. 爲軸，富軸軸兒。自此旁轉眞又孳乳爲腆，設膳腆腆多也。

凱曰：軸由單來。單，大也。富與大義近。腆由典來，典從冊在丌上，尊閣之也。多與尊義近。

34. 又爲纚，數也。旅則有數。《詩》：「以麗爲之。」與秝歌、支旁轉。

凱曰：又爲躧，舞履也。與邐義近。舞者，曳履而行，曰躧。

35. 又有差可之義，孳乳爲瘥，瘉也。

凱曰：此當言差不相值，故有等差之義，孳乳爲瘥，瘉也，言病少間也。瘉則別作愈。

36. 一曰選，擇也。

凱曰：又訓手指相錯，亦孳乳爲厝，厲石也七互切。亦錯礪義。

陰聲歌部甲

37. 今言屈強即劈劈矣。

凱曰：劈，劈之義，變易爲婠，疾悍也丁滑切。孳乳爲臛，臀骨也，臀骨於體尤彊。蹶，僵之義，亦孳乳爲蟨，鼠也，即《釋地》之比肩獸，郭注引《呂覽‧愼大篇》：「北方有獸，其名爲蟨，鼠前而兔後，趨則頓，走則顚。」《淮南書‧道應篇》蟨作蟨。鉤亅之義，亦孳乳爲蕨，虌也，初生形鉤曲如小兒拳。

38. 欮、屰之病亦猶鉤逆引申成言。

凱曰：欮轉隊變易爲瘁，氣不定也。瘁又孳乳爲悴，心動也。動與不定同義。

39. 近轉歌、旁轉隊又孳乳爲剞劂，曲刀也。

凱曰：剞由奇來。奇訓不偶，猶不正也，不正則曲。說見前丅下。

40. 對轉寒孳乳爲卷、拳、觠、趲、虇至虇，弓曲也。

凱曰：卷、拳、觠、趲、虇並由臤來。臤有揉曲義，說見本篇臤下。

41. 然鉤逆有相距之義，故在泰又孳乳爲恝，恝恝，距善自用之意也。

凱曰：恝由鍇來。說見本篇支下。

42. 正其曲則曰栝，檃也至，然枉者鉤逆之亦直。

　　凱曰：栝由舌來。舌，塞口也。說見本篇卯下。

43.《說文》：「氐，木本也，從氏，大於末也。讀若厥。」此合體指事也。

　　凱曰：氐與丌一語之變。丌，下基也，薦物之丌。氐與丌猶厥與其也。說見八篇丌下。

　　又曰：氐下所屬諸文，皆別有所繫。此條宜從刪、剟。

44. 對轉寒變易為榦，一曰本也段據《魏都賦》注、《贈劉琨詩》注引補。

　　凱曰：榦，築牆耑木也，一訓本，皆有扞扷義。由干來。

45. 次對轉諄變易為根，木株也。

　　凱曰：根由艮來。艮，很也，木株堅實，因以取義。說見三篇臣下。

46. 或曰戉，大斧也依段補大字。亦由楬孳乳。

　　凱曰：戉或由乚來。《司馬法》曰：「夏執玄戉，殷執白戚，周左杖黃，戉右秉白髦。」然則戉由執義，故字從乚，猶撅訓手有所把也。

47. 孑又孳乳為碣，特立之石也。近轉歌亦與艸屬之奇、觭、踦相應。

　　凱曰：竭又孳乳為藹，臣盡力之美也從葛聲，於害切。

48. 夆亦變易為遏，微止也。

　　凱曰：夆亦孳乳為轊，車軸耑鍵也。兩穿相背，從舛，禼省聲。禼，古文偰字胡戛切。兩穿相背，所以制軸，亦相遮要害之意也。轊又變易為轄，一曰鍵也胡八切。《釋名》：「轄，害也。車之禁害也。」禁害猶要害也。

49. 孳乳為罃，罃商，小罌也。

　　凱曰：罃從㼱從，即由㼱來。㼱，瓦器也。《廣疋·釋器》：「膏，籠也。」籠盛土，故曰小凷。說見㼱下。

50.《說文》：「膏，瓦器也。古文作㼱。」此初文也。

　　凱曰：亦孳乳為罃，罃商，小凷也。

51. 又孳乳為割，為劊，為刖。割，剝也。劊，斷也。刖，絕也。

　　凱曰：刉又孳乳為鍻，乘輿馬頭上防鍻，插以翟尾、鐵翮，象角，所以防綱羅鍻去之許旣切（大徐本作許訖切）。鍻去猶刉去也。劇又孳乳為鱖，魚也居衛切，巨口細鱗，殘食同類，故得名於劇。

52. 孳乳爲決，行流也。

凱曰：決轉之，又變易爲威，水流也於逼切。爲淢，疾流也於逼切。

53. 憲訓法者，即契之借。

凱曰：憲從心從目，害省聲。與括同部聲轉。憲法之法，即括之借字。括，絜也。《韓詩》說：「括，約束也。」絜矩、約束皆憲法義。

54. 近轉歌變易爲齮，齧也。

凱曰：據《高紀》索隱：「齮，許愼以爲側齒。」則由奇來，見前𠂒下。

55. 旁轉脂變易爲齜，齧也。

凱曰：齜者，齮之變易字，言齧之刺骨也。齮由骨來，見前。

56. 契孳乳爲挈，麻一耑也。

凱曰：絜由系來。系，絜束也，出於系、苦。說見四篇苦下。

57. 對轉寒孳乳爲縶，纏臂繩也。

凱曰：縶自𦀗來。說見𦀗下。

58. 夂對轉寒孳乳爲柬，分別簡之也。《釋詁》：「柬，擇也。」

凱曰：柬從束從八。八，分別也字別做揀。孳乳爲諫，證也古晏切。謂柬擇事理所宜而証告之也。於金孳乳爲煉，鑠冶金也。爲鍊，冶金也。此二同字。爲漱，鬪鍊鐵也從夂從湅，會意，從夂椎之也。於米孳乳爲涷，瀧也。變易爲瀾，淅也。爲灡，潘也。此三同字。於帛孳乳爲練，湅繒也。

59. 因而數摝之。夂旁轉脂孳乳爲計，會也，筭也。與絜爲絜度同意。

凱曰：計從言從十。十，數之具也。計與絜並出於苦。苦，扴也。計者，會稽。絜者，絜度。物扴引，而後可計絜也。說見四篇苦下。

60. 其鋸訓斷，桀訓傑。乂、夂通訓孳乳。

凱曰：鋸孳乳爲鐻。鐻鐻，距善自用之意也。距善自用，言斷之於心也。

61. 桀又孳乳爲傑，勢也，謂能殺也。

凱曰：傑出於桀，宜繫於亅下。

62. 傑對轉寒，變易爲卷，氣勢也至或曰拳勇字。

凱曰：卷爲拳之孳乳字。黌又卷之變易字。並宜繫𦀗下。

63. 尋孔字從乙，訓通，燕者，請子之候，人之道於是始通也。

凱曰：穴又孳乳爲沇，水從孔穴疾出也呼穴切。

64. **散在歌、寒，皆白之再孳乳字也。**

凱曰：彥又孳乳爲顏，眉目之間也。眉目清揚，亦從美士受義。

凱又曰：從白出者，又有皤，瞑言也牛例切。今作囈。

65. **此並與歌部之乙相應。**

凱曰：自所孳乳又有吚，唸吚呻吟也馨伊切。亦與眉、咽、咦、欸、霺爲語之變。又有嚊，小聲也《釋名》：「鼻，嚊也，出氣嚊嚊也」。轉隊爲喟，太息也，亦自之孳乳。

66. **削又孳乳爲劙，齒分骨聲也。**

凱曰：又孳乳爲茢，芀也良辥切。《周禮》「戎右贊牛耳桃茢」，注：「苕帚所以埽不祥。」字與「上列下禾」同。裂（手抄當誤作「裂」，應作「梨」），黍穰。茢，葦穎。皆分解得之。《釋鳥》：「鴷，斲木，言其啄剝木也。」亦列之孳乳字。《說文》不錄。

67. **爲迣，遮也。**

條列之義。

黃君曰：列又孳乳爲洌，水清也良辥切。

凱曰：洌又變易爲瀨，水流沙上也洛帶切，謂急流也，水清則流急。孳乳爲瀨，寒也洛帶切，清、寒同義。洌於風又孳乳爲颲，烈風也良辥切。即謂寒風。

68. **迣對轉寒變易爲闌，門遮也。**

凱曰：殘餘之義。戔亦孳乳爲尠，是少也蘇典切。爲淺，不深也七衍切。於人爲俴，淺也慈衍切。於獸爲虦，虎竊毛謂之淺苗昨閒切。竊，淺也。

69. **《西都賦》稱璧釭亦曰削錢，皆受義於叕也。**

凱曰：叡又孳乳爲冣，囚突出也胡八切。獄室深堅，故從叡。此囚越獄之正字。又孳乳爲坷，堅土也其冀切。凡殘穿者質必堅。

又曰：殘穿之義，卣又孳乳爲堨，壁間隙也魚列切。

凱又曰：冣由去來。去，不順忽出也。

70. **絕又孳乳爲制，裁也。**

凱曰：制篆作制，從刀從未。未，物成有滋味可裁斷，一曰止也。

71. **然則屮音如銳，孳乳爲銳，芒也。**

凱曰：芮亦孳乳爲蜹，秦謂之蜹，楚謂之蚊而銳切。《通俗文》：「蚊小曰蜹。」又孳乳爲筮，羊車騶箠也，箸箴其耑，長半分陟衞切。筮之得名，以其

耑銳也。笍又變易爲錣，羊箠耑有鐵脂利切。近轉歌爲箠，擊馬也之壘切。爲箠，箠也陟瓜切。爲捶，以杖擊也之壘切。芮、錣、箠、箠、捶，此五同字。在歌又有騅，馬小皃，讀若箠之壘切。此亦由銳小義孳乳。

72. 彑對轉寒孳乳爲彖，豕走捝也。

黃君曰：彖還泰孳乳爲奪，手持隹失之也。從又從奞徒活切。奪轉支孳乳爲褫，奪衣也直離切。

73. 孳乳爲觿，佩角，銳耑可以解結也。

凱曰：觿讀齒音，亦孳乳爲檇，以木有所擣也遵爲切。爲鴜，鷀鴜也即夷切，似鳧，咮如箴銳又曰：觿與解同部雙聲，亦可云出於解，繫《五篇》角下。觿所孳乳字同。

74. 爲䟞，逃也，正篆作逭。《方言》訓轉。

凱曰：逭亦得由丨古本切來。說見《二篇》丨下。

又曰：彑者，豕之頭，亦以名豕，孳乳爲豦，豚屬。讀若罽古例切。

75.《說文》：「大，天大地大人亦大焉，象人形。」

黃君曰：對轉寒孳乳爲單，大也都寒切。

凱曰：單又孳乳爲䄡，富䄡䄡也丁可切。

76. 對轉寒孳乳爲誕，詈誕也。

凱曰：誕由延來。延，長行也。說見《四篇》廴下。

77.《說文》：「屮，蹈也。從反止。讀若撻。」

凱曰：屮，從反止，故孳乳爲泰，滑也，從廾，從水，大聲他蓋切。此滑澾字。又孳乳爲達，行不相遇也徒葛切。行無夆牾，則滑達。又孳乳爲汏，淅瀾也代何切，又徒蓋切，米汁瀝孔而下，亦滑達者也。此淘汰字。又爲溙，溙沛也奴帶切。亦言水流之利也。於戶孳乳爲戾，輜車旁推戶也徒蓋切，戶可旁推，斯滑利也。

凱又曰：夲訓進趣，讀若滔。亦孳乳爲潦，雨水大皃盧浩切。

78. 屮又以雙聲轉盍，變易爲蹋，踐也。蹋旁轉緝爲㲞，㲞也。

凱曰：蹋、㲞並由及、逮來。說見《七篇》乁下。

79. 郭璞以爲施罥亦叕之孳乳也。

凱曰：叕亦孳乳爲掇，拾取也都括切。拾取猶綴緝也。其於食，又孳乳爲啜，嘗也，一曰喙也昌說切。《釋言》：「啜，茹也。」郭注：「啜者，拾食。」

為歈，飲也。從歙省，叕聲昌說切。為窋，口滿食丁滑切。啜、歈、窋此三同字。

80. 綴聯約束之義又舒作齒音，孳乳為誓，約束也。

凱曰：誓由制來《釋名》：「誓，制也。以拘制之也。」出於絲，見前。誓、信同義。《說文》：「籤，《易》卦用蓍也。從竹從筮。筮，古文巫字時制切。」《白虎通》：「筮也者，信也，見其卦也。」然則筮亦制之孳乳。

81. 對轉寒又孳乳為絲、胬，皆兼治斂義。

黃君曰：絲訓亂，亦孳乳為闌，妄入宮掖也洛官切（大徐本作「洛幹切」）。《漢書·成帝紀》：「闌如向方掖門。」注：「無符籍，妄入宮，曰闌。」以闌為之。

82. 纏本兼齒舌二音，固率之近轉孳乳也。

凱曰：索又孳乳為筰，笮也在各切，笮，竹索。

83. 或曰捽訓持頭髮，旁轉至變易為挶，訓捽，皆率之旁轉孳乳也。

凱曰：又有批，捽也側氏切。挶、捽、批，此三同字，皆撮之變易。撮，四圭也，一曰兩指撮也。見前又下。

84. 雙聲轉宵為癆，朝鮮謂藥毒曰癆。

凱曰：癆由勞來。勞苦、苦毒一義。勞由力來。說見《八篇》力下。

85. 孳乳為繨，西胡毳布也。本從籀文銳聲，由喉轉舌褐音近繨，毛布也。

凱曰：毳所孳乳，又於麥為鞍，小春也初絭切，小猶細也。此春麥為氅之氅。於布為絟，細布也此緣切。《漢書》「江都易王非遺帝荃葛」，字本作絟，即細葛也。於蔬為荃，芥脆也此緣切。謂以芥為齏鮮脆也。皆自泰入寒。

86. 本大末小，故末有小義。

凱曰：末有小義。於目，孳乳為莧，目不正也，從艹、從目，讀若末徒結切，《廣韻》一音莫結切。目不正則視小。於火為莫，火不明也。從火、莧，莧亦聲。讀與莧同莫結切。於食為麷，麩也莫撥切。麩，小麥屑皮也。莧又孳乳為蔑，勞目無精也，從莧，人勞則蔑然，從戍莫結切。蔑又孳乳為瞢，目眵也。從目，蔑省聲莫結切。麷亦孳乳為糵，涼州謂鬻為糵。或省作糲莫結切。又有眛，目不明也莫撥切。有襪，拭襪也莫達切。襪沫即末殺也。眛與襪亦末之孳乳。

87. 又孳乳為祓，除惡祭也。

凱曰：又孳乳為魃，旱鬼也。《周禮》：「赤魃氏掌除牆屋之物。」蒲撥切

凱又曰：芨爲艸根，髮亦根也方伐切。《釋名》又曰：「髮，拔也，拔擢而出也。」然則髮亦𡱖之孳乳。

陽聲寒部丙

88. 今俗言頂䪿毌甲，亦得爲毌之變易字。

凱曰：貫穿之義，亦孳乳爲轘，車裂人也胡慣切。

89. **對轉泰孳乳爲𨌈，車軸耑鍵也。**

凱曰：𨌈由𡴎、丰來。見前。

90. **其輨訓轂耑鐕，亦毌持之義。**

凱曰：軏訓車轅耑持衡者魚厥切。亦毌持之義。字亦作軓《論語》：「小車無軏。」包注：「軏，轅端上曲鉤衡者也。」按小車之轅曰輈，用一木，其出軾前曲而上者丈，與大車轅用兩木不同。散文則輈亦可儷轅耳。輈端下設一橫木，所以扼馬頸。其扼處有缺曰鉤衡，與輈本不相連屬，別有關鍵以鉤持之，所謂軏也。

91. **又孳乳爲嫺，雅也。**

凱曰：嫺亦由悁來。悁，寬嫺心腹兒。悁見互下。

92. **引申爲迁，求。對轉泰孳乳爲勾，氣也。**

凱曰：許引逸安說：「仄人爲勾。」故勾又孳乳爲朅，去也丘竭切。爲趌趨，怒走也趌，去吉切；趨，居謁切。旁轉隊爲趛，直行也魚訖切。還泰，於馬爲𩣡，馬疾走也古達切。

93. **對轉泰爲渴，盡也至。爲喝，渴也，言口幹聲嘶也。**

凱曰：此皆由曷來。曷之言己也。己者，氣出無礙，故孳乳得此。又有愒，息也去例切。於犬，有猲，短喙犬也許謁切。言喘息疾也。曷由己來，見前愒字前繫己下，今改繫於曷。

94. **其佗從上出義者軒，爲曲輈藩車，謂前高也。**

凱曰：從上出義者，又有掀，舉出也虛言切。此軒舉字。於鳥，爲鶱，飛兒虛言切。

95. **在寒有汗字，人液也。注**

凱曰：乾燥則致熱，故孳乳得此。又有炎，小熱也。《詩》曰：「憂心炎炎。」直廉切音轉入談，然字從干聲。

96. 釬爲臂鎧，義亦近扞。注

凱曰：扞扶之義，又爲榦，築牆耑木也，段補「一曰本」也古案切。對轉歌爲檥，榦也魚羈切。榦以築牆，檥以繫船，皆言其扞扶也。

97. 《說文》：「肩，髆也。從肉，象形。」此合體象形字也。

黃君曰：肩受开。

凱曰：开，平也，象二乾對構上平也。豜從开聲，訓三歲豕肩相及者。此亦肩受於开之證。說見《四篇》开下。

98. 肩亦孳乳爲揭，爲何，與乾相繫。

凱曰：揭由孑來。何由加來。並見前。

99. 爲𪎭，水泉本也。從灥出厂下。

凱曰：𪎭，篆文從泉，作原。孳乳爲源，徐語也。《孟子》曰：「故源源而來。」魚怨切今趙注本作源，曰：「源源而來，如流水之與源通。」

100. 爲厵，危高也。

凱曰：屵孳乳爲嶭，巘嶭山也五葛切。屵從屮聲，亦孳乳爲嶨，巍高也，讀若厲力制切。

黃君曰：此高厲、暴厲之正字。

101. 對轉泰則昏，塞口也。㖣，會也。

凱曰：昏從口，氐省聲。古文作𣅌，從甘。亦孳乳爲齰，齰聲古沓切，言口滿食也。爲骷，骨耑也古沓切，即骸耑，今言豄蓋骨。又爲栝，檃也古沓切，所以矯制衺曲之器。變易爲揯，絜也古沓切，絜者圍度之義。昏又孳乳爲祫，祀也古末切，段君疑爲禬之或體。禬者，會福祭也。昏訓塞。寶，窒也。引申爲短義、丑義，孳乳爲頢，短面也下栝切。爲婚，醜也古沓切。婚變易爲獪，狡獪也古外切。《方言》：「獪，楚鄭或曰婚。」又曰：「婚，獪也，凡小兒多詐而獪。」貌醜則心中不正，故又爲詐義。

102. 爲䠶，骨擿之可會發者也。

凱曰：爲禬，會福祭也。從會，會亦聲古外切。與祫同字。又爲噲，咽也，讀若快，亦謂口滿食。與昏同字。引申爲凡滿。孳乳爲快喜也苦夬切，言喜說滿於心也。

103. 爲鬋，屈髮也。

凱曰：鬋由屈來。說見《二篇》隹下。

104. **歈**孳乳於泰爲**憒**，亂也。

凱曰：憒與潰、瀆、殨義近，由回來。說見《二篇》回下。

105. 爲**聑**，讙語也。

凱曰：聑者多聲亂耳，孳乳爲鶡，麋鶡也古活切。《釋鳥》：「鶡麋鶡。」《漢書・司馬相如傳》「雙鶬」下顏注：「關西呼爲鶡鹿，鄙俗名爲錯落。亦言鶬聲之急耳。」

106. 變易爲**夏**，營求也。

凱曰：互回之義。又孳乳爲畽，城下田也而緣切，謂負郭環繞。

107.《淮南・原道訓》言「鈞旋轂轉」是也。

凱曰：旬亦孳乳爲帕，領耑也相倫切。字亦作袧。《呂覽・離俗篇》「且績之袧」，注曰：「纓也。」言繞頸。

108. 又孳乳爲**褍**，衣正幅也。

凱曰：物耑下丞。又孳乳爲稬，禾丞兒。讀若端丁果切。

109. 其繫於佗物之耑者，對轉泰孳乳爲**軑**，車輨也。輨者，轂耑錔也軑又孳乳爲**欽**，鐵鉗也。

凱曰：軑、欽並由係、系來。係，結束也。系，繫也。說見《四篇》厂下。

110. 單所孳乳於**蟲**類者，則爲**蟬**，以旁鳴者至，謂空殻復如本形爾。

凱曰：蟬蛻一語。蛻之言挽也。蟬蛻並由兌來，出於谷。說見谷下。

111. 孳乳爲**偃**，僵也。

黃君曰：偃由匽來。出於乀、燕。

凱曰：匽，匿也。《廣疋・釋言》：「偃，仰也。」謂仰臥也。此男女之事，宜受義於乀、燕。

112. 光**軏軏**故又孳乳爲**騣**，赤色也。

凱曰：軏亦孳乳爲騵，馬頭有發赤色者五旰切。

113. 又爲轉還也，變易爲**展**，轉也。

凱曰：轉亦孳乳爲䩆，柔革也旨熱切。謂展轉治之使柔也。

114. 爲**軔**，礙車也。

凱曰：軔與訒近。訒，頓也，亦從刃聲。刃有堅忍義。堅者，固定。故孳乳爲軔、訒。說見《三篇》刃下。

115. 桊爲牛鼻上環，亦同繯義。

凱曰：䖒有纏義。又訓揉曲。亦孳乳爲褰，綺也去虔切。綺者，脛衣，所以纏足。爲攐，摳衣也去虔切。摳猶卷也。爲蹇，跛也九輦切。與卷同字卷，㔳曲也。蹇又孳乳爲趮，蹇行趮趮也去虔切。爲蹇，走皃九輦切。爲赶，行難也，讀若蹇。此三同字。

凱又曰：䖒者，叀馬之鼻，亦孳乳爲撢，提持也徒旱切。

116. 轉眞變易爲診，視也。診、脈亦極巧視之也。

凱曰：診與俲陳義近。俲，理也。陳，列也。當由申來。說見《三篇》申下。

117. 全之在牲者孳乳爲牷，牛純色也。

凱曰：全孳乳爲善，善孳乳爲僐、額、嬗。額轉眞，又變易爲頤，舉目視人皃式忍切。亦謂倨視也。引申又爲笑皃，故額又孳乳爲欣，指而笑也時忍切。《莊子・達生篇》「䡾然而笑」、《吳都賦》「䡾然而咍」即此字。爲欥，笑不壞顏也式忍切。此二同字，亦在眞。

118. 此並取高材義。

凱曰：山訓宣散。對轉歌，亦孳乳爲沙，水散石也，從水、從少，水少沙見。或從尐，作沁，譚長說尐，子結切。

119. 孳乳爲辡，辠人相與訟也。

凱曰：辡孳乳爲爲，爲又孳乳爲奮，酒疾埶也芳萬切，疾、急義同。

120. 孳乳爲諞，便巧言也注。

凱曰：諞由偄來，見反下。

121. 釆又孳乳爲辨，別也。

凱曰：辨又孳乳爲韏，革中辨也九萬切，《釋器》：「革中絕謂之辨。」郭注：「中斷皮也。」「革中辨謂之韏」，郭注：「復分半也。」韏從柔，柔又從釆。辨、韏聲自相通韏字前繫䖒下，謂由柔來，今改定於此。

122.《書》鄭注：「飲酒齊色曰湎」，謂形於面也。

凱曰：面又孳乳爲䩉，勒鞤也彌沇切。馬勒之鞤也。勒在馬面。

123.《說文》：「反，覆也。從又、厂，反形。」此合體指事也。

黃君曰：反與𠂆古文及相反。古文作𠬠，厂象人形。與及同意及，逮也，從又、從人。

凱曰：孳乳爲般，辟也，象舟之旋，從舟從殳，殳所以旋也北潘切。《釋言》：「般，還也。」般又孳乳爲瞂，轉目視也薄官切，謂目般旋而視。爲鞶，大帶也薄官切，所以束身爲鬆臥結也薄官切。爲攀，攀攫不正也薄官切。

124. 孳乳爲變，更也。

凱曰：變孳乳爲便。便轉眞又孳乳爲諞，便巧言也部田切。巧言多反覆。《論語》「友諞佞」，今本以便謂之。便巧之義又孳乳爲姼，輕兒芳連切。爲㹕，頭妍也，從頁翩省聲，讀若翩《史記》「翩翩公子」字當作此。輕巧、妍巧同義。姼、㹕亦在眞。

125. 爲叛，半反也。

凱曰：反引申爲反戾，對轉歌，孳乳爲頗，頭偏也滂禾切。爲𤷃，痼病也莫鄱切。比……

126. ……

凱曰：語時不㫄，謂不與本來情狀相應也。㫄當與諦同義，由正來。說見四篇正下。

127. 在至爲㞳，礙不行也。叀下

凱曰：㞳由至來。說見三篇至下。

附錄三：章太炎佚序七篇輯考

陳開林

摘　要：

　　經過數十年的接力，《章太炎全集》於 2017 年全部出齊。雖然，整理者對章氏佚文多有勾稽，且輯佚成果豐碩，但仍有遺漏。通過爬梳載籍，新見佚序七篇，可以補《章太炎全集》之不足。

關鍵詞：章太炎；《章太炎全集》；輯佚；考證

　　章太炎（1869～1936），清末民初民主革命家、思想家、學問家。學識淵博，研究範圍涉及小學、歷史、哲學、政治等多個領域，誠如錢穆所言「爲學博涉多方，不名一家」〔註1〕。生平著述繁富，享譽學林，故被梁啓超譽爲「清學正統派的殿軍」〔註2〕。其作品單行出版甚多，流佈甚廣。1982 年，上海人民出版社組織整理《章太炎全集》，然而僅刊行了八卷，工作隨後中斷。隨著章氏學術研究的深入和佚文的不斷發掘，自 2014 年起，上海人民出版社又重啓全集整理工作，先後出版三輯，至 2017 年 4 月全部出齊，計有十七種 20 冊。至此，章氏生平著述已網羅殆盡，爲相關研究提供了極大便利，可謂功莫大焉。

　　然而，由於章氏之文登載於不同刊物、或附載他人著作之中，查找極爲不便，使得搜集整理工作難度極大。爲此，新編《章太炎全集》的整理者爬梳典籍，盡力蒐討其佚作。輯佚成果匯爲《太炎文錄補編》二冊，共 60 餘萬

〔註 1〕錢穆：《中國學術思想史論叢》第八冊，三聯書店，2009 年版，第 386 頁。
〔註 2〕梁啓超：《清代學術概論》，中華書局，2010 年版，第 141 頁。

字，成效顯著。不過，仍有遺珠之憾。筆者新近發見章氏佚序七篇，可補全集之闕。茲加以整理，並略作考釋。

一、素行室經說序

　　　　古之學者，其自植皆以艱苦。非直意有所鬱結，著之歌詩以寄其感憤而已。蓋因厄摧折，不失其志，始壹意問學，能自樹立，亦天所以鬭灌之也。余少治漢學，與楊君雲成、曹君小槎最親密，每諏一故訓，證一成事，相說以解。雲成尤善小學，研精覃思，迥徹本標，與語日旰不倦，既多其勤學，出入數年，時蹤跡之。其天性尤過人。初王姚及母皆以苦節著，父死粵寇，未齓而孤，事母至孝，家貧無儋石儲。既冠，以教授奉旨甘。每自館舍歸，悲感驒舞，盡孺子色，蓋二十五年於茲矣。與朋友交，不矜言氣節，而精誠足以動人，尤澹榮利。省試見放以十數，再備優選，亦無所就。年四十四，始選拔充鄉貢。然雲成未嘗意烏感慨，當其窮時，至僅能舉饘粥，而於高門縣薄者，未一走也。蓋古之小學《爾雅》《孝經》相附麗為一家，雲成之學與其事親相類。至夫潛德內耀，確爾不拔，竺摯恬曠，風采栗然，則有非小學所能盡者。嗟乎！藉令雲成非遭是厄塞，其行詣文學亦何以異於人哉。今年春，雲成次其經說，得數百篇，先以二卷授梓人，蓋取平日所纂述以先後編目，不從經次，如《經義雜記》例，屬余序之。余謂是數者固不足以盡雲成，抑其學行之恢逴者，斯亦一見端也。故舉其生平梗概以冠於篇如此。光緒二十三年夏餘杭章炳麟。

按：文載《夏星》1914 年第 1 期〔註 3〕。又見《南洋華僑雜誌》1917 第 1 卷第 1 期〔註 4〕，缺文末題署。文章寫於光緒二十三年（1897）。

　　素行室，乃楊譽龍之室名〔註 5〕。《清代書院課藝總集敘錄》有其小傳，稱：

　　　　楊譽龍（1855～？），字雲程，錢塘人。光緒間優貢。章炳麟（1869～1936）在詁經精舍時，與其私交最深。宣統元年（1909）勸捐興辦

〔註 3〕章太炎：《素行室經說序》，《夏星》，1914 年第一期，第 1 頁。
〔註 4〕章太炎：《素行室經說序》，《南洋華僑雜誌》，1917 第 1 卷第 1 期，第 1～2 頁。
〔註 5〕楊廷福，楊同甫編：《清人室名別稱字號索引》（增補本），上海古籍出版社，2001 年版，第 396 頁。

筧橋初等小學堂。民國二十年（1931）尚在世。參編《實用大字典》
（中華書局 1918 年），著有《文字通詮》（中華書局 1923 年）〔註6〕。
此外，楊譽龍還注過王鼎《紫薇花館詞稿》〔註7〕。序中稱「余少治漢學，與
楊君雲成、曹君小槎最親密」，係回憶於詁經精舍問學的經歷。檢《章太炎先
生自定年譜》光緒十六年庚寅（1890）載：

> 正月，先君歿，遺命以深衣斂。既卒哭，肄業詁經精舍。時德
> 清俞蔭甫先生主教，因得從學。並就仁和高宰平先生問經，譚仲修
> 先生問文辭法度。同學相知者，楊譽龍雲成最深。〔註8〕

據此可知二人之感情。然章氏稱楊譽龍表字雲成，與《清代書院課藝總
集敘錄》所載「字雲程」略異。

《素行室經說》二卷，有光緒二十三刊本，復旦大學圖書館、重慶大學
圖書館、首都師範大學圖書館、天津圖書館均有藏本。《續修四庫全書總目提
要》有江瀚所撰提要。提要稱「是書蓋取平日所纂述，以先後編目，不從經
次，如臧琳《經義雜記》例」〔註9〕，顯係引自章氏之序。

臧琳（1650～1713）《經義雜記》三十卷，由其玄孫臧庸編定，乃清代著
名學術筆記。「標題『經義』，而所言遍及四部，考訂精審」〔註10〕。而《素
行室經說》一書，江瀚稱：「譽龍肄業詁經精舍，疑即其應課之作」。〔註11〕
楊譽龍應課之作，《詁經精舍課藝七集》有《小亨亨小解》、《其鄁其沛解》、《爲
人後者仍稱所生爲父母說》等，亦爲考訂之作，與《經義雜記》相符。故江
瀚所言近是。日後倘有機會得見《素行室經說》原書，取與《詁經精舍課藝
文》比對，則眞相可明。

二、孫中山先生譯赤十字會救傷第一法序

> 古之良將，與士卒同甘苦。軍有瘡痏，爲之裹傷吮癰附藥。此
> 謂父子之兵。斯道少衰，而幕府文書日不暇給，於是始有軍醫，有

〔註6〕 魯小俊：《清代書院課藝總集敘錄》，武漢大學出版社，2015 年版，第 48～49 頁。
〔註7〕 王紹曾主編：《清史稿藝文志拾遺》，中華書局，2000 年版，第 2209 頁。
〔註8〕 章太炎：《章太炎先生自定年譜》，上海書店，1986 年版，第 3 頁。
〔註9〕 中國科學院圖書館整理：《續修四庫全書總目提要》（經部），中華書局，1993
　　　　年版，第 1413 頁。
〔註10〕 張舜徽：《清人筆記條辨》，華中師範大學出版社，2004 年版，第 37 頁。
〔註11〕 中國科學院圖書館整理：《續修四庫全書總目提要》（經部），中華書局，1993
　　　　年版，第 1413 頁。

衛生隊，以司扶傷治疾之事。要之通國治軍，藝士眾多，故纖悉足以備舉，非奮起草澤者所能為也。余友孫君，少習醫事，譯柯士賓《赤十字會救傷第一法》，用之輒應。既奔走國事，醫術亦侵尋廢閣。革命軍起，君則持故書示余曰：「兵者所以威不若，固非得已。攘胡之師，為民請命。庶幾前歌後舞，而強寇桀逆，未遽倒戈，傷痍者猶不得免。義師之中，庶事草創，固不暇編衛生隊，良醫又不可得。一受創傷，則能全活者寡矣。其以簡易之術，日訓將士，使人人知療治，庶幾有濟。是書文略易明，以之講解不過數日，而能通知其意，其為我宜行之。」余念上世善治病者，若神農、軒轅、伊尹、曹孟德諸公，皆以善解醫方，拊循其眾。故其士氣壯盛而無夭紮，師旅輯和，威謀靡亢。今天下更始之際，軍人藝人未暇分業，宜求所以自衛。捨是而求良工，則猶十年之病，求千年之艾，必不活矣。抑中國略識醫方者，所在多有。然所守不過《傷寒》《金匱》。以至世俗金瘡之法，猶不適用。柯氏之書，誠所謂急救者哉。並世豪駿之士，期於見危授命，而不欲宛轉啼號於生死之際者，於是當葆之重之也。乃付印刷人為治再版，且誌其始末云。丙午十一月章炳麟序。

按：《赤十字會救傷第一法》，柯士賓所著。孫文 1896 年 9 月赴英國，並翻譯此書，1897 年 6 月由倫敦赤十字會出版〔註 12〕。雖在海外發行，但在國內也產生過一些影響。如 1904 年 3 月 5 日《申報》刊有《中國宜入紅十字會說》，文中稱「如孫文所譯《紅十字會救傷第一法》亦頗有用，正不必以人廢言也」〔註 13〕。因此時孫文係清政府通緝之罪犯，故文中稱「不必以人廢言」。

　　此書後經由東京民報社於明治四十年（1907 年）再版印行。此序載於書首〔註 14〕。另有孫文自序，寫於 1897 年。章氏之序又載《神州國醫學報》1932第 1 卷第 3 期〔註 15〕。章氏之序文末題署「丙午」，當指 1906 年，其時章太炎任《民報》主筆。關於再版之原因，亦可略作探究。1905 年 8 月 20 日，中

〔註 12〕陳錫祺：《孫中山年譜長編》，中華書局，1991 年版，第 136 頁。

〔註 13〕《申報》，1904 年 3 月 5 日，第 11090 號第 1 版。

〔註 14〕柯士賓著，孫文譯：《赤十字會救傷第一法》，東京民報社，1907 年版，第 1～2 頁。

〔註 15〕章太炎：《孫中山先生譯赤十字會救傷第一法序》，《神州國醫學報》，1932 年第 3 期，第 24 頁。

國革命同盟會在東京赤阪區成立，孫中山被推舉爲總理，黃興等任庶務。同盟會政綱爲孫中山提出的「驅除韃虜，恢復中華，創立民國，平均地權」。在「驅除韃虜，恢復中華」的口號下，同盟會組織發動了一系列起義，如 1906 年 12 月萍瀏醴起義、1907 年 2 月潮州起義、5 月黃岡起義、6 月七女湖起義、9 月欽廉防城起義、12 月鎮南關起義、1908 年 3 月欽廉上思起義、4 月雲南河口起義、1910 年 2 月廣州新軍起義、1911 年 4 月 27 日黃花崗起義。考慮到戰爭過程中有大量傷員需要救治，而革命時期醫療條件較差，尚不能滿足革命需要，所以刊行此書，使得兵卒學到醫療自救的基本知識，亦即序中引錄孫文之言：「義師之中，庶事草創，固不暇編衛生隊，良醫又不可得。一受創傷，則能全活者寡矣。其以簡易之術，日訓將士，使人人知療治，庶幾有濟。」

三、客方言序

　　廣東稱客籍者，以嘉應諸縣爲宗，當宋之南逾嶺而來時，則廣東已患人滿，平原無所寄其足，故樹藝於山谷間，猶往往思故鄉。其死也，下窆數歲之後，必啟而檢其骨，內之一定陶器中，使可提挈，幸佗日得歸葬。至於今七八百年，子姓蕃衍，遂世世爲僑居之民。家率有譜系，太氏本之河南，其聲音亦與嶺北相似。性好讀書，雖竇人子，亦必就傅二三年，不如是，將終身無所得妃耦（客人有「不讀書，毛老婆」之兒歌），蓋中州之遺俗也。以言語異廣東諸縣，常分主客，褊心者或鄙夷之，以爲蠻俚，播之書史。自清末以來，二三十年之中，其爭益劇。余獨知言蠻俚者爲詆，常因其《方志》爲《嶺外三州語》，蓋本之溫氏書，猶未完具；最後得興寧羅翽雲《客方言》十卷，所記逾於溫氏蓋三四倍。上列客語，下以小學故訓通之，條理比順，無所假借，蓋自是客語大明，而客籍之民亦可介以自重矣。方域之中，言語節奏，不能無殊別，蓋自古而然，《周官》雖有聽聲音、諭書名之制，要以大體相合，其辨不在小苛；「六書」有轉注，所謂「建類一首、同意相受」者，若考老、但裼（古音如鬄）之倫，不爲疊均，則爲雙聲，以其音有小異，故判而爲二文。若舉國無異語者，焉用此重沓爲也。其後去本逾遠，末流亦益分，遭亂遷徒，又不盡守其故。當漢之時，遷閩粵之民於江淮間，其地遂空；近世福建之民，悉後來占籍者也。四川以流寇之禍，蕩然無

唐宋遺民，今箸籍者，其本皆自外來。二者事例爲最箸，其佗小小
遷徙，不可紀錄。幸而與土箸同化，久亦無所別；不幸保其舊貫，
聲音禮俗與土箸不相入，遂相視若異類，若是者，世固多其比。以
廣東辨世系最嚴，而嘉應諸縣人特知本，學者能通古今語以自貴，
故其事尤暴於世。世有不幸同其比者，法於羅氏則可也。民國十一
年六月餘杭章炳麟序。

按：文載羅翽雲《客方言》卷首〔註16〕。羅翽雲（1868～1938），字藹其，廣
東興寧人。著有《客方言》12卷，爲1932年國立中山大學國學院叢書第一種。
《續修四庫全書總目提要》有馮汝玠所撰提要〔註17〕，稱該書「乃專考證粵
中嘉應諸邑，客籍方言之作。」章氏之文寫於1922年。

文中言及「廣東稱客籍者，以嘉應諸縣爲宗」，而「以言語異廣東諸縣，
常分主客，褊心者或鄙夷之，以爲蠻俚，播之書史」。章氏對世人此舉頗爲不
滿，「獨知言蠻俚者爲誣」。檢章氏《嶺外三州語》，書前有序記，寫於著雍涒
灘窒相之月，即戊申年（1908）七月，稱：

廣東惠、嘉應二州，東得潮之大阜、豐順，其民自晉末逾嶺，
宅於海濱。言語敦古，與土箸不相能，廣州人謂之客家，隘者且議
其爲漢種。余嘗聞其邦人，雅訓舊音往往而在，即著之《新方言》。
其後得嘉應溫仲和所次州志，有方言一卷，自言與惠、潮客籍通。
楊恭桓者，亦嘉應人，作《客話本字》，仲和能通音韻轉變，其言靚
審。恭桓稍涼駁，然本語皆實錄也。因刺取二家言凡六十餘事，頗
有發正，別爲一篇。察其語坻，出於冠帶，不雜陸梁鄙倍之辭，足
以斥攻者偏心之言，則和齊民族所有事。〔註18〕

所言可與本篇相發明。因羅翽雲《客方言》亦爲爲考釋客語而作，與章
氏著書本意相同，固有惺惺相惜之感。文稱「自是客語大明，而客籍之民亦
可介以自重」，可知章氏對該書之讚譽。

〔註16〕羅翽雲著，陳修點校：《客方言》點校，華南理工大學出版社，2009年版，第
1頁。
〔註17〕中國科學院圖書館整理：《續修四庫全書總目提要》（經部），中華書局，1993
年版，第1049頁。
〔註18〕章太炎：《嶺外三州語》，上海人民出版社，2014年版，第155頁。

四、墨子閒詁箋序

　　墨子書，自晉宋以下，久無疏證。近世張皋文、鄒特夫取其《經》《說》，爲之説解。及孫仲容作《閒詁》，大義粗明，然闕者猶不少。民國既興，學者好治九流之學，其於墨氏尤重。至欲駕之孔、老之上，則偏驚而失其中者也。張君仲如少時與光復之業，壯而不用，遂潛思諸子，攬其旨要，今年夏以所説墨書相示。精卓之義，往往有諸家所未發者。余爲獻替數事歸之。周秦間學術之盛，冠於百代。其書流匜於今者，閎義眇旨，集數十學者，説之十年猶不可盡。仲如之書，雖獨申所見，不盡完備，其以供後人集思之用則幾矣。抑墨氏以尚儉多技，爲衰世所矜式。遊其門者，大抵刻苦不華，務在躬行，不以辯麗自衒。今人取其辭義，忽其法守，使材薾彤落，往往近於清談。斯乃與墨子著書之旨相戾。仲如素樸勁，才性與墨家相似。余顧本其所學，見諸日用飲食之間，則庶幾足以爲天下之好乎？民國十一年孟秋章炳麟書。

按：文載張純一《墨子閒詁箋》書首〔註19〕。清代學者研習諸子甚勤，並導致了諸子學的興起。由於《墨子》內容豐富，加之《墨經》富含科技性和邏輯性，在比附西方近代科技知識和西方傳統邏輯的背景下，備受青睞，相關研究成果日漸豐富，涉及到版本考訂、文字校勘、詞義訓釋、文意闡釋等方面，並出現了孫詒讓《墨子閒詁》之類的專書。《墨子閒詁》十五卷，係《墨子》整理研究的集大成之作，被俞樾譽爲「自有《墨子》以來未有此書也」〔註20〕。章氏有《瑞安孫先生傷辭》〔註21〕，記述了自己向孫詒讓問學的情形。關於《墨子閒詁》，章氏亦多贊詞，在給譚獻的信中稱「新義紛綸，仍能平實，實近世奇作」〔註22〕，在《孫詒讓傳》中也說「詒讓集眾說，下以己意，神恉週明，文可諷誦。自墨學廢二千歲，儒術孤行，至是較著」〔註23〕，評價之高，與乃師同。

〔註19〕　張純一：《墨子閒詁箋》，任繼愈編《墨子大全》第2編第28冊，北京圖書館出版社，2003年版，第1～2頁。
〔註20〕　孫詒讓：《墨子閒詁》，中華書局，1986年版，第2頁。
〔註21〕　章太炎：《太炎文錄初編》，上海人民出版社，2014年版，第230～231頁。
〔註22〕　章太炎：《書信集》，上海人民出版社，2017年版，第14頁。
〔註23〕　章太炎：《太炎文錄初編》，上海人民出版社，2014年版，第219頁。

　　儘管《墨子閒詁》解決了墨學的很多問題，但遺留的問題也仍然不少。民國學者又多有發揮，並湧現了一大批的研治墨學的學者和專書，涵蓋了墨學的各個領域，形成了墨學的繁榮局面。如梁啓超、胡適、章士釗等。章太炎、張純一亦參與到了當是墨學研究和討論之中。張純一（1871～1955），字仲仁，又字仲如，號一唐，湖北漢陽人。著有《老子通釋》《講易舉例》《晏子春秋校注》《佛法基督教》等書。對於《墨子》而言，張純一有深入系統的研究，著有《墨子集解》《墨學分科》《墨子閒詁箋》。在《墨子集解·自敘》中，張純一對清代、民國的墨學研究進行了評騭，認爲「孫仲容作《閒詁》，富搜羅，勤甄討，大義粗明，而精蘊多未楬曉」〔註 24〕，因此有續加研討之必要。《墨子閒詁箋》係補正《墨子閒詁》而作。《自序》有言「蓋本《閒詁》而成，間亦竊附己意」〔註 25〕。

　　《墨子閒詁箋》1922 年排印出版，章氏之文寫於此年。1937 年又出版《增訂墨子閒詁箋》，書首亦載章序〔註 26〕。

五、嚶鳴集序

　　昔管幼安當漢末，以亂避地遼東。建安中方内稍寧矣，幼安不返。其返乃在黃初，故魏明帝詔曰：「大魏受命，則繦負而至。」近臺灣蔡伯毅北崙，解日本之籍而歸中華，觀其證，有所謂民國十七年内務部冊書者。此乃近於幼安者矣。幼安雖歸，未嘗仕魏世。北崙昔在臺灣，嘗從政，有聲譽。及歸，亦未嘗求一命，混跡市闤，以相人之術自食，是亦有幼安之志者也。北崙近取國中士大夫所與唱酬者，都爲一編，命之曰《嚶鳴集》，以爲出幽谷、遷喬木而得之於朋友者也。繕寫既定，屬序於余。余亦往往知其人，糅雜三朝之士，芳臭不齊，余何以序之哉？夫言泛愛之道，四海之廣，兆庶之眾，皆吾曹耦也。必言擇交北崙而與遊者，未知比於邴原、華歆何如。夫以歆之清潔、幼安猶鄙而割席焉。今之人得無有庩於歆者乎？願北崙慎之也。章炳麟序。

〔註 24〕張純一：《墨子集解》，成都古籍書店，1988 年版，第 1 頁。

〔註 25〕張純一：《墨子閒詁箋》，任繼愈編《墨子大全》第 2 編第 28 冊，北京圖書館出版社，2003 年版，第 5 頁。

〔註 26〕張純一：《增訂墨子閒詁箋》，任繼愈編《墨子大全》第 2 編第 28 冊，北京圖書館出版社，2003 年版，第 325 頁。

按：文載《江蘇革命博物館月刊》1930 第 2 卷第 5 期〔註27〕。

蔡伯毅，《臺灣歷史人物小傳（日據時期)》有傳，云：

> 蔡伯毅（1882～1964），字北崙，號頑鐵道人，臺灣臺中人。日
> 本早稻田大學畢業，中國同盟會會員，曾赴廣州參加革命。嗣以母
> 老多病，返臺省親。1924 年母逝後再赴大陸，旅居滬、杭、南京各
> 地。曾任勞動大學、法政大學及文化學院教授，並曾在上海執律師、
> 醫師及相士之業。光復返臺，在臺中執律師業。民國五十三年卒，
> 年八十三。〔註28〕

《嚶鳴集》乃「取國中士大夫所與唱酬者，都爲一編」，編好後未曾刊行，
然頗爲時人所稱頌，條舉數則如下，以見一斑：

> 蔡君北崙籍臺灣，嘗留學日本。甲午之役，割臺灣以和，君痛
> 憤，以母故，受日人聘。母卒棄職，挈孥走海上，貧甚，乃以相術
> 自活。……《嚶鳴集》者，君歸國以來友人投贈之作匯而存之者也。
> （陳三立《嚶鳴集敘》）〔註29〕

> 伯倫居士，寄居臺灣，已三世矣。當弱冠時，即欲歸本祖國，
> 以母氏不欲遠徙，勉留夷邦，服職多年。及母氏服闋，幡然來歸，
> 可謂特立獨行，敦倫盡分之士也。僑寓滬上，以相爲業，凡遇來
> 者，無論其相之善惡，皆勉以修德積善，以祈善者益善，不善者
> 亦善。深合命自我作，福自己求‧與夫有心無相，相隨心生，有
> 相無心，相逐心滅等義。而且於議論中，輒諄諄於三世因果報應，
> 與夫淨土橫超法門，俾一切人由問相而得人聖賢之域，以及往生
> 極樂之邦，其挽回世道人心也大矣。固知有志於濟世濟人者，雖
> 不居位行政，亦可施行也。（釋印光《蔡伯倫居士〈嚶鳴集〉序》）
> 〔註30〕

> 北崙先生，身羈異地，心戀故國，蓼莪既廢，滄海歸來，隱於
> 市塵，泊然高蹈，託相人之術以療饑，爲求己之謀而益奮，友朋欽

〔註27〕章太炎：《嚶鳴集序》，《江蘇革命博物館月刊》，1930 第 2 卷第 5 期，第 3～4
頁。
〔註28〕顧力仁主編：《臺灣歷史人物小傳》（日據時期)，臺灣「國家圖書館」，2002
年版，第 251 頁。
〔註29〕陳三立：《散原精舍詩文集》，上海古籍出版社，2014 年版，第 1420 頁。
〔註30〕釋印光：《印光法師文鈔全集》第 1 冊，團結出版社，2013 年版，第 424 頁。

義，投贈篇章，語無溢美。誠哉愛國之志士，獨行之卓卓者也。（蔡元培《嚶鳴集序》）〔註31〕

此外，成惕軒《蔡北侖翁索題嚶鳴集》稱「新編漢上題襟集，早證山陰誓墓心」〔註32〕、魏清德《題蔡北侖嚶鳴集》稱「浩然歸志切，行矣宦情清」〔註33〕、姚鵷雛《題嚶鳴集即贈頑鐵道人蔡北侖》稱「少慕胡銓奮鐵檠，中年卜肆老君平。」〔註34〕據此，可知《嚶鳴集》深得名流之讚譽，這主要和蔡伯毅自日返國有關。

六、仲昴庭先生家訓序

錢唐仲昴庭先生，以醫名於清光緒中，非其志也。平生行習《二程遺書》，兼明水利。年七十，能陟峻阪。歿時，神明不衰。此十二條例，先生中年所作家訓也，自謂得之祖父遺言與世人所習見聞者。故不爲高深之論，期子孫易行而已。按古之爲家訓者，莫著於顏黃門，時代相越，或不能適於今世。宋《袁氏世範》，切至厭人心，尚苦其說過緐。崑山朱致一所述，簡且要矣，中人以下，亦尚有不喻者。先生爲是，一以卑近示之，亦所謂量而後入也。先生於余爲丈人行，少時侍饌，數得聞緒言。今先生歿三十餘歲，遺著蓋鮮存者。此十二條，猶豹之一斑、鳳之一羽也。仲氏群從多賢材，吾知其能師而行之矣。民國二十三年春三月。

按：文載《浙江省通志館館刊》1946第2卷第1期〔註35〕。文題下題署「章炳麟遺稿」。

仲昴庭即仲學輅，昴庭乃其表字，錢塘人。精於醫道，著有《本草崇源集說》三卷附錄一卷，《傷寒論集注》等書。章太炎撰有《仲氏世醫紀》，爲仲學輅而作，贊其「處方精微挈靜，希用駃藥，而病應湯即效，人已爲神」〔註36〕。另外，章太炎《伯兄教諭君事略》乃記其兄章箴之生平，稱「吾家

〔註31〕高平叔編：《蔡元培政治論著》，河北人民出版社，1985年版，第378頁。
〔註32〕成惕軒：《楚望樓詩文集》，黃山書社，2015年版，第194頁。
〔註33〕黃美娥主編：《魏清德全集》第2冊詩卷，國立臺灣文學館，2013年版，第294頁。
〔註34〕姚鵷雛：《姚鵷雛文集》（詩詞卷），上海古籍出版社，2009年版，第115頁。
〔註35〕章太炎：《仲昴庭先生家訓序》，《浙江省通志館館刊》，1946第2卷第1期，第42頁。
〔註36〕章太炎：《醫論集》，上海人民出版社，2014年版，第144頁。

三世皆知醫，至君尤精。其所師，錢塘仲昴庭先生也」〔註37〕，則章筬乃仲學輅之弟子。《本草崇源集說》即章筬協助仲學輅編纂而成，書前有章炳森（按：即章筬）序及凡例。

《仲氏世醫紀》稱「杭縣仲右長，余中表弟也」，仲學輅即仲右長之父，故章氏稱「先生於余爲丈人行」、「「仲昴庭先生在時，於余爲尊行，常得侍」，以此「少時侍饌，數得聞緒言」，不爲虛言。

文中條舉三部家訓，加以平議。一爲北朝顏之推《顏氏家訓》，由於時代更換，「不能適於今世」。二爲宋代袁采《袁氏世範》，然「苦其說過緐」。三爲朱致一所述。朱致一即朱用純，致一爲其表字。嚴可均《鐵橋漫稿》有傳，稱「其最傳者《治家格言》，江淮之南皆縣之壁，稱《朱子家訓》，蓋尊之若考亭焉」〔註38〕。然該書之弊端，在「中人以下，亦尙有不喻」。而「先生爲是，一以卑近示之，亦所謂量而後入也」，一掃前舉諸弊，具有切合時世、內容簡潔、通俗易懂的特徵。

文章寫於 1934 年，係晚年之作。《仲昴庭先生家訓》一書，今不可見，不知是否存於天壤之間。

七、重刊船山遺書序

明末三大儒，曰顧寧人、黃太沖、王而農，皆以遺獻自樹其學。寧人書自初刻已被刪改，近世眞本始見於世。太沖議論不甚繫民族廢興。當清之季，卓然能興起頑懦，以成光復之績者，獨賴而農一家言而已矣。而農與寧人所見無大出入，與太沖乃絕相反。太沖喜樹朋黨，欲以學校干政；而農顧深嫉之。當明季東林坌起，其間不少志行之士，然擁化貞、抑廷弼，使遼東折衂，胡清得以肆其毒者，實東林諸賢爲之。而農之論雖少激，足以救太沖之弊者多矣。其書自鄧氏、曾氏兩次雕板，悉非足本。近張氏秉文，縮印者再，補苴缺遺，得七十種；若《相宗絡索》之屬，雖不關王氏根柢，亦以見其所苞者大也。烏虖！以曾氏壹志爲胡清效死，晚猶刻而農書以悔過，其言之感人豈有量耶？世之誦其書者，毋狃於曾氏前事可也。章炳麟。

〔註37〕章太炎：《太炎文錄續編》，上海人民出版社，2014 年版，第 214 頁。
〔註38〕嚴可均：《嚴可均集》，浙江古籍出版社，2013 年版，第 223 頁。

按：文載上海太平洋書店 1935 年版《船山遺書》卷首，今據嶽麓書社《船山全書》錄文〔註39〕。本文具體寫作時間不詳。

顧炎武、黃宗羲、王夫之，「皆以遺獻自樹其學」，今有「清初三大家」之稱。然就章太炎而言，於三人中特別推崇顧炎武、王夫之，即序中所言「而農與寧人所見無大出入，與太沖乃絕相反」。前者由他改名爲「絳」，號「太炎」，即可見一斑。對於王夫之，章氏在論著中亦屢有提及。在《非黃》中又指出「世亂則賢愚掍。黃宗羲學術計會，出顧炎武下遠甚。守節不孫，以言亢宗，又弗如王夫之」〔註40〕。在致馮玉祥信中也說：「即如辛亥革命，實由顧亭林、王船山諸先生倡導於前。其義既深入人心，雖逾越二三百年，不患伏火之不爆發」〔註41〕。對於顧炎武、王夫之之情感，主要由民族大義而激起。

章氏推崇王夫之，主要是其書「繫民族廢興」，誠如序中所言「當清之季，卓然能興起頑懦，以成光復之績者，獨賴而農一家言而已矣」。同樣的言論，又見於《與湖南船山學社》，稱「船山學術，爲漢族光復之原」〔註42〕，總結船山學術，可謂一針見血。這在《在東京留學生歡迎會上之講演》中亦有表露：

> 兄弟小的時候，因讀蔣氏《東華錄》，其中有戴名世、曾靜、查嗣庭諸人的案件，便心中發憤，覺得異種亂華，是我們心里第一恨事。後來讀鄭所南、王船山兩先生的書，全是那些保衛漢種的話，民族思想漸漸發達。〔註43〕

類似說法，又見《光復軍志序》：

> 余年十三四，始讀蔣氏《東華錄》，見呂留良、曾靜事，悵然不怡，輒言以清代明，寧與張、李也。弱冠睹全祖望文，所述南田、臺灣諸事甚詳，益奮然欲爲浙父老雪恥，次又得王夫之《黃書》，志行益定。而光復會初立，實余與蔡元培爲之尸，陶成章、李燮和繼之。總之，不離呂、全、王、曾之舊域也。〔註44〕

〔註39〕 王夫之：《船山全書》第 16 冊，嶽麓書社，2011 年版，第 441 頁。
〔註40〕 章太炎：《太炎文錄初編》，上海人民出版社，2014 年版，第 124 頁。
〔註41〕 章太炎：《書信集》，上海人民出版社，2017 年版，第 1084 頁。
〔註42〕 章太炎：《書信集》，上海人民出版社，2017 年版，第 1062 頁。
〔註43〕 章太炎：《演講集》，上海人民出版社，2015 年版，第 1 頁。
〔註44〕 章太炎：《檢論》，上海人民出版社，2014 年版，第 640 頁。

章氏另有《書曾刻船山遺書》，載《太炎文錄續編》。該文開篇稱：「王而農著書，壹意以攘胡爲本。曾國藩爲清爪牙，踣洪氏以致中興，遽刻其遺書，何也」〔註45〕。在寫給張繼的信中也說到「尊前賢之論則如此，處今日之事則如彼，此與曾國藩刻《船山遺書》而身爲胡清戮力者豈有異耶？」〔註46〕兩文均提及曾國藩與《船山遺書》，適與本篇末節相印。

船山之著作，在清末反滿浪潮中，起到了很大的催生作用。如胡漢民在《自傳》中指出：「十五六歲從舊籍中見顧亭林、王船山諸人著述，深感滿洲政府以異族宰制諸夏之無理。」〔註47〕章門弟子黃侃寫於1909年的《上留田行》，詩序中也說到：「余年十四，始讀《黃書》，由是以得《春秋》之大義。以爲中夏雖衰，不遽剿絕，猶賴斯作。」〔註48〕胡漢民、章太炎、黃侃都是十多歲接觸到船山之書，並深受其學說之影響，並導致後來的反滿舉動。職是之故，章氏反復言說船山，自是情理之中的事情。

通過杷梳載籍，新發見章太炎佚文七篇，且均爲序文。從時間而言，這些文章最早寫於1897年，最晚寫於1934年，基本貫穿了章氏整個的學術生命。就內容而言，涵蓋了經學、醫學、子學、語言學、文學諸多領域，展現了章氏學術的廣博。這些佚文的發現，一方面補充《章太炎全集》之缺，使其內容更加完備。同時也爲研究章氏學術提供了新的材料。湯志鈞先生所編《章太炎年譜長編》（增訂本），以網羅章氏生平史料著稱，然本文所輯佚文，在該書中均未見提及，可爲補充。

當然，囿於見聞，章氏另有佚文，如在《與吳君遂》信中，就言及「開作《廣救文格論》一首，此件較寧人原著，意趣稍別，亦以針砭時俗」〔註49〕，再如湖南省圖書館藏蕭秋盧《〈彭玉麟梅花文學之研究〉的考證》稿本「錄有民國二十三年（1934）章太炎跋彭剛直手書詩卷及詩卷全文」〔註50〕，今尚未得見，有待尋訪〔註51〕。

〔註45〕 章太炎：《太炎文錄續編》，上海人民出版社，2014年版，第120頁。
〔註46〕 章太炎：《書信集》，上海人民出版社，2017年版，第588頁。
〔註47〕 王夫之：《船山全書》第16冊，嶽麓書社，2011年版，第441頁。
〔註48〕 黃侃：《黃季剛詩文集》，中華書局，2016年版，第3頁。
〔註49〕 章太炎：《書信集》，上海人民出版社，2017年版，第111頁。
〔註50〕 陽海清主編：《中南西南地區省市圖書館館藏古籍稿本提要》，華中理工大學出版社，1998年版，第437頁。
〔註51〕 《太炎文錄補編》收有章太炎《〈華國月刊〉發刊詞》，寫於1923年9月15日。但據章太炎晚年弟子沈延國《章太炎先生在蘇州》所記，此文實爲汪東代筆。（薛玉坤著《汪東年譜》，河南文藝出版社，2013年版，第66頁）